Johannes Stockmayer

Mut zur Veränderung

Gemeinden auf dem Weg
zwischen heute und morgen

Oncken Verlag, Kassel

© 2005 by Oncken Verlag, Medien für Gemeinden, Kassel

Johannes Stockmayer, Mut zur Veränderung. Gemeinden auf dem Weg zwischen heute und morgen

1. Auflage 2005

Alle Rechte, auch die des auszugsweisen Nachdrucks, der fotomechanischen, elektronischen und akustischen Aufzeichnung, Wiedergabe und/oder der Übersetzung nur mit schriftlicher Genehmigung des Oncken Verlages.

oncken:
Oncken Verlag
Postfach 20 01 52
34080 Kassel
www.oncken.de

Umschlaggestaltung: frank communication, Andreas Frank, Singen
Titelfoto: Micha Pawlitzki
Satz: MEDIEN&DESIGN, Ulrich Edelmann, Villenbach-Wengen
Druck: AALEXX Druck GmbH, Großburgwedel
Lektorat: Nicola Bourdon M. A., Kassel

Printed in Germany
ISBN 3-87939-601-9
Best.-Nr. 639 601

Inhalt

I. Veränderungen sind Wege	5
1. Wegstrecke: Das alte Haus	15
1. Fort-Schritt: Unruhe breitet sich aus	18
2. Fort-Schritt: Von der Verleugnung zur Wahrheit	24
3. Fort-Schritt: Analyse	28
4. Fort-Schritt: Erstarrung überwinden	32
5. Fort-Schritt: Entscheidung	36
6. Fort-Schritt: Überprüfen	38
Rückschritt 1: Zu Hause bleiben	40
2. Wegstrecke: Die Ebene des Aufbruchs	43
7. Fort-Schritt: Aufbruch	43
Rückschritt 2: Allein gehen	46
8. Fort-Schritt: Motivieren und inspirieren	48
9. Fort-Schritt: Leitung klären	54
Rückschritt 3: Niemand geht voran	56
Rückschritt 4: Keine Unterstützung der Gemeindeleitung	57
10. Fort-Schritt: Gemeinsam losgehen	57
Rückschritt 5: Keine klaren Ziele	59
3. Wegstrecke: Der Berg des Weitblicks	60
11. Fort-Schritt: Ziele entwickeln	71
Rückschritt 6: Euphorie	80
12. Fort-Schritt: Planen	81
Rückschritt 7: Halbherzig sein	87
Rückschritt 8: Unkonkret sein	87
Rückschritt 9: Jeder für sich	88
4. Wegstrecke: Das Tal der Trauer	88
13. Fort-Schritt: Abschied nehmen	89
Rückschritt 10: Sich gegen das Alte stellen	91
14. Fort-Schritt: Trauern zulassen	92
Rückschritt 11: Trauer verweigern	94
5. Wegstrecke: Die Wildnis der Orientierungslosigkeit	95
15. Fort-Schritt: Durch das Chaos	96
Rückschritt 12: Sich selbst verlieren	104
Rückschritt 13: Schnelle Lösungen	105

6. Wegstrecke: Die Felswand der Arbeit 106
  16. Fort-Schritt: Veränderung gestalten 112
      Rückschritt 14: Aufgeben 118
      Rückschritt 15: Hängen bleiben 118
  17. Fort-Schritt: Widerstand überwinden 119
      Rückschritt 16: Bei Widerstand aufgeben 129
      Rückschritt 17: Gefahren nicht ernst nehmen 130

7. Wegstrecke: Der Gipfel des Erfolgs 131
  18. Fort-Schritt: Ausruhen 132
      Rückschritt 18: Bleiben oder weiterhetzen 139

8. Wegstrecke: Die neue Heimat 140
  19. Fort-Schritt: Ankommen 141
      Rückschritt 19: Unterwegs bleiben 142
  20. Fort-Schritt: Festmachen und Absichern 143
      Rückschritt 20: Nicht sichern 155

II. Fallbeispiel: Wenn das Weizenkorn nicht in die Erde fällt ... 157

1. Wie alles begann 157
2. Im Hauskreis 160
3. Augen auf! 163
4. Der geheime Anfang 166
5. Der Anfang zieht Kreise 169
6. Von Gründonnerstag bis Ostern 171
7. Neue Perspektiven 174
8. Das Pfingstfest 179
9. Die Gemeindeversammlung 181
10. Grabenkämpfe 183
11. Der Kreis schließt sich 188
12. Ende und neuer Anfang 189

III. Anhang 192
  Literaturtipps 192
  Bibelstellen zum Nachlesen 194
  Bibelstellenverzeichnis 195

I. Veränderungen sind Wege

Wer sich auf Veränderungsprozesse einlässt, begibt sich auf eine lange Wanderung. Da ich selbst gerne wandere, möchte ich Sie einladen, mit mir diesen Weg unter die Füße zu nehmen.

Sind Sie bereit, für die Dauer dieses Weges auf Annehmlichkeiten zu verzichten? Sind Sie bereit, sich dieses Abenteuer etwas kosten zu lassen? Sind Sie auch bereit, sich selbst loszulassen, um das Ziel zu erreichen? Nur wer von sich wegsieht, kann das Ziel im Auge behalten! Und darum geht es: dass wir uns auf diesem Weg ständig auf das Ziel hin, das wir erreichen wollen, ausrichten und uns nach vorn orientieren. Nicht der Weg ist das Ziel, denn wir unternehmen keine Vergnügungsreise, sondern wir wollen einen neuen Standort erreichen und vorankommen.

Vielleicht können wir dabei Pioniere für andere sein, die nach uns kommen. Vielleicht finden wir ganz neue Wege und brechen in Gebiete auf, die noch niemand betreten hat. Vielleicht erschließen wir neue, weite Bereiche, von denen wir heute noch nichts ahnen, die aber morgen unseren Lebensraum ausmachen. Wir strengen uns an, um anderen den Weg zu bereiten. Unser Ziel ist das neue Land! Das heißt für uns: Wir suchen nach neuen Formen von Gemeinde. Wir möchten dort Gemeinde leben, wo es noch keine gibt. Wir suchen ganz neue Ansatzpunkte für die christliche Gemeinschaft, weil wir erfahren haben, dass im „alten Land" alle „Claims" schon vergeben sind, alles bereits seine feste Form gefunden hat, sich Strukturen und Organisationen seit Generationen nicht mehr verändert haben.

Wie viele Nomaden brechen wir zu allen Zeiten auf, weil das alte Weideland abgegrast ist und uns nicht mehr ernährt. Wir gehen los, weil wir den Eindruck haben, dass wir im Alten nicht mehr leben können. Es riecht nach Moder und nimmt uns die Luft zum Atmen. Wir fühlen uns nur noch eingeengt und festgefahren. Wir wollen hinaus in die Weite und die herrliche Freiheit der Kinder Gottes leben! Wir suchen einen neuen Standort, wo wir unsere Gaben entfalten können, wo wir als veränderte Gemeinschaft zusammenleben und unsere Beziehungen intensiver und besser gestalten können. Wir wollen im Namen Jesu neu anfangen!

Wir suchen keine Oase, wo es uns nur gut geht, oder ein kleines Stück unberührte Natur, in der wir unser Leben alternativ und selbstgestaltet so einrichten können, wie wir es wollen. Nein, wir fühlen uns als Kundschafter, die für die ganze Gemeinde Jesu nach neuen „Weideplätzen" suchen, nach Orten und Möglichkeiten, wie sie auf neue Weise zusammenleben kann. Wir wollen nicht nur unsere persönlichen Umstände verändern, sondern wir wollen eine Veränderung für die ganze Kirche. Wir wollen, dass sich das ganze Volk Gottes in Bewegung setzt, das Alte verlässt, sich aus der Sklaverei der Tradition und den Festlegungen einer langen Geschichte verabschiedet und sich auf den Weg macht.

Wir reiten bei diesem Aufbruch nicht auf unserem „Steckenpferd", sondern wir wissen, dass es sich um Gottes Auftrag handelt. Wir gehen los, weil es Gottes Wille ist. Gott will, dass sein schlafendes Volk aufwacht, sich die Augen reibt, sich in Bewegung setzt und heraustritt aus allem, was es lähmt und fesselt.

Gottes Verheißung liegt über diesem Aufbruch: Er geht mit. Wir wissen, dass er uns führt und dass er sein Ziel bereits gesteckt hat. Er wird über uns wachen und uns begleiten auf jedem Schritt dieses Weges!

Um es gleich vorweg zu sagen: Es wird nicht immer ein bequemer und angenehmer Weg sein! Wir werden schwierige Abschnitte zu bewältigen haben, uns durchkämpfen müssen, Mühsal und Unlust erleben. Sie kommen an Punkte, wo Sie Ihre Entscheidung bedauern, sich auf den Weg gemacht zu haben, und wo Sie sich in die Gemütlichkeit Ihrer eigenen vier Wände zurücksehnen. Ich kann Ihnen auch nicht garantieren, dass wir immer einen gebahnten Weg vorfinden. Es besteht durchaus die Möglichkeit, dass wir uns verirren und dann ein Stück zurückgehen müssen.

Lange Zeit wird es offen bleiben, ob wir das Ziel überhaupt erreichen. Es ist nicht von Anfang an sicher, ob dieses Abenteuer gut ausgeht und ob es überhaupt ein Ende findet. Es wäre dann ja auch kein wirkliches Abenteuer!

Hauptsache, wir bleiben auf dem Weg zusammen. Wer auf eigene Faust vorankommen will, weil es ihm vielleicht zu langsam geht, läuft Gefahr, verloren zu gehen. Wir halten aneinander fest und verbinden uns auf diesem Weg – vor allem bei den gefährlichen Stellen – zu einer Seilschaft, damit niemand abstürzt. Nur gemeinsam kommen wir zum Ziel!

Ich empfehle Ihnen, möglichst wenig Gepäck mitzunehmen. Wir stehen in der Gefahr, dass wir uns auf einem ungewissen Weg absichern wollen, indem wir uns auf alle Eventualitäten einstellen. Das hindert uns aber daran, beweglich zu sein und flexibel auf alle möglichen Situationen eingehen zu können. Wer mit viel Gepäck reist, hat das Alte noch nicht ganz hinter sich gelassen. Er versucht, die Vergangenheit in die Zukunft hinein zu retten. Das funktioniert nicht!

Es ist deshalb sehr wichtig, dass Sie das Alte los- und hinter sich lassen. **Jeder Weg beginnt in unserem Kopf mit der Entscheidung aufzubrechen.** Je klarer Sie diese Entscheidung treffen, desto leichter fällt es Ihnen, Krisen durchzuhalten. Wenn Sie nur mit halbem Herzen unterwegs sind, sehen Sie eher das Negative des Weges und jammern über jeden Aufstieg, über die kleinste Blase oder die Druckstellen des Rucksacks am Rücken.

Veränderung am Beispiel des wandernden Gottesvolkes

Vorbild für unsere Wanderung ist das Volk Israel, das sich aufmacht, die ägyptische Drangsal hinter sich lässt und in die Wüste zieht. Aber nicht die Wüste ist das Ziel. Gott hat nicht bestimmt, dass sein Volk ein ewig wanderndes Nomadenvolk wird, sondern er hat bereits das Ziel bestimmt und den neuen Raum bereitet, in dem sein Volk wohnen, leben und sich entfalten kann: das verheißene Land! Wir können aus den Erfahrungen dieses Aus- und Umzuges lernen.

Dem Aufbruch aus Ägypten ging eine lange Geschichte voraus, die von Phasen des Glücks und der Zufriedenheit bestimmt war. Satt und reich konnte sich das Volk im fruchtbaren Land Gosen entfalten und ausbreiten. Diese Zeit war eine von Gott bestimmte Zeit der Ruhe und Konsolidierung. Wohl dem, der in dieser Phase des Wohlstandes lebte, seine ertragreichen Äcker bestellen und eine große Ernte einfahren konnte. Diese glücklichen Jahre bargen aber die Gefahr der Assimilierung. Die Israeliten hätten sich beinahe der ägyptischen Gesellschaft angepasst und sich dabei selbst und ihre eigene Identität als Volk Gottes verloren. Deshalb konnten diese fetten Jahre nicht von Dauer sein. Behäbigkeit und Wohlstand führen immer zur Degeneration. Aber wer lässt schon gern das los, was ihm Ruhe und Sicherheit gibt? Wer bricht schon gern auf, wenn alles gut läuft?

Zunehmende Bedrängnis schuf die Voraussetzung für den Auszug. **Unruhe und Unzufriedenheit** sind oft die Vorboten des Neuen. Aber auch in großen Beschwernissen ist die Tendenz des bequemen Menschen, lieber am Alten festzuhalten, das berechenbar ist, als sich auf Neues einzulassen, das sich sehr vage darstellt. Es ist ja gar nicht sicher, ob ein Aufbruch die Situation wirklich verändert und verbessert!

Da braucht es dann meistens ein paar handfeste Konflikte, um den Willen zum Aufbruch zu stärken. Krisen und Schwierigkeiten sind oft der Motor für Veränderung. Sie liefern die Energie aufzustehen und loszugehen. Wut und Frustration geben dann den nötigen Schub.

Trotzdem waren für die Israeliten die Blockaden und Hindernisse größer als der Impuls zum Aufbruch: Eine lange Zeit des Zauderns folgte, mutige Impulse zur Veränderung wechselten mit Phasen der Mutlosigkeit und Resignation. Als Mose begonnen hatte einzugreifen, veränderte sich die Situation nicht schlagartig. Zunächst ging es hin und her, und es war gar nicht eindeutig klar, was geschehen sollte.

Das ist bezeichnend für Zeiten vor einem Aufbruch: Man wartet darauf und hofft, dass es von selbst besser wird und die Unzufriedenheit nur vorübergehend ist. Auf der anderen Seite wächst die Ungeduld, dass sich nun endlich einmal „etwas" tun könnte. Aber was ist dieses „Etwas"? Die Bedingungen, die einen festhalten, scheinen übermächtig und unbezwingbar. Da muss dann schon ein Mose kommen, der die Unzufriedenheit auf den Punkt bringt und die Bereitschaft wach kitzelt, Veränderungen in Angriff zu nehmen. Ein ganzes Volk zum Aufbruch zu motivieren, ist mühsam – viele Politiker können ein Lied davon singen!

Auch Mose wusste, warum er sich seinen sprachgewandten Bruder Aaron als Beistand von Gott erbat. Der Aufbruch kostete viel Überzeugungsarbeit, und noch im Losziehen blickten die meisten mehr zurück als nach vorn. Der Leidensdruck musste sich bis zur Schmerzgrenze steigern, bis alle bereit waren, und auch dann vollzog sich der Auszug bei vielen nur mürrisch und unwillig.

Wie Unruhe, Verleugnung, Schock und Erstarrung sich in dieser Phase vor dem Aufbruch abwechseln, können wir hier in der Geschichte des Volkes Israel gut beobachten. Und wir sehen auch, welche Rolle eine motivierende Führerpersönlichkeit spielt und wie stark der Leidensdruck sein muss, bis etwas in Bewegung kommt.

Aber es ist immer problematisch, wenn kein eigener, innerer Entschluss zum Aufbruch führt, sondern die äußeren Umstände dazu zwingen. Die Voraussetzung für kommende Schwierigkeiten sind ungünstige, wenn man die Verantwortung für die Situation anderen anlasten kann! Tatsächlich wurde prompt bei der ersten Schwierigkeit auf dem Weg in die Freiheit die Sehnsucht nach den Fleischtöpfen Ägyptens wach und die harte und brutale Vergangenheit in der Sklaverei erschien in einem goldenen und verklärten Licht. Mose wurden bittere Vorwürfe gemacht: „Du hast uns ins Elend geführt!"

Aber mit dem Durchzug durchs Schilfmeer, der mit der Vernichtung der gesamten ägyptischen Streitmacht endete, war der „point of no return" sehr früh erreicht. Die Fakten waren gesetzt, es gab kein Zurück mehr. Die einzige Möglichkeit bestand in der „Flucht nach vorn". Das war eine Flucht in die Gegenwart Gottes. Die lange Rast am Berg Sinai bildete eine wichtige Station auf dem Weg. Hier bekamen die Dinge ihre Ordnung und Ausrichtung. Aus dem Haufen der unzufriedenen Flüchtlinge, die nicht genau wussten, was sie wollten, wurde ein geordnetes Volk mit Regeln und Werten. Das war die Planungs- und Formierungsphase, in der sich eine Leiterschaftsstruktur bildete und das Ziel Gottes, das gelobte Land, ins Blickfeld rückte. Gott zeigte, wo er hinwollte, und machte gleichzeitig die Bedingungen klar, unter denen sein Ziel erreicht werden konnte.

Das Volk, das sich plötzlich ganz auf sich gestellt in der Wüste wiederfand, musste sich in seiner Identität neu finden. Durch den Aufbruch waren sie andere geworden. Sie waren keine Sklaven mehr, die Befehle auszuüben hatten, sondern Menschen, die unmittelbar Gott unterstellt waren. Sie mussten ihre neue Freiheit erst entdecken und lernen, damit umzugehen. Sie mussten in der Wüste ein neues Verhalten einüben und die alte Sklavenhaltung aufgeben. Dabei merkten sie, wie stark sie von alten Haltungen geprägt waren: leistungsorientiert, autoritätshörig, gewöhnt, versorgt zu werden – egal wie unzufrieden man gewesen war, jeden Tag stand pünktlich das Essen auf dem Tisch!

Sie mussten das Alte, das ihnen tief in den Knochen steckte, aufgeben und bewusst zurücklassen, sie waren herausgefordert, der Vergangenheit den Abschied zu geben. Sie mussten das Verlorene „abtrauern" – und ein Prozess des Trauerns ist sogar dann nötig, wenn die Vergangenheit nicht positiv war, denn sie ist immerhin ein Abschnitt der Lebensgeschichte, ein vertrauter Teil der eigenen Existenz, der zurückgelassen wird.

Das wandernde Gottesvolk geht in die Irre

Selbst dem erwählten Volk Gottes blieb die „Wildnis der Orientierungslosigkeit" nicht erspart. In den sumpfigen Wäldern des Jordans geriet ihnen das Ziel aus dem Blickfeld. Sie sahen nur noch Probleme, Schwierigkeiten und Hindernisse. Sie blieben im Morast stecken und drohten, im Sumpf der Ziellosigkeit und Resignation unterzugehen. Sie hatten plötzlich keine Perspektive mehr und ihre Ziele erwiesen sich in ihren Augen als nicht umsetzbare Utopien. Sie hatten das Gefühl, sich verrannt zu haben. Sie kamen sich vor wie in die Irre geführt, von Idealen gelockt, die nun in der rauen Wirklichkeit nicht erreichbar waren.

So geht es manchem, der sich auf den Weg macht: Er hofft, am Ziel zu sein, und sieht plötzlich, dass noch ein tiefer unüberwindlicher Graben davor liegt. Er will aufgeben, aber er kann auch nicht mehr zurück. So erstarrt er in Resignation und Verzweiflung. Er kommt weder voran noch kann er zurück! Der Wunsch, schnell und einfach das Ziel zu erreichen, lähmt ihn nun. Er hat sich nicht darauf eingestellt, dass Veränderungen auch Mühsal und Schwierigkeiten bedeuten. Wer zu einem Spaziergang aufbrach und plötzlich mit einer herausfordernden, anstrengenden Wegstrecke konfrontiert wird, gibt auf. Wer dachte, gleich am Ziel zu sein, und sich die warme Stube, das gute Essen und die Erholung bereits in seinen Vorstellungen fröhlich ausgemalt hat, verzweifelt und verzagt, wenn er merkt, dass es noch lange dauert, bis er endlich ankommt und sich seine Wünsche erfüllen. Wer sich auf den Weg macht, muss sich auf harte Arbeit einstellen. Er muss kämpfen, dass er sein Ziel erreicht, und seine innere Bequemlichkeit überwinden.

Die Israeliten hatten in den Niederungen der Orientierungslosigkeit vergessen, dass Gott es war, der sie auf den Weg brachte und der sie deshalb zum Ziel bringen würde, so weit entfernt das in dieser Situation noch scheinen mag.

Eine harte Zeit des Lernens lag vor ihnen, vierzig zusätzliche Wüstenjahre. Es waren Jahre der Arbeit an sich selbst, dem eigenen Selbstverständnis und an einem Gottesverständnis, das ihnen Sicherheit und Vertrauen für Krisen gab. Sie lernten sich selbst und Gott kennen. Sie erlebten Gottes Versorgung und begriffen den Sinn des Sabbats als wichtige Zwischenstationen auf diesem Weg, als Inseln des Friedens in harten und entbehrungsreichen Zeiten. In diesen Ruhepausen leuchtete immer wieder das Ziel, die Verheißung Gottes, auf. Sie waren bereits ein Vorgeschmack des Neuen, des gelobten Landes. Auf diese Weise blieb das Ziel lebendig und wach. Der Wunsch, es zu erreichen, wurde immer sehnlicher und immer mehr zu einem eigenen Herzensanliegen. Sie lernten als Volk, als Gemeinschaft zu leben, zusammen zu gehen und gemeinsam zu kämpfen. Sie verstanden, dass sie miteinander auf dem Weg Gottes waren. Das machte sie stark.

Jede dieser Phasen bezeichnete wichtige Lernschritte, die nötig waren, um zum Ziel zu gelangen. Die langen Jahre des Übergangs vom Alten zum Neuen, die mühevollen Wüstenjahre, waren keine vergeudete Zeit, sondern wichtige Abschnitte im Prozess eines grundsätzlichen Bewusstseinswandels. Durch Phasen der inneren Veränderung und der mühsamen Arbeit an sich selbst erreichten sie Schritt für Schritt ihr Ziel: das gelobte Land.

Das Ziel ist der Anfang

Aber denken wir nicht, der Veränderungsprozess des Volkes Israel wäre zu Ende gewesen, als der Jordan überschritten war. Zwar war das gelobte Land nun erreicht, aber die Arbeit war noch nicht erledigt. Die Überquerung des Jordans markierte lediglich ein Zwischenziel. Dankbar errichtete das Volk ein großes Denkmal als Zeichen, dass sie auf dem richtigen Weg waren. Erst mit dem Fall der Mauern von Jericho war der „Gipfel des Erfolges" erreicht. Die Eroberung dieser gewaltigen Stadt – vor deren Mauern sie noch vor Jahren so große Angst gehabt hatten – bildete eine wichtige Zäsur. Sie begriffen, dass Gott ihnen beistand. Aber trotzdem war auch das nur ein Durchgang und Übergang und damit erst der Anfang der letzten Phase. Das ganze Land musste schließlich erobert und für Gott vereinnahmt werden. Die letzten Meter vor dem Ziel sind oft die schwierigsten, weil im Angesicht des nahen Zieles die Kräfte vorschnell erlahmen oder die Aufmerksamkeit nachlässt. Es gab für das ganze Volk der Israeliten noch einiges zu tun, was noch einmal alle Kräfte erforderte. Zuletzt musste das Erreichte gefestigt und gesichert werden.

Eine zu früh angesetzte Siegesfeier hätte die Kräfte schnell erlahmen lassen – man hatte ja erreicht, was man erreichen wollte. Aber die „Gipfel der Erfolge" sind meistens nicht die endgültigen Zielpunkte. Vor dem Volk Israel lag noch eine lange und beschwerliche Zeit, bis das ganze Land eingenommen, die Städte erobert und besiedelt waren und es sich neu als sesshaftes Volk strukturiert und zusammengefunden hatte. Die Umstellung vom Nomadenvolk, das mit den Bedingungen der Wanderung in der Wüste vertraut war, zu einem Volk, das Äcker bebaute und Siedlungen errichtete, war ein weiterer grundlegender Teil des Veränderungsprozesses. Auch an diesem Ziel angekommen, war der Weg der Veränderung noch nicht abgeschlossen. Eine ständige Gefährdung des Volkes Israel bestand darin, sich niederzulassen, organisiert und traditionell zu werden. Es musste beweglich bleiben und immer wieder bereit sein, innerlich neu aufzubrechen, um nicht starr, alt und unbeweglich einzurosten. Das konnte nur durch eine klare Hinwendung zu Gott gelingen. Er war ja das Ziel, auf ihn kam es an. Sein Anliegen war, dass sein Volk sich fest mit ihm verband und seine Identität ganz aus ihm heraus formte. Bei ihm sollte das Volk Israel ankommen und nirgendwo sonst!

Das Neue, das gewonnen wird, muss gesichert und gefestigt, aber dann auch wieder überprüft, erneuert und verändert werden. Das ist ein ständiger Prozess. Die Berichte der Zeit des Buches Richter und die Bücher über die Entwicklung des Königtums in Israel machen das Ringen deutlich: Wie leben wir als Volk Gottes im neuen Land?

Die größte Gefahr bestand immer dann, wenn die Israeliten dachten, am Ende angelangt zu sein, ihre Hände in den Schoß legten und Veränderung an Könige und Obrigkeit delegierten. Diese waren dafür zuständig, dass alles funktionierte und die Ordnung gewährleistet war. Man selber konnte sich gemütlich zurücklehnen und die Ruhe pflegen. Die Herrscher sollten die innere und äußere Sicherheit gewährleisten und auch die Gegenwart Gottes garantieren. Dann waren auf einmal Traditionen, äußere Abläufe, Strukturen und die Gewohnheiten wichtiger als der Gehorsam gegen Gott. In diesem Moment jedoch war das Volk Gottes durch alle Zeiten hindurch nicht mehr am richtigen Platz. Gottes gutes Geschenk war schal und alt geworden. Es war nötig, erneut aufzubrechen …

Es ist eine gefährliche Tendenz, sich so einrichten zu wollen, dass es für alle Zeiten bleiben kann. Wie können wir aber am Ziel ankommen, uns dort niederlassen und trotzdem bereit sein, immer und immer wieder neu aufzubrechen? Wir können es nur, wenn wir flexibel bleiben und uns eine Veränderungs-Mentalität aneignen. Wir können es nur in dem Bewusstsein, dass wir Gott gehören, der zu aller Zeit der Gleiche bleibt. Mit ihm zusammen und auf ihn hin sollen wir immer wieder aufbrechen. Er ist das Ziel unserer Träume. Bei ihm können wir uns niederlassen, ohne innerlich starr und unbeweglich zu werden. Seine Verheißung gilt für uns heute wie sie damals für Abraham, ganz zu Beginn dieser großartigen Geschichte gegolten hat: „Geh aus deinem Vaterland und von deiner Verwandtschaft und aus deines Vaters Hause in ein Land, das ich dir zeigen will" (1. Mose 12,1). Wer dieser Aufforderung Gottes im Gehorsam folgt, wird gesegnet. Und wer sich als Gesegneter Gottes auf den Weg macht, erfährt, dass Gott mit ihm geht und sich seine Verheißungen erfüllen. Auch wenn es viele Jahre, Jahrzehnte oder Jahrhunderte dauert: „Ich will euch bringen in das Land, um dessentwillen ich meine Hand zum Schwur erhoben habe, dass ich's geben will Abraham, Isaak und Jakob; das ich euch zu eigen geben will, ich, der Herr" (2. Mose 6,8). Bibelstellen zum Nachlesen finden Sie im Anhang auf Seite 194.

Die Wanderung als Leitbild

Um zu zeigen, wie Veränderungsprozesse ablaufen, möchte ich das Bild einer Wanderung verwenden. Eine Wanderung ist ein Weg durch unterschiedliches Gelände, der über Ebenen, Berge und Täler führt. Eine Wanderung hat einen Anfang und vor allem ein Ziel. Ich habe in Anlehnung an den biblischen Bericht vom Exodus des Volkes Gottes und seiner Wüstenwanderung ins verheißene Land und anhand der gängigen Managementliteratur ein Bild entworfen, das eine solche Wanderung skizziert (mein Vater Eberhard Stockmayer hat dieses Bild gezeichnet).

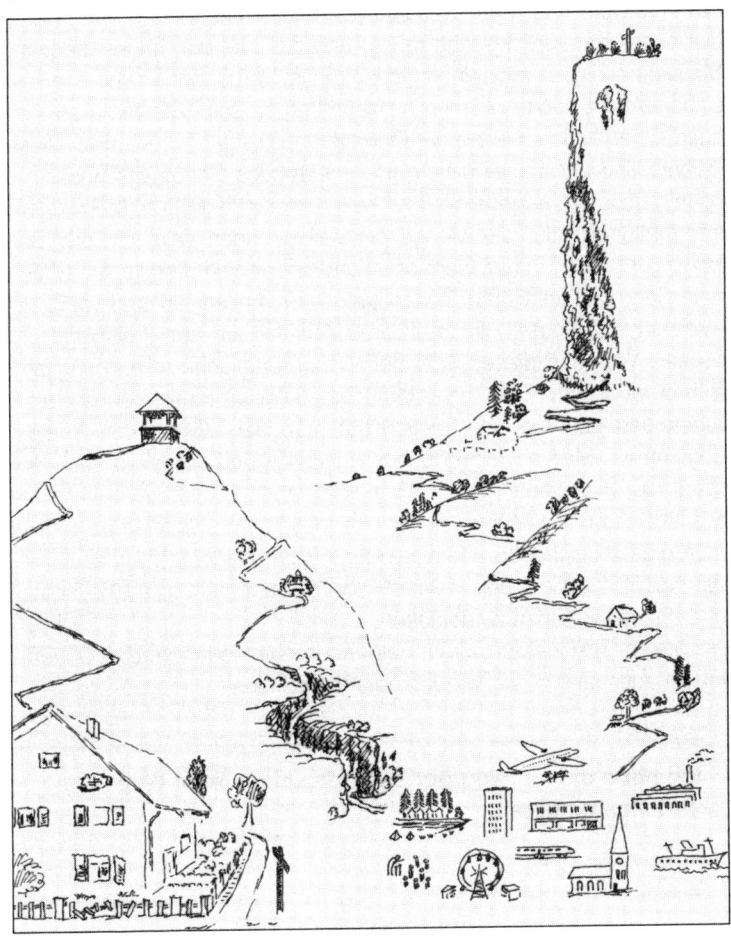

Beschreibung

Am Anfang steht das „alte Haus". Es ist schon windschief und wackelig. Zwar sieht es noch ganz gemütlich aus, aber es ist absehbar, dass es bald nicht mehr bewohnbar sein wird. Dann kommt die „Ebene des Aufbruchs". Hier geht es flott voran, der Weg ist eindeutig und klar. Auf dem „Berg des Weitblicks" werden Ziele entwickelt. Man bekommt Klarheit darüber, was man erreichen möchte. Wie durch ein Fernglas gesehen, kann man in seinen Vorstellungen das zukünftige Ziel schon vorwegnehmen. Es hat den Anschein, als wäre man schon ganz nahe dran. Man plant und organisiert die Veränderung. Das ist der kreativste und motivierendste Teil dieser Wanderung. Dann wird klar, was man zurücklassen muss, und das „Tal der Trauer" beginnt. Man ist noch ganz mit seinen Gedanken im Vergangenen und überlegt sich vielleicht sogar, ob man nicht umkehren soll – da hat man sich auch schon in der „Wildnis der Orientierungslosigkeit" verlaufen. Diese Wildnis ist nicht immer gleich als verwirrendes Chaos erkennbar. Es kann auch die ungeheure Flut von unterschiedlichen Meinungen, Informationen oder die Menge der Ablenkungen sein, die uns den Boden unter den Füßen wegziehen und uns versumpfen lassen. Wenn man dann wieder klaren Boden unter den Füßen hat und weiß, wo man hin will, kommt der mühsame Aufstieg an der „Felswand der Arbeit". Während dieses Teils der Wanderung geht es nur langsam, Schritt für Schritt voran, an jedem kleinen Absatz muss man sich ausruhen und neu sichern. Endlich hat man den „Gipfel des Erfolgs" erklommen. Man hat einen guten Rundblick und übersieht auch den Weg, den man gegangen ist. Hier oben ist es herrlich: Man kann frei aufatmen und alle Mühsal hinter sich lassen. Am Gipfelkreuz genießt man eine erfrischende und ausgiebige Rast. Dann geht es aber wieder hinunter in die „neue Heimat", dort beginnt man, sich einzurichten und das neue Leben zu gestalten.

Diesem Bild werden wir im Folgenden entlanggehen. Das Schema macht anschaulich, wo wir uns gerade befinden.

Ich habe diesen Weg der Veränderung in acht Wegstrecken eingeteilt:

1. Das alte Haus
2. Die Ebene des Aufbruchs

3. Der Berg des Weitblicks
4. Das Tal der Trauer
5. Die Wildnis der Orientierungslosigkeit
6. Die Felswand der Arbeit
7. Der Gipfel des Erfolgs
8. Die neue Heimat

In diesen acht unterschiedlichen Phasen sind insgesamt zwanzig Fort-Schritte zu gehen. Aber Achtung: Es gibt genauso viele Rück-Schritte. Zu jedem Schritt gebe ich praktische Tipps, stelle Fragen und mache Vorschläge, die sich auf die Gestaltung von Veränderungsprozessen in christlichen Gemeinden beziehen.

Schaubild des Weges der Veränderung – acht Wegstrecken, zwanzig Schritte

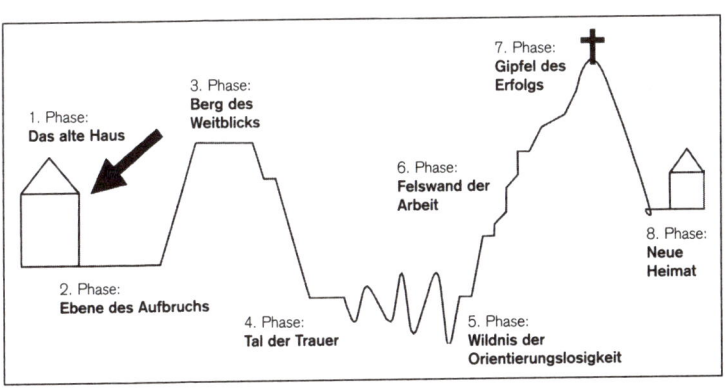

1. Wegstrecke: Das alte Haus

Das alte Haus ist eine Metapher für das, was verändert werden soll, weil es keinen Bestand mehr hat. Damit Sie dieses Bild aber nicht missverstehen: Das alte Haus kann mit einer nach außen herrlich restaurierten Fassade so wirken, als sei es nicht alt. Es könnte wie eines jener Häuser sein, die im Reiseführer als sehenswert vermerkt sind und von den Touristen bewundert werden. Wie Relikte aus einer längst vergangenen Zeit bestaunt man sie und wundert sich über die Leistungen und künstlerische Begabung früherer Baumeister. Aber ein solches altertümliches Haus ist nicht mehr bewohnbar. Es ist ein Museum und zeugt von dem Reichtum einer Epoche, die ihren Höhepunkt hinter sich hat.

Das alte Haus kann aber auch bereits ein erst kürzlich erstelltes Haus sein. Viele schnell hochgezogene Betonbauten werden nur wenige Jahre später wieder abgerissen, weil bauliche Mängel festgestellt wurden. Wir leben in einer sehr schnelllebigen Zeit, in der der Alterungsprozess in hohem Tempo verläuft. Was heute noch neu und „in" ist, ist morgen schon alt und „out". Das bezieht sich auch auf unsere Gemeinden. Ich habe Gemeinden kennen gelernt, die zwar erst vor drei Jahren gegründet worden waren, aber bereits die ersten Verfallserscheinungen zeigten. Sie hatten sich kaum als Gemeinde gefunden und waren schon in ihren Traditionen gefangen wie eine jahrhundertealte Gemeinde. Sie waren bereits starr und unbeweglich geworden. „Alt", obwohl sie noch jung an Jahren waren.

Das alte Haus kann aber auch tatsächlich eine alte, halb verfallene Hütte sein, vermodert und verwahrlost, kurz vor dem Zerfall. Trotzdem ist sie bewohnt, und wenn man dann näher mit dem Besitzer des alten Hauses ins Gespräch kommt und ihn vielleicht für diesen „Schuppen", den er bewohnen muss, bedauern möchte, merkt man, dass es auch eine ganz andere Sicht dieses Gebäudes gibt. Was in Ihren Augen nur notdürftig abgestützt und wackelig erscheint, ist für den anderen sein Zuhause, das er verteidigt als seine eigenen vier Wände, in denen er sich wohl fühlt und auf die er vielleicht sogar stolz ist, weil er sie sich mit eigenen Kräften erbaut hat, viel Zeit und Geld in den Bau investiert hat. Er wird es nicht zulassen, wenn Sie ihn auf die vielen Mängel hinweisen und ihm sagen, dass er hier doch nicht wohnen könne, das sei doch unzumutbar! Er wird Sie mit Unverständnis oder sogar Feindseligkeit behandeln.

Ob das Haus „alt" ist oder nicht, ist – zumindest in unserem Fall – eine sehr subjektive, persönliche Einstellung. Jeder hat hier seine eigenen Maßstäbe.

Im alten Haus befinden sich sechs Räume, die wir nun in den ersten sechs Schritten miteinander durchqueren. Im ersten Raum macht sich nach und nach die Unruhe breit – ein Zeichen dafür, dass etwas Neues dran ist. Im zweiten Raum – vielleicht das Gesellschafts- und Wohnzimmer – versuchen wir, unsere Unzufriedenheit mit dem Bestehenden zu verdrängen. Wir leugnen, dass nicht alles in Ordnung ist, und tun so, als könnten wir weitermachen wie bisher. Im dritten Zimmer – einem Arbeitsraum oder einer Werkstatt – analysieren wir den tatsächlichen Zustand der Gemeinde und stellen uns der Wahrheit – mag sie noch so schwierig sein. Im vierten Raum sind wir wie erschlagen von den Fakten, die auf dem Tisch liegen. Wie erstarrt sitzen wir auf dem Stuhl, unfähig den nächsten Schritt zu tun, oder wir laufen ruhelos im Zimmer auf und ab, weil heftige Stürme in unserem Inneren toben: Was sollen wir tun? Im fünften Raum kommen wir zur Ruhe, alle bisherigen Überlegungen verdichten sich zu einer Entscheidung. Im letzten Raum, der Diele, packen wir unsere Sachen, um das Alte hinter uns zu lassen. Wir schauen noch einmal zurück und überprüfen unser Gepäck. Dann geht es los: Wir brechen auf!

Aus der Gemeindeberatung

In einer landeskirchlichen Gemeinde musste der Pfarrer seine Stelle verlassen, weil es von einem einflussreichen Teil der Gemeinde zu massiver Kritik an seiner evangelistischen Verkündigung gekommen war. Die Schar derer, die eng mit dem Pfarrer zusammengearbeitet hatten, war geschockt: Wie sollten sie nun weitermachen? Hektische Unruhe wechselte in der nächsten Zeit in schneller Folge mit tiefer Resignation ab. Einige Mitarbeiter verließen die Gemeinde, andere sagten: „Es ist doch alles wie bisher. Wir machen weiter wie sonst auch." Ein paar leitende Mitarbeiter setzten sich zusammen, um zu klären, was in der Vergangenheit schief gelaufen war. Sie wollten die Situation in den Griff bekommen und Handlungspläne für die Zukunft entwickeln, um aus der Erstarrung herauszukommen. Sie konnten sich aber auf nicht auf eine gemeinsame Sicht einigen. Es gab Meinungsverschiedenheiten und Konflikte, die die Frustration nur noch verstärkten. Zuletzt hatte man sich in gegensätzlichen Positionen verhakt und war bewegungsunfähig geworden. Dieser Zustand bestand etwa zwei Jahre. Man blieb zusammen, denn das Verbindende war die gemeinsame Unruhe und Unzufriedenheit. Trotz vieler Besprechungen und Überlegungen gelang es nicht, diesen Zustand zu überwinden und konkrete Schritte zu unternehmen. Dann kamen neue Leute in die Leitung, die entschlossen waren, die Situation zu verändern. Gemeinsam mit einem Gemeindeberater entwickelten sie Perspektiven für weitere Schritte. Sie überlegten sich, wie sie als Mitarbeiter aktiv den Zustand der Gemeinde verbessern konnten, der nach dem überraschenden Weggang des Pfarrers katastrophal war, da der neue Pfarrer nicht akzeptiert wurde. Es gelang ihnen, eine gemeinsame Entscheidung für eine neue Mitarbeit in der Gemeinde zu treffen.

Damit veränderte sich die negative Dynamik des Jammerns und Rückwärts-Schauens in einen positiven Impuls voranzugehen. Der neue Start war ein Aufbrechen in die Gemeinde hinein.

1. Fort-Schritt: Unruhe breitet sich aus

Jedem Aufbruch geht eine Zeit der Unruhe voraus. Sie beginnt ganz klein und vielleicht sogar zunächst unbemerkt. Sie fühlen sich einfach nicht mehr so wohl im Bestehenden. Sie spüren, dass etwas nicht stimmt. Sie finden es zum Beispiel nicht mehr tragisch, wenn Sie wegen anderer Termine Veranstaltungen der Gemeinde versäumen. Es fehlt Ihnen nichts! Sie suchen schließlich sogar nach Gründen, warum Sie nicht mehr kommen können. Wenn Sie wieder einmal das alte Haus betreten, spüren Sie, dass Sie hier nicht mehr hingehören. Sie sagen sich: „Das bringt mir nichts." Und spüren: „Ja, früher, war das alles wichtig für mich, aber heute bin ich an einer anderen Stelle." Sie sehen die Mängel – hat man sie früher nicht gesehen oder waren sie vorher gar nicht da? Sie finden immer mehr Kritikwürdiges am Verhalten der Gemeindemitglieder, dem Pfarrer, den Veranstaltungen und den Gottesdiensten. Sie machen sich vielleicht sogar lustig über Dinge, die Ihnen früher sehr wichtig und bedeutend waren. Sie gehen zwar gelegentlich noch in die Veranstaltungen, fragen sich aber anschließend: „Was hat es mir jetzt eigentlich gebracht?" Sie haben das Gefühl, dass Sie nicht „satt" werden, sondern leer bleiben.

Sie bleiben aus purer Gewohnheit dabei und machen noch mit wie früher, aber Sie fühlen sich nicht wohl dabei und kommen sich eingeengt und festgelegt vor. Sie sehnen sich nach frischem Wind und hoffen im Stillen, dass irgendetwas Fundamentales passiert, was die ganze Gemeinde aufrüttelt. Sie wünschen sich vielleicht im Geheimen einen Skandal (der Pastor brennt mit der Gemeindekasse durch), damit auch nach außen sichtbar wird, was Sie nur im Inneren spüren: Es stimmt etwas nicht – und Sie endlich einen plausiblen Grund haben wegzugehen.

Unzufriedenheit erzeugt diese innere Unruhe. Was Sie von der Gemeinde erwarten, stimmt nicht mit der Wirklichkeit überein, sei es, weil Sie sich in Ihren Vorstellungen und Bedürfnissen verändert haben oder weil die Zustände in der Gemeinde eine negative Entwicklung genommen haben. Auf jeden Fall spüren Sie: Etwas Neues ist dran!

Die Unruhe beginnt in Ihnen. Sie ist zunächst ein kleines Rinnsal, das aber schnell größer wird und zu einem reißenden Strom werden kann – je nach den äußeren Umständen. Äußere Vorgänge können die innere Unruhe verstärken. Es kommen Dinge in der Gemeinde vor, die Sie nicht mitvollziehen können, die Gemeindeleitung trifft Entscheidungen, die aus Ihrer Sicht schockierend sind, der Pastor tritt von einem Fettnäpfchen ins andere und das Gemeindefest geht wegen organisatorischen Mängeln total daneben. Sie sind peinlich berührt von den Zuständen in der Gemeinde.

Die innere Unruhe sprengt die Grenzen der eigenen Person. Sie suchen sich Gesprächspartner, mit denen Sie Ihren Unmut teilen können und die Sie verstehen. Sie stecken sie mit Ihrer eigenen Unruhe an oder erhalten von anderen neue Nahrung für die eigene Unzufriedenheit. Die Unruhe wird größer und erreicht andere Bereiche der Gemeinde. Sie ist wie ein Schwelbrand, der sich unter der Verkleidung des alten Hauses ausbreitet, ohne dass man seine Existenz zur Kenntnis nimmt.

Meinungsforscher (Elisabeth Noell-Neumann, Öffentliche Meinung – Die Entdeckung der Schweigespirale, Berlin, 1996) haben festgestellt, dass sich eine beginnende Veränderung bereits lange vor ihrem Ausbruch abzeichnet. Bevor eine Veränderung sichtbar an die Oberfläche tritt, baut sie sich im Untergrund auf, bemerkbar beispielsweise durch Veränderung des persönlichen Denkens, durch Unzufriedenheit, durch Gespräche mit Gleichgesinnten zur eigenen Stärkung und Bestätigung. Nach außen hin ist das Bestehende in dieser Zeit stabil. Hat sich die neue Ansicht im Verborgenen aufgeladen und kommt einem das Bisherige schwächer vor als das Neue, dann tritt es ganz unvermittelt an die Öffentlichkeit und führt zu einem Umbruch. Der Sturz der Berliner Mauer ist ein markantes Beispiel für dieses Ereignis: Niemand hat mit dieser grundsätzlichen Veränderung in diesem Ausmaß gerechnet und plötzlich waren alle Bedingungen anders!

Das Neue wird durch den Schritt an die Öffentlichkeit „gesellschaftsfähig" – vorher war es mit dem Ruch des Unanständigen umgeben, einer geheimen Rebellion. Meinungsmacher in der Gemeinde stellen sich zum Neuen und geben ihm damit weiteren Auftrieb und Akzeptanz. Wer sich offen zu dieser neuen Sichtweise bekennt, zeigt damit, dass das Neue solide ist und neben dem Alten Bestand hat. Wenn sich das Neue zu früh an die Öffentlichkeit wagt, kann es noch zu schwach sein, um sich in diesem Wettbewerb um die öffentliche Meinung durchsetzen zu können. In Meinungsumfragen wird ersichtlich, was die Menschen denken, aber nicht sagen – oder doch nur dort laut werden lassen, wo sie mit Zustimmung rechnen können. So kommt es, dass sich ein Teil der Gemeinde bereits in einer tiefen Unruhe befindet, die von anderen Teilen – zum Beispiel der Gemeindeleitung – gar nicht wahrgenommen wird. Diese lebt in dem Gefühl, dass alles so in Ordnung ist, wie es läuft, und ist sehr überrascht, wenn Unzufriedenheit aufkommt. Zum Beispiel gehen die Wahlen zum Gemeindevorstand ganz anders aus als gedacht und das bisherige Gremium wird abgewählt. Niemand aus der Gemeindeleitung hat damit gerechnet, alle haben sich auf einen unveränderten Fortgang ihrer Arbeit eingestellt.

Oder plötzlich bricht in einer Gemeindeversammlung, in der es um ganz andere Dinge geht, der Unmut durch, Vorwürfe werden geäußert, Kritik wird laut, ganz unvermittelt und scheinbar ohne größeren Anlass. Die Unruhe hat die Mehrheit der Gemeinde erreicht und nun tritt sie spontan und kraftvoll an die Oberfläche.

So spüre ich heute in vielen Gemeinden eine latente Unruhe, die aber noch verborgen ist. Ich beobachte, wie diese Unruhe zunimmt, und bin gespannt, wann sie ausbricht. Es kann sein, dass diese schlafende Energie auf einmal frei wird und sich von heute auf morgen das Gesicht unserer Gemeinden verändert. In unseren Gemeinden wächst die Unruhe – weitgehend unbemerkt von den Leitungsorganen!

In unserer Gesellschaft rumort es

Wer wach ist und die gesellschaftlichen Entwicklungen beobachtet, merkt, dass sich das Bild von Kirche verändert. In wenigen Jahren hat die Kirche an Einfluss verloren. Sie zählt nicht mehr als Hüterin von Moral und Ordnung. Ihre prägende erzieherische Kompetenz hat abgenommen. Die Kirche ist eine soziale Organisation unter vielen anderen. Die Kirchtürme sind in unseren Orten nicht mehr die höchsten Gebäude. Die Pfarrer sind nicht mehr die Ratgeber der Regierenden und die christliche Lehre ist längst nicht mehr normative Richtschnur für die Mehrheit der Bevölkerung. Die Gesellschaft formiert sich mehr und mehr zu einem komplexen pluralistischen Gebilde mit vielen Gruppen und Untergruppen. Hier müssen sich unsere Gemeinden einordnen. Sie haben – wie viele andere Einrichtungen auch – ihr Monopol verloren. Es gibt unzählige Anbieter auf dem Markt der Hoffnungen und der Sinnerfüllung.

Die gesellschaftlichen Veränderungen wirken sich bis tief in unsere Gemeinden hinein aus. Der Pfarrer ist keine Autoritätsperson mehr,

Unterordnung unter eine Leitung ist für einen mündigen Bürger kein Thema. Die Bibel wird individuell verstanden, und jeder darf seinen Glauben nach seiner Façon leben. Eine Gemeinde ist heute wie die Gesellschaft auch ein plurales, multiples Gebilde.

Wenn Verantwortliche in der Gemeinde diese gesellschaftlichen Entwicklungen nicht wahrnehmen und das Gemeindeleben so gestalten wollen wie bisher auch, passen Gesellschaft und Gemeinde nicht mehr zusammen. Es reißt, es kommt zu Zerbrüchen und die Ränder der Gemeinde bröckeln ab.

Vorschläge für den 1. Schritt
- Lassen Sie die Unruhe in sich zu!
- Überlegen Sie sich:
    In welcher konkreten Situation werden Sie unruhig?
    Sind es bestimmte Menschen, die Sie beunruhigen?
    Beunruhigen Sie bestimmte Themen?
- Führen Sie auch Gespräche mit Menschen, die eine andere Meinung haben als Sie! Tauschen Sie sich über Ihre Sicht von Kirche aus!
    Wie sehen Sie den gegenwärtigen Zustand der Kirche?
    Wir bewerten Sie gesellschaftliche Vorgänge?
- Lesen Sie Bücher oder Zeitschriftenartikel zur gegenwärtigen Lage der Kirche!
    (Zum Beispiel: Rick Warren, Kirche mit Vision, Gerth Medien, Aßlar, 2003, Wolfgang Huber, Die Kirche in der Zeitenwende, Gütersloher Verlagshaus, Gütersloh, 1999, Hans Apel, Volkskirche ohne Volk?, Brunnen Verlag, Gießen, 2004, Christian Nürnberger, Kirche wo bis du?, Deutscher Taschenbuch Verlag, München, 2000, Ulrich Eggers (Hrg.), Kirche neu verstehen, Hänssler-Verlag, Holzgerlingen, 2005)
- Überlegen Sie sich: Was kommt auf die Kirche zu?
- Malen Sie sich aus: Wie sieht die Kirche, meine Gemeinde in fünf Jahren aus? Was hat sich wahrscheinlich dann verändert?
- Machen Sie sich Ihre Vorstellungen und Ihre Erwartungen im Blick auf die Gemeinde klar:
    Was erwarten Sie von den Hauptamtlichen?
    Was erwarten Sie vom Pfarrer/Pastor?

- Welche Erwartungen haben Sie an die Mitarbeiter beziehungsweise den Mitarbeiterkreis?
    - Fühlen Sie sich im Gottesdienst wohl?
    - Welche Gottesdienstform würde Ihnen mehr entsprechen?
    - Wo sehen Sie Ihren Platz in der Gemeinde? Können Sie ihn ausfüllen?
    - Wünschen Sie sich bestimmte Aufgaben, Funktionen in der Gemeinde?
    - Möchten Sie mehr an Entscheidungen in der Gemeinde beteiligt werden?
    - Sind Sie mit den Gemeindeveranstaltungen zufrieden?
    - Entspricht Ihnen das Bild, das die Gemeinde in der Öffentlichkeit abgibt?

Merkmale für alternde Organisationen

Markieren Sie in dieser Aufzählung, was auf Ihre Gemeinde zutrifft. Wie verhalten Sie sich in Ihrer Gemeinde? Ihr Verhalten ist ein Spiegel der Organisation, wie es Ihnen in Ihrer Gemeinde geht, und lässt Rückschlüsse darauf zu, wie alt oder wie jung Ihre Gemeinde ist.

- Die Organisation ist wichtiger als der Mensch.
- Die Abläufe sind genau festgelegt und waren schon immer so.
- Regelmäßige Wiederholungen bestimmter Formen oder Floskeln.
- Man weiß genau, was kommen wird, weil es immer schon so war.
- Die Menschen müssen sich der Form anpassen.
- Neue Gemeindemitglieder werden in die Verhaltensregeln eingeweiht.
- Es ist genau festgelegt, was man tun darf und was nicht.
- Veränderungen werden mit dem Satz abgewehrt: Das war schon immer so!
- Die Kommunikation beschränkt sich hauptsächlich auf technische Absprachen.
- Der Pastor redet von „seiner" Gemeinde und hat alles im Griff.
- Autokratische Leitungsstruktur.
- Der Gottesdienstraum ist dunkel, unpersönlich und kalt.
- Man feiert nicht miteinander, sondern trifft sich nur zu Besprechungen.
- Der Einzelne zählt nichts, die Gemeinde bedeutet alles.

Funktionaler Zweifel kommt auf und ist ein Indikator für sich anbahnende Umbrüche (nach Richard Rohr, Der nackte Gott, München, 1987, S. 45ff., siehe auch: Stockmayer, Zwischen Traum und Wirklichkeit. Wenn eine Vision zerbricht, Exodus Verlag, Lüdenscheid 2003):

- Muss alles so ablaufen wie es ist?
- Könnte man nicht alles besser organisieren?
- Sind unsere Strukturen so zweckmäßig?

Ideologischer Zweifel beginnt:

- Die Predigt ist so starr und gesetzlich!
- Könnte man das nicht auch anders sehen?
- Ich bin anderer Meinung!

Ethischer Zweifel macht sich breit:

- Haben wir überhaupt noch eine gemeinsame Basis?
- Können wir einander vertrauen?
- Ich fühle mich in dieser Gemeinschaft nicht mehr wohl.

Absoluter Zweifel:

- Hier läuft nichts mehr!
- Nichts wie weg, bevor der Kahn vollends untergeht!
- Hauptsache, ich überlebe den Untergang!

Auflösungserscheinungen:

- Man taucht nur noch sporadisch in der Gemeinde auf.
- Man orientiert sich zu anderen Gemeinden.
- Es gibt kaum noch Mitarbeiter: Es lohnt sich nicht, sich hier noch zu investieren.
- Der Pfarrer hat mir nichts mehr zu sagen.
- Ich akzeptiere die Entscheidungen der Leitung nicht.
- Die Gemeinde interessiert mich nicht (mehr).
- Schlechtes Reden, Klatsch und Verleumdungen nehmen zu.
- Ich will nicht mehr mit dieser Gemeinschaft identifiziert werden.

Vergleich zwischen Erneuerung und Veralterung

Erneuerung:	Veralterung:
offene Räume	geschlossene Räume
offene Entwicklung	starr
Hören auf Gott	festgelegt, festhalten was Gott früher gesagt hat
Flexibilität	unbeweglich
spontanes Reagieren	lange Verwaltungswege
Fehler machen dürfen	Fehler ziehen Sanktionen nach sich
experimentieren	Perfektionismus
prozessorientiert	ergebnisorientiert
auf die Gemeinschaft und die Bedürfnisse der Menschen bezogen	sachbezogen
zukunftsorientiert	vergangenheitsorientiert
Kommunikation: Beziehungen leben	Kommunikation: Standpunkte beziehen
fließend	festgelegt
gemeinschaftliches Lösen von Problemen	genaue Arbeitsaufteilung jeder hat seinen festgelegten Bereich

2. Fort-Schritt: Von der Verleugnung zur Wahrheit

Nehmen Sie die Unruhe in sich ernst! Fragen Sie sich ganz ehrlich, was mit Ihnen eigentlich los ist und warum Sie so unzufrieden sind. Sie sollten diese Zeichen nicht übergehen.

Es ist eine natürliche Reaktion auf die Unruhe, dass wir sie verdrängen. Die Unruhe stört uns, sie beeinträchtigt unser positives Lebensgefühl und sie sorgt für eine Missstimmung. Deshalb versuchen wir, sie zu ignorieren.

Wenn das nicht mehr geht, weil die Unruhe in uns zu stark wird, beruhigen wir uns selbst, indem wir uns vorsagen: „Es ist ja nicht so schlimm!" Dabei machen wir uns aber nicht klar, wie schlimm es eigentlich ist. Wir legen zum Vergleich bewusst einen sehr niedrigen

Maßstab an, bei dem die gegenwärtige Situation noch gut abschneidet: Wir erleiden ja schließlich keine Verfolgung, leben finanziell ganz gut in unseren Gemeinden und haben die Vorgänge noch einigermaßen im Griff. Das nackte Chaos ist noch nicht ausgebrochen und wir sind noch gut mit Pastoren und Hauptamtlichen versorgt.

Mit diesen Beschwichtigungen schieben wir die anstehende Veränderung, die sich in der Unruhe bemerkbar macht, auf die lange Kirchenbank und hoffen vielleicht, dass sich die Zustände von selbst regulieren und einpendeln werden. Wir sind dann nicht mehr unter Druck und können aus der Distanz beobachten, wie sich die Sache entwickelt.

Aber: Je länger wir warten, desto stärker entwickeln die Veränderungsprozesse ihre eigene Dynamik. Nicht wir bestimmen dann die Veränderung, sondern die Umstände bestimmen uns. Wir können nur noch reagieren und den Ereignissen hinterherhinken. Eine Veränderung, die sich abzeichnet, lässt sich nicht aufhalten, indem wir sie ignorieren!

Je früher wir uns der Forderung einer Veränderung stellen, desto größer sind die Spielräume und desto mehr können wir aktiv mitgestalten und den Lauf der Dinge positiv beeinflussen. Eine Verleugnung der inneren und äußeren Unruhe kann fatale Folgen haben!

Dabei ist es normal, dass die einen sagen: „Es ist doch alles o.k." Während für die anderen bereits die Nerven blank liegen. Der subjektive Eindruck zählt. Er ist entscheidend. Es ist wichtig, wie es Ihnen mit Ihrer Gemeinde geht! Nehmen Sie sich selbst ernst! Lassen Sie sich nicht mit billigen Vertröstungen auf eine ferne Zukunft abspeisen!

Wie lange wollen Sie warten, bis sich etwas verändert und besser wird? Wie lange wollen Sie die Hoffnung aufrechterhalten, dass es auch ohne grundlegende Veränderung geht? Wann ist für Sie der Punkt erreicht, wo Sie sagen: „Bis hierher und nicht weiter"?

Die Verleugnung wird zu einem Dauerzustand, solange wir noch eine Ausrede haben oder die Hoffnung, dass es irgendwie weitergehen wird. Und wenn Sie zu Ihrer Gemeinde sagen: „Ich gebe ihr noch ein Jahr" – was tun Sie dann ein Jahr später? Geben Sie dann noch einmal einen Zuschlag auf Bewährung? Oder haben Sie sich dann auch an die unveränderten Zustände gewöhnt und sagen dann: „Ich werde das auch noch einmal ein Jahr durchhalten, denn was mich nicht umbringt, macht mich stark! Jetzt habe ich so lange gewartet, nun halte ich schon noch weiter aus. In fünf Jahren geht unser Pfarrer in Ruhestand, dann gibt es sowieso eine Veränderung ..."

Weil wir ahnen, dass Veränderungen Mühe und Arbeit bedeuten, weichen wir lieber aus, ziehen uns zurück, verschließen Augen, Ohren und Herzen und lassen alles, wie es war. Wir ziehen uns auf die vage Vermutung zurück: „Vielleicht geht es ja in meinem Fall ohne Veränderung, ganz von selbst und ohne, dass ich etwas dazu tun muss!" Das aber ist ein trügerischer Schluss!

Veränderungen sind gefährlich!

Veränderungsprozesse sind sehr persönliche Prozesse, die Sie zutiefst berühren. Äußere Veränderungen beziehen Sie mit ein, reißen Sie in einen Sog, durch den Sie sich selbst verändern – Sie können nicht distanziert und sachlich Veränderungen vollziehen. Im Gegenteil, sie sind schmerzhaft und unangenehm. Wer begibt sich gern in Prozesse hinein, die ihn verunsichern und an die eigene Substanz gehen? Wenn Sie Veränderungen in Ihrer Gemeinde ansteuern, bedeutet das auch ein In-Unruhe-Geraten des sozialen Systems der Gemeinde. Sie bietet dann keine Sicherheit, keine vertraute Heimat mehr. Aber vielleicht suchen Sie gerade das in Ihrer Gemeinde: Bestätigung und Stabilität. Und nun sägen Sie selbst an dem Ast, auf dem Sie sitzen! Sie haben das Gefühl, die Veränderung geht zu Ihren Lasten und schadet Ihnen selbst.

Sie fragen sich: „Kann ich mich gegen meine eigene Gemeinde wenden, kann ich sie kritisieren und hinterfragen? Darf ich das denn überhaupt? Ist nicht gerade die christliche Gemeinde für mich eine absolute Autorität, an der ich nicht rühren kann und darf? Ist sie nicht so etwas wie eine Mutter-Gemeinde? Wenn ich mich gegen sie wende, wende ich mich damit gegen mich selbst und gegen Gott? Ist die Gemeinde nicht etwas Unverrückbares, das nicht einmal durch die Pforten der Hölle überwunden wird – und der Pastor der Gesalbte Gottes, wer sich gegen ihn erhebt, um ihn zu kritisieren, wird von Gott bestraft?"

Bei diesen Fragen müssen Sie sich klar werden, warum Sie etwas verändern wollen und warum Sie Kritik üben: Geht es Ihnen darum, nur Ihren Unmut loszuwerden, oder wollen Sie, dass sich „alles zum Guten wendet"? Wenn Sie das Zweite wollen, beziehen Sie sich selbst in die Veränderung mit ein, dann fordern Sie nicht nur Veränderung von anderen, sondern verändern sich auch selbst. Sie sitzen nicht auf der Zuschauerbank, sondern sind beteiligt. Sind Sie dazu bereit? Oder ist Ihnen doch der bequeme Platz in der hinteren Reihe lieber, von dem

Sie aus der Deckung schießen können, ohne selbst im Schussfeld zu stehen?

Wer Veränderung will, muss selbst veränderungsbereit sein! Und das heißt: Er muss auch bereit sein, Leiden auf sich zu nehmen. Unter Umständen stehen Sie mit Ihrer Kritik und mit Ihrer Bewertung der Lage ganz allein da. Niemand teilt Ihre Sicht der Dinge. Sie haben sich geoutet, aber keine Unterstützung erfahren. Das ist bitter! Wer möchte sich schon in eine solche Lage bringen und vielleicht als notorischer Nörgler abgestempelt werden, der nie zufrieden ist?

Da es um die innere Unruhe geht und die Beurteilung der Lage eine subjektive Einschätzung ist, sind Sie sich selbst nicht sicher, ob Sie Recht haben. Wie können Sie beweisen, dass es tatsächlich nicht so weitergehen kann? Welche Fakten können Sie auf den Tisch legen, die belegen, dass das Haus wirklich alt und nicht mehr bewohnbar, ja vom Einsturz bedroht ist?

Wenn Sie sich zu Ihrer Unruhe stellen und das mitteilen, was Sie empfinden, riskieren Sie, dass Sie einsam werden. Wollen Sie das wirklich? Da ist es doch besser, die Augen zuzumachen und so tun, als sei alles in Ordnung, oder?

Vorschläge für den 2. Schritt

- Sammeln Sie Zahlen und Fakten aus Ihrer Gemeinde:
  Ermitteln Sie ein Gemeindeprofil. Dieser vom Computer ausgewertete Test ergibt ein objektives Bild von den Stärken und Schwächen der Gemeinde und zeigt Ihnen, wo Sie im Vergleich mit dem Durchschnitt anderer Gemeinden stehen.
- Vergleichen Sie Ihre Gemeinde mit anderen Gemeinden. Sehen Sie sich Gemeinden in Ihrer Umgebung an und besuchen Sie bewusst auch Gemeinden, die einen höheren geistlichen Level haben als Ihre Gemeinde. Was ist an diesen Gemeinden anders? Was haben sie, was Ihre Gemeinde nicht hat?
- Starten Sie eine Umfrage unter den Gottesdienstbesuchern Ihrer Gemeinde. Sie sollen zu folgenden Fragen auf einer Messleiste ankreuzen, wie sie ihre Gemeinde bewerten:

1 2 3 4 5 6 7

1 = sehr gut, ich bin sehr zufrieden
7 = sehr schlecht, es muss etwas verändert werden

- Stellen Sie folgende Fragen:
  Was hat Ihnen am Gottesdienst gefallen?
  Wie geht es Ihnen in unserer Gemeinde?
  War die Predigt für Sie hilfreich und aufbauend?
- Suchen Sie Kontakt zu kritischen Gemeindemitgliedern. Kommen Sie mit ihnen ins Gespräch.
- Besuchen Sie Gemeindemitglieder, die aus der Gemeinde ausgetreten sind oder sich aus dem aktiven Gemeindeleben verabschiedet haben. Fragen Sie sie, warum sie sich zurückgezogen haben.
- Nehmen Sie Mahner und prophetisch begabte Menschen ernst. In jeder Gemeinde gibt es Menschen, die von Gott die Aufgabe des Warners haben. Sie weisen auf Schwachstellen hin und fordern zur Veränderung auf. Sehen Sie in ihnen nicht die Störenfriede, sondern entdecken Sie in ihrer Botschaft den Kern der Wahrheit – er ist nicht immer so einfach zu finden.

3. Fort-Schritt: Analyse

Damit sind wir beim dritten Schritt und wir befinden uns weiterhin im alten Haus. Wir betreten nun den dritten Raum ein Stockwerk tiefer und sind immer noch weit entfernt von der Haustür. Dieser Raum ist wie eine Werkstatt eingerichtet, hier riecht es nach Arbeit. Filzstifte, große Papierbögen liegen herum, Flipchart-Ständer und Pinnwände mit allem nötigen Material stehen bereit.

Wir machen uns hier daran, die Lage unserer Gemeinde kritisch und gründlich zu prüfen. Wir fangen an, ein objektiveres Bild zu gewinnen. Die innere Unruhe war der Auslöser für den Raumwechsel innerhalb des alten Hauses. Wir wollen nun noch einmal den Ist-Zustand unserer Gemeinde anschauen, um uns dann zu überlegen, wie wir zum Soll-Zustand kommen können. Eine gründliche Analyse ist eine gute Basis für unsere Wanderung. Sie gibt uns die Begründung für den Aufbruch. Wir machen uns ja nicht deshalb auf den Weg, weil wir nichts Besseres zu tun haben oder es uns einfach einmal wieder in den Füßen juckt! Mit der Analyse markieren wir unseren jetzigen Standpunkt und damit den Ausgangspunkt für unsere Reise. Wir wissen dann, warum wir aufgebrochen sind. Und wir bekommen hier schon wichtige Hinweise, wohin wir eigentlich wollen.

Der wichtigste Punkt in der Analyse ist, dass Sie sich überlegen: Welche Grundmelodie wird in meiner Gemeinde gespielt? Es geht um die Identität Ihrer Gemeinde. Jede Gemeinde ist etwas ganz Eigenes. Dieses Spezielle Ihrer Gemeinde gilt es herauszufinden.

Es nützt nichts, eine Gemeinde, die großen Wert auf ein hohes intellektuelles Niveau legt, in der ausgefeilte Predigten wichtig sind und kulturelle Veranstaltungen zum festen Bestandteil des Gemeindelebens gehören, in eine spontane, unkonventionelle Gemeinde verwandeln zu wollen. Es wird auch nicht gelingen, eine Gemeinde, in der enge familiäre Beziehungen wichtig sind, wo Familien- und Kindergottesdienste mit Vorliebe gefeiert werden, in eine traditionelle, liturgische Gemeinde zu verändern. Auch die Umwandlung einer Gemeinde, in der Lehre und Wortverkündigung die Hauptsache darstellt, in eine Gemeinde, die gern erlebnisorientierte Gottesdienste feiert, in denen es unkonventionell und spontan zugeht und bei der man nie weiß, welche Aktion als Nächstes kommt, wird kaum zu vollziehen sein.

Jede Gemeinde hat ihren eigenen Schwerpunkt. Er ergibt sich aus der Geschichte, der Prägung der Mitglieder und den örtlichen Gegebenheiten. Oft spielen die Vorlieben der Pastoren noch eine gewisse Rolle, aber ich habe festgestellt, dass meistens die Pastoren bereits passend zu der Eigenart der jeweiligen Gemeinde ausgesucht und gewählt werden (wenn das einmal nicht übereinstimmt, dann murrt die Gemeinde und der Pfarrer ist unglücklich).

Eine beabsichtigte Veränderung muss zu der Gemeinde passen!

Deshalb überlegen Sie sich den Schwerpunkt, die Identität Ihrer Gemeinde:
- mit Schwerpunkt Verkündigung
- unkonventionelle Gemeinde mit Schwerpunkt Gemeinschaft
- familiäre Gemeinde mit Schwerpunkt Beziehungen
- kulturelle Gemeinde mit Schwerpunkt Niveau
- traditionelle Gemeinde mit Schwerpunkt Gottesdienst
- erlebnisorientierte Gemeinde mit Schwerpunkt Aktion
- ...

Das ist bewusst keine vollständige Auflistung. Hier gibt es unzählige Kombinationen. Es ist spannend herauszufinden, welchen besonderen Schwerpunkt Ihre Gemeinde hat. Aber es hat keinen Sinn, wenn Sie aus Ihrer Gemeinde etwas anderes machen wollen als ihr entspricht. Genauso wenig können Sie die Grundstruktur eines Menschen verändern. Er wird nie jemand anders sein können, als er seinem inneren Wesen nach ist! So wie jeder Mensch seinen eigenen unverwechselbaren Fingerabdruck hat, so ist jede Gemeinde ein eigener, unverwechselbarer Fingerabdruck Gottes.

In der Gemeindeberatung versuchen wir, die Grundstruktur einer Gemeinde zu entdecken. Wir fragen uns, wie eine Gemeinde zu dem werden kann, was sie eigentlich ist. Wie kann sich der einmalige und von Gott so beabsichtigte Charakter dieser Gemeinde entfalten?

Wir wollen nichts Geringeres, als das Bild herauszufinden, das Gott von dieser Gemeinde hat.

Oft stelle ich fest, dass dieses grundlegende Bild von Gemeinde überlagert und verborgen ist. Wir müssen es freilegen wie ein altes Fresko, das im Lauf von Jahrhunderten von vielen Lagen Farbe zugedeckt wurde. Schicht um Schicht muss abgekratzt werden, bis das eigentliche, ursprüngliche Bild wieder zum Vorschein kommt. Dabei erschließt sich uns die Geschichte der Gemeinde. Wir verstehen immer besser, warum sie so geworden ist und was diese Gemeinde geprägt hat. So finden wir die eigentlichen Wurzeln der Gemeinde.

Hinweise auf die ursprüngliche Gestalt entdecken wir, wenn wir herausbekommen, warum diese Gemeinde gegründet wurde. Vielleicht gibt uns eine Gründungsurkunde Aufschluss über die Vorgänge, die bei der Geburt der Gemeinde eine Rolle gespielt haben. Welche Wünsche und Erwartungen und welche geschichtlichen Umstände haben zur Gründung geführt? Auf welche Fragen sollte diese Gemeinde Antworten geben? Unter Umständen gibt uns der Name der Gemeinde oder der dazugehörenden Kirche den entscheidenden Hinweis auf ein Grundmotto, das schon in der Wurzel angelegt ist und zum Wesen der Gemeinde gehört.

Wenn wir uns heute nach dem Besonderen und dem eigentlichen Kern jeder Gemeinde fragen, gehört ihre Geschichte dazu. Wir fangen nicht beim Nullpunkt an, sondern sind herausgefordert, wieder zu den Anfängen zurückzukehren, um einen Ansatz für unsere Veränderungen zu bekommen. Wenn wir hier anknüpfen, haben wir einen wichtigen Ausgangspunkt für unsere Bemühungen, den wir brauchen, um uns nicht im Ungewissen zu verlieren.

In der Analyse gehören neben den harten Fakten wie Statistiken, Umfragen, Zahlen, Umfeld- und Mitgliedererhebung auch die „weichen" Faktoren dazu:
- Welche Stimmungen herrschen vor?
- Was liegt in der Luft?

- Welche Grundüberzeugungen prägen die Gemeinde?
- Wie ist die soziale Architektur der Beziehungen?
- Welchen Umgang haben wir miteinander?
- Läuft der Kommunikationsfluss oder gibt es Kommunikationsbarrieren?

Dazu kommen die geschichtlichen Vorgänge, die auch wieder beides einschließen: äußere Bedingungen (zum Beispiel Gebäude, gesellschaftliche Entwicklungen) und innere Reaktionen darauf. Im Kontext ihrer Geschichte ist die Gemeinde ein Produkt aus Anfragen, Herausforderungen und gesellschaftlichen Entwicklungen und den Antworten, die die Gemeinde darauf gegeben hat, wie sie die Zeichen der Zeit deutet und darauf reagiert.

Beispiele

Eine Gemeinde wurde in einer Zeit gegründet, in der die unmittelbare Umgebung stark von einem florierenden Industrialismus geprägt war. Zu ihrem Gemeindegebiet gehörten Handwerksbetriebe, mittelständische Unternehmen, größere Fabriken und eine beträchtliche Anzahl von Arbeitersiedlungen. Heute hat sich das Umfeld geändert: Die Fabriken wurden geschlossen und auch ein Teil der kleineren Betriebe musste ihre Arbeit einstellen. Aus den Arbeitersiedlungen wurden Eigentumswohnungen im sozialen Wohnungsbau. Das hat die Umgebung der Gemeinde verändert. Trotzdem ist sie in ihrer Prägung eine Arbeitergemeinde geblieben. Wie findet diese Gemeinde zu ihrem ursprünglichen Gemeindeleben?

Eine Innenstadtgemeinde wurde bisher von zumeist alten Menschen besucht. Die Seniorenarbeit spielte deshalb eine große Rolle. Aber im Verlauf der letzten fünf Jahre hat sich eine Veränderung vollzogen: Wo alte Menschen gestorben sind, kamen junge Familien in die Wohnungen. Auch hier muss die Gemeinde die äußere Veränderung mitvollziehen. Wie kann sie das, ohne den alten Kern zu verlieren?

Vor dreißig Jahren wurde am Stadtrand ein großes modernes Kirchengebäude errichtet. Der weite Gottesdienstraum mit der aufsteigenden Theaterbestuhlung prägte den Gottesdienst. Die Kirche forderte zu einer Beteiligung der unterschiedlichen Gruppen am Gottesdienst heraus. Das bestimmte zu einem entscheidenden Maß die Kultur dieser Gemeinde. Im Zuge von Renovierungsarbeiten wurde der

Innenraum der Kirche total verändert. Die Schräge des Fußbodens wurde in Treppenstufen verwandelt, so dass nun Stuhlreihen und damit auch Kleingruppen möglich wurden. Die Konzentration auf den Altarraum wurde dadurch aufgehoben und das Gottesdienstgeschehen von vorn in die Gemeinde hineinverlagert. Das hatte grundsätzliche Auswirkungen auf das Gemeindeleben.

Vorschläge zum 3. Schritt

- Zeichnen Sie für sich oder miteinander ein Bild Ihrer Gemeinde, in dem alle weichen und harten Fakten vorkommen.
- Welches Symbol passt am ehesten zu Ihrer Gemeinde? Welcher typische Gegenstand sagt etwas über Ihre Gemeinde aus? Bauen Sie aus diesen Gegenständen eine kleine Ausstellung auf!
- Dokumentieren Sie die geschichtliche Entwicklung Ihrer Gemeinde: Stellen Sie Bilder und Dokumente zusammen, die etwas über die Prägung der Gemeinde aussagen. Wann wurde die Gemeinde gegründet? Wie ging es ihr im „Dritten Reich"? Welche Persönlichkeiten hatten Einfluss auf die Gemeinde? Gab es Höhepunkte und Krisen?
- Bringen Sie die Entwicklung der Gemeinde in eine Kurve, auf der Höhepunkte und Tiefpunkte, Ausdehnung und inhaltliche Entwicklungen zu erkennen sind. (Zum Beispiel: Hier teilte sich die Gemeinde in zwei unterschiedliche Strömungen, die seither nebeneinanderher leben.)
- Führen Sie ein Gemeindeprofil durch. Durch Fragebögen ermitteln Sie ein Profil der Stärken und Schwächen Ihrer Gemeinde. Sie sehen, welche Qualitätsmerkmale stark ausgeprägt sind und an welchen gearbeitet werden muss (Christian A. Schwarz und Christoph Schalk, Die Praxis der natürlichen Gemeindeentwicklung, C&P-Verlag, Emmelsbühl 1997).

4. Fort-Schritt: Erstarrung überwinden

Sie haben nun ein genaues Bild Ihrer Gemeinde vor sich und wechseln jetzt in den nächsten Raum des alten Hauses. Er ist wie ein Salon eingerichtet: Bequeme Sessel stehen dort, an der Wand hängen Porträts von bedeutenden Persönlichkeiten, die Sie alle mit ernstem Gesicht anschauen. Es kommt Ihnen fast so vor, als würden sie vorwurfsvoll zu Ihnen herabblicken, weil Sie sich erdreisten, an den Grundfesten der Gemeinde zu rütteln. Unter dem Arm haben Sie den

Packen Papier mit der Analyse der Gemeinde, in einer großen Rolle befindet sich Ihr Bild, das Sie von Ihrer Gemeinde gemalt haben.

Es wird Ihnen unwohl in diesem Raum mit all den Ergebnissen, die Sie sich erarbeitet haben. Sie haben gemerkt, wie komplex und vielfältig Ihre Gemeinde ist. Sie begreifen, dass Ihre Sicht nur ein kleiner Teil des Ganzen ist. Das erschüttert Sie und Sie möchten am liebsten aufgeben: Welchen Sinn hat denn das alles? Werden wir jemals zu einer Veränderung kommen? Wenn Sie auf die ernsten Gesichter an den Wänden blicken, kommen Sie sich ganz klein vor, am liebsten möchten Sie in ein Mauseloch verschwinden.

Einige Ergebnisse Ihrer Untersuchungen haben Sie geschockt. Sie haben nicht geahnt, dass die Lage so schwierig ist. Sie haben mit Leuten gesprochen, die Sie bestärkt haben. Sie haben andere getroffen, die Sie nicht unterstützen konnten, weil sie anderer Meinung waren. Sie spüren die starke Spannung zwischen Ist und Soll fast körperlich. Aber innerlich fühlen Sie sich hohl und leer.

Sie setzen sich hin und sind wie erstarrt vor den Konsequenzen, die deutlich vor Ihren Augen stehen. Sie spüren plötzlich die Tragweite Ihres Vorhabens. Auch in Ihnen tobt ein Kampf: Genauso komplex und vielfältig, wie sich die Gemeinde nach außen darstellt, sieht es auch in Ihnen selbst aus.

Es gibt verschiedene Stimmen, die in Ihnen streiten (dazu sehr zu empfehlen: Friedemann Schulz von Thun, Miteinander reden, Band 3, Das innere Team, Rowohlt, Reinbek bei Hamburg, 1998):

- Der Realist in Ihnen sagt, dass es sich nicht lohnt, hier weiterzumachen, da eine Veränderung sowieso nicht möglich ist.
- Der Menschenfreund in Ihnen hat Mitleid mit den Gemeindemitgliedern, die keine Veränderung wollen.
- Dann gibt es auch noch den Solidarischen, der die Not derer mit trägt, die unter dem gegenwärtigen Zustand der Gemeinde leiden.
- Der Gerechte in Ihnen möchte, dass alle Gemeindemitglieder gleichberechtigt zum Zug kommen und jeder sich einbringen kann.
- Der Revolutionär in Ihnen möchte provozieren und die lasche Gemeindeleitung auf Vordermann bringen.
- Der Friedliche in Ihnen möchte unter keinen Umständen Streit und verbindet sich mit dem Harmonisierer.
- Dagegen stehen der Verantwortliche, der sich für eine gute Entwicklung der Gemeinde verantwortlich fühlt, und der Mündige, der weiß, dass Glaube und Christsein praktisch werden müssen.

Da beide Seiten, die eine, die für Veränderung steht, und die andere, die Veränderung ablehnt, gleich stark sind, kommt es zu einer inneren Patt-Situation. Das innere Hin und Her, der Austausch der inneren Argumente hat Sie müde gemacht. Sie sind erschöpft und wissen auch nicht, welchen Stimmen Sie folgen sollen, ob Sie sich für oder gegen eine Veränderung entscheiden sollen.

Für oder gegen Veränderung?

Sie überwinden die Erstarrung, wenn Sie die Gründe dafür herausfinden:
- Was lähmt Sie jetzt, warum sind Sie schockiert?
- Vor was haben Sie Angst? Was befürchten Sie?

Identifizieren Sie die verschiedenen Stimmen, die in Ihnen sind, geben Sie ihnen Namen und lassen Sie jede zu Wort kommen. Setzen Sie jede auf einen anderen Stuhl in diesem Raum und hören Sie ihren Argumenten zu.

Nach der äußeren Analyse Ihrer Gemeinde geht es nun um eine innere Bestandsaufnahme und dabei merken Sie, dass verschiedene Richtungen und Möglichkeiten in Ihnen sind. Es gibt nicht nur einen richtigen Weg, sondern mehrere.

Es hilft Ihnen, in Bewegung zu kommen, wenn Sie jetzt Ihre Handlungsalternativen aufschreiben und bewerten. Was ist der beste Weg, aber was ist daneben genauso gut möglich?

Wenn Sie mehrere Möglichkeiten haben, dann sind Sie beweglich und nicht nur auf eine Richtung festgelegt! Es gibt immer mehrere Möglichkeiten und selten nur einen richtigen Weg! Es ist besser, Sie entscheiden sich für eine kleine Lösung oder nehmen die zweitbeste Möglichkeit in Angriff als gar nichts zu tun. Wenn Sie nur das Optimalste wollen und nach der perfekten und absolut sicheren Lösung suchen, lähmt Sie die Angst vor möglichen Fehlern und einer falschen Entscheidung.

Aber schauen Sie sich ruhig die Bilder an den Wänden in diesem Raum des alten Hauses an! Das waren alles Menschen, die ebenfalls in Entscheidungssituationen standen und ihre eigenen Entschlüsse getroffen haben. Genauso haben auch Sie das Recht auf Ihre eigene Entscheidung. Egal, wie Sie sich entscheiden: Es muss zu Ihnen passen. Der Entschluss muss ehrlich sein und vor Ihrem eigenen Gewissen standhalten können. Überlegen Sie sich ruhig einmal, wie diese heutige Situation in fünf Jahren aussehen wird. Stellen Sie damit die Entscheidung in den Rahmen Ihrer Biografie, vielleicht gewinnt sie damit ein anderes Gesicht. Machen Sie sich klar, dass auch diese würdig aussehenden Menschen Fehler gemacht haben. Gestehen Sie sich selbst auch die Möglichkeit zu, Fehler zu machen.

Wenn Sie sich aber jetzt trotz guter innerer Argumente und gegen Ihr Gefühl nicht für den Weg der Veränderung entscheiden, wenn Sie aus Bequemlichkeit, Angst oder Unsicherheit gegen Veränderungen sind, obwohl Veränderungen dran sind, dann geht Ihr Weg im alten Haus zurück in Raum 1, zurück in die Unruhe. Damit beginnt der Kreislauf zwischen Raum 1 und Raum 4 wieder von vorn. Sie können ständig zwischen diesen Zimmern in Bewegung sein, verändern wird sich aber dadurch nichts! Sie drehen sich im Kreis und kommen nicht voran.

Aus der Gemeindeberatung

Ich beobachte als Gemeindeberater, dass dies in vielen Gemeinden eine geläufige Dynamik ist: Die aufbrechende Unruhe wird zunächst geleugnet, dann macht man sich trotzdem an die Arbeit und analysiert den gegenwärtigen Zustand der Gemeinde, um anschließend aber nur wie das Kaninchen vor der Schlange zu erstarren und letztlich in die anfängliche Unruhe zurückzukehren, ohne dass sich etwas verändert hätte. Es ist ein wichtiges Unterfangen in der Gemeindeberatung, diesen verhängnisvollen Kreislauf zu durchbrechen und zu einer Entscheidung für oder gegen eine Veränderung zu verhelfen, Mut zu machen weiterzugehen oder sich einzurichten. Und vielleicht entdecken wir ja neben diesen beiden Möglichkeiten auch noch weitere Wege …

Vorschläge für den 4. Schritt

- Lassen Sie sich Zeit, setzen Sie sich nicht unter Druck!
- Finden Sie heraus, woher die Erstarrung kommt, was Sie schockiert und verletzt.
- Lassen Sie den Schmerz über den Zustand in Ihrer Gemeinde zu! Überspielen Sie nichts.
 Vielleicht sind die Tränen, die Sie weinen, auch Gottes Tränen, der mit Ihnen über den Zustand Ihrer Gemeinde trauert.
- Nehmen Sie sich Zeit für das Gebet und sagen Sie Gott, dass er Sie zuerst verändern darf, geben Sie ihm Raum und Gelegenheit dazu!

- Suchen Sie Gottes Gegenwart und fragen Sie ihn nach seiner Sicht der Gemeinde. Versuchen Sie, Ihre Gemeinde mit den Augen Gottes zu sehen.
- Setzen Sie Ihre Schmerzen und Ihre Trauer um in Gebet für Ihre Gemeinde, beten Sie für die Leitung, beten Sie für Ihre Widersacher und für alle, die gegen eine Veränderung sind.
- Leiden Sie stellvertretend für die Gemeindemitglieder, die nicht dazu in der Lage sind, ihren Schmerz, ihre Wut und ihre Enttäuschung auszudrücken.
- Suchen Sie nach Menschen, mit denen Sie zusammen beten und gemeinsam die Not und Last Ihrer Gemeinde vor Gott bringen können.
- Achten und ehren Sie die Menschen, die vor Ihnen für Ihre Gemeinde gekämpft und gearbeitet haben. Verurteilen Sie nicht, was sie getan haben, und machen Sie ihre Leistung nicht klein.
- Achten Sie die Menschen, die eine andere Meinung haben als Sie.
- Achten Sie auch auf die Stimmen in Ihnen, die Ihnen widersprechen – auch sie sollen zu Wort kommen, denn sie haben genauso Recht.
- Nehmen Sie körperliche Spannungen wahr, gönnen Sie sich Entspannung und Ruhe.
- Suchen Sie nicht nur nach Problemen, sondern machen Sie sich selbst eine Freude (oder erlauben Sie anderen Menschen, Ihnen eine Freude zu machen).

Überlegen Sie sich, wie Sie zu folgenden Sätzen stehen:
- Lieber weniger verändern als gar nichts!
- Lieber angreifen als sich zurückziehen!
- Lieber Fehler machen als gar nichts tun!

5. Fort-Schritt: Entscheidung

Der nächste Raum im alten Haus ist spartanisch eingerichtet. Es handelt sich mehr um ein Durchgangszimmer. Es hat viele Fenster und ist deshalb sehr hell: Es ist der Raum der Einsicht.

Sie haben sich durchgerungen und Sie haben sich entschlossen hinauszugehen! In der Einsicht verdichten sich alle Fakten und werden zu einem konkreten Schritt. Es ist etwas klar geworden, die Erstarrung hat sich gelöst. Einsicht ist ein Geschenk Gottes. Er gibt uns Einblick in seine Pläne und macht uns Mut, indem er uns den nächsten Schritt zeigt. Er öffnet uns die Augen für den Weg, den wir gehen sollen.

Einsicht ist:
(nach Charles M. Olson, Transforming Church Boards,
Alban Institute, 1995)

- Einsicht beruht nicht auf konsensmäßiger Übereinstimmung.
- Einsicht ist kein politischer Prozess.
- Einsicht ist keine logische rationale Übung.
- Einsicht hängt damit zusammen, dass man eine Entscheidung trifft und andere Dinge damit ausschließt.
- Einsicht ist oft „einfach da"!

Einsicht bedeutet:

- Sehen, wissen oder bestätigt bekommen, was „Sache" ist, was gerade stattfindet.
- Die Bewegung Gottes sehen und dadurch auch verstehen, wohin sich etwas entwickelt.
- Die Dinge aus der Perspektive Gottes sehen.
- Die Dinge zur „Entfaltung bringen" – wie Popcorn: Es platzt etwas auf, hat eine andere Form als vorher und ist genießbar.
- Die kleinen Bruchteile Gottes freilegen (von Erde und Dreck wie ein Archäologe mit Löffel und Zahnbürste arbeitet).

Mit dem Einblick in die Pläne Gottes hat sich in uns auch ein Fünkchen Hoffnung festgesetzt. Wir halten eine Veränderung für möglich. Es muss nicht so bleiben, wie es ist! Das motiviert und gibt Kraft. Hoffnung braucht ein Ziel, eine Perspektive, eine Vision. Dieser Keim ist in uns. Wir spüren eine neue Energie loszugehen, wie wenn sich eine Türe öffnet. Wir müssen nicht beim Bestehenden bleiben. Es gibt zum Bisherigen eine Fülle unterschiedlicher Möglichkeiten. Sie liegen alle vor uns! Wir können experimentieren, forschen, suchen, Fehler machen und in Freiheit unter den vielen Möglichkeiten die eine auswählen, die für uns in Frage kommt. Hier beginnt das Leben in seiner kreativen Dimension. Wir werden zum Mit-Gestalter der Zukunft. Wir sind nicht passiv, sondern aktiv! Die vielen Wege, die vor uns liegen, machen Veränderung zum Abenteuer. Das Leben ist einmalig und spannend ... Nein, wir sind noch nicht am Ende, sondern am Anfang. Die vielen Wahlmöglichkeiten und Wegkreuzungen unseres Lebens werden noch zunehmen. Damit hat die Veränderung in uns bereits begonnen. Es ist in uns selbst etwas neu und hell geworden.

Machen Sie sich neu klar, dass der Heilige Geist eine unendliche Kraftquelle in Ihnen ist, dass er Ihren inneren Tank immer wieder so ausfüllt, dass Sie nie vom letzten Tropfen leben und ums Überleben bangen müssen.

Machen Sie sich ebenfalls klar, in welche Beziehungen Sie eingebunden sind. Es gibt Menschen, die Sie begleiten, die zu Ihnen halten, Sie stützen und ermutigen. Sie werden korrigiert und zurechtgewiesen, wo Sie falsch liegen – das ist ein unersetzlicher Schatz!

Sie haben Gaben, Fähigkeiten, Stärken und Ideen: Gepäckstücke, die Sie ohne Belastung mitnehmen können, weil sie nichts wiegen. Sie können sich auf sich verlassen und aus dem Vollen schöpfen. Sie sind gut ausgerüstet und vorbereitet für den Weg, der vor Ihnen liegt. Sie setzen nun das ein, was Sie bisher gewonnen haben. Sie setzen sich ganz mit dem ein, was Sie sind. Denn der Weg, der vor Ihnen liegt, ist kein virtueller, sondern ein echter und wahrer Weg, der Sie in Ihrer Substanz fordert und Ihre Kräfte herausfordert.

Vorschläge für den 5. Schritt

Überlegen Sie die Möglichkeiten, die Sie haben:
- Welcher Weg ist der beste für Sie?
- Welche Alternativen wären noch möglich?
- Was sagt Gott dazu?
- Was denken Ihre Freunde darüber?

Treffen Sie in Ruhe und Besonnenheit eine klare und eindeutige Entscheidung:
- Machen Sie sich auf den Weg oder bleiben Sie im Bisherigen?
- Riskieren Sie es, Veränderungsprozesse anzugehen?
- Überlegen und notieren Sie: Was wollen Sie tun?

6. Fort-Schritt: Überprüfen

Im alten Haus treten Sie nun in den Eingangsbereich. Hier hängt in der Garderobe Ihre Wind- und Wetterjacke und dort stehen Ihre Wanderschuhe bereit. Der Rucksack ist gepackt und es ist noch ein Moment Zeit, um die Ausrüstung zu überprüfen. Ist alles klar? Ist alles eingepackt? Haben Sie nichts vergessen?

Wir wollen hier noch einmal durchchecken, was für einen Veränderungsprozess alles nötig ist.

Vertrauen: Ich habe das Selbstvertrauen, dass ich es schaffen werde. Ich vertraue meinen Weggefährten. Ich vertraue Gott, dass er mich wie sein Volk durch die Wüste führt. Ich vertraue Jesus, dass er es gut macht – auch wenn ich mir Fehler und Irrwege erlaube. Ich vertraue dem Heiligen Geist, dass er mir Kraft gibt und mich ans Ziel bringt.

Fehler machen dürfen: Ich bin mir darüber im Klaren, dass ich auch Fehler mache, und ich bin bereit, diese Fehler auch zuzugeben. Ich gestehe meinen Weggefährten das gleiche Recht zu. Es ist mir klar, dass auf diesem Weg nicht alles glatt gehen und es auch Krisen und Durchhänge-Zeiten geben wird.

Leitung achten: Es ist mir klar, dass eine Veränderung in der Gemeinde nur über die Leitung möglich ist. Ich werde also die Leitung in meine Pläne einbeziehen. Ich will den Pastor und den Gemeindevorstand nicht hinter- oder übergehen, sondern versuchen, sie für meine Pläne zu gewinnen.

Ich mache mir bewusst, dass ich nun den Raum der Geborgenheit verlasse: Ich werde auf diesem Weg immer wieder Unterschlupf und Nischen suchen müssen, wo ich mich ausruhen kann. Zur Not habe ich ein kleines Biwakzelt dabei, damit ich auch in der Einsamkeit unterkriechen kann (das ist das Wort Gottes, das mich birgt wie ein Zelt: Psalm 27,5). Aber ich bin nicht zu stolz, immer wieder auf diesem Weg andere Menschen um Hilfe zu bitten und um ein Quartier nachzufragen, wo es nötig ist. Dadurch bin ich auch gezwungen, immer wieder neu und anderen Menschen über meinen Weg, mein Herkommen und meine Ziele Rechenschaft zu geben.

Wahlmöglichkeiten: Gute Veränderung ist nur möglich, wenn es mehrere Optionen gibt. Dann besteht auch kein Zwang oder Druck für eine bestimmte Richtung. Ich will deshalb versuchen, nicht einseitig auf meinem Weg zu werden, sondern stets die verschiedenen, vielfältigen Möglichkeiten zu sehen und immer wieder zu prüfen, in welche Richtung ich gehen soll und ob ich noch auf dem richtigen Weg bin. Ich setze mich und meine Weggefährten nicht vor vollendete Tatsachen, indem ich auf einem bestimmten Weg beharre oder mich starr auf eine Richtung festlege. Ich bin bereit, mich selbst hinterfragen zu lassen.

Ich suche die Wege, wo es leicht geht: Ich zwinge mich nicht absichtlich dazu, den schweren Weg zu gehen. Ich schaue, wo Türen offen und Wege frei sind. Ich meide alles Starre und Leblose und suche das Leben. Ich bin beweglich und flexibel und passe mich den Umständen, so gut es geht, an.

Ich zwinge niemanden, meinen Weg mitzugehen: Ich übe keine Macht aus. Ich will mit Argumenten überzeugen und keinen Druck ausüben. Ich möchte andere Gemeindemitglieder aufwecken und einladen mitzugehen. Wo Entscheidungen nötig sind, sollen sie plausibel und nachvollziehbar sein. Möglichst viele sollen an meinen Überlegungen und Erfahrungen teilhaben können. Ich bin nicht allein unterwegs wie ein einsamer Pilger, der in sich selbst versunken ist.

Ich suche nach einem Leitbild von Kirche, die sich verändern darf: Ein Beispiel ist für mich das wandernde Gottesvolk. Ich möchte an diesem Vorbild ein geistliches Verständnis von Veränderung gewinnen.

Kleine Einheiten: Auf dem Weg der Veränderung ist es günstiger, in kleinen Gruppen unterwegs zu sein, als in einem großen Haufen zu wandern. Zwar gibt die größere Anzahl mehr Sicherheit, aber ein kleiner Trupp ist beweglicher und flexibler. Dadurch lassen sich Entscheidungen leichter treffen und Veränderungen schneller durchführen.

Ich habe keine Angst! Ich lasse mir auch keine Angst einreden und überwinde immer wieder meine Menschenfurcht. Ich entschließe mich, Spott und Verachtung ertragen zu lernen, um nicht erpressbar zu sein. Wenn ich mich trotzdem angegriffen fühle, nehme ich es wahr und stelle mich dazu. Ich schreie dann zu Gott, dass er mir hilft und mich aus meiner Angst errettet.

Vorschläge für den 6. Schritt

Überlegen Sie sich Ihre Grundsätze für den Weg, der vor Ihnen liegt.
- Was nehmen Sie mit?
- Was war im alten Haus so gut, dass es sich lohnt, es festzuhalten?
- An was erinnern Sie sich gern, wenn Sie an das alte Haus denken?
- Welche Werte waren so wertvoll, dass Sie sie erhalten möchten?
- Was haben Sie in der Zeit im alten Haus gelernt? Welche Erfahrungen gilt es zu bewahren?

Rückschritt 1: Zu Hause bleiben

Auf dem Veränderungsweg lauern viele Gefahren. Es geht nicht nur voran, auch Rückschritte sind möglich. Ich werde im Folgenden immer wieder auf kritische Bereiche hinweisen. Im alten Haus zum Beispiel gibt es vieles, was Sie festhalten und am Fortgehen hindern möchte. Die Wahrscheinlichkeit, dass der Veränderungsprozess gar nicht anfängt, ist sehr groß. Den Weg unter die Füße zu nehmen und das alte Haus zu verlassen, erfordert mehr Energie und Selbstüberwindung als zu bleiben, sich mit dem Bestehenden abzufinden und sich zu sagen: „An einem anderen Ort ist es auch nicht besser!"

Im alten Haus besteht die Gefahr, in der Unruhe hängen zu bleiben. Es kocht und brodelt in Ihnen, aber die Unzufriedenheit bleibt unkonkret und kommt nicht zum Ausbruch. Sie spüren, dass etwas los ist und nicht stimmt, aber Sie kommen nicht dahinter. Sie unterdrücken das, was in Ihnen gärt und machen sich keine Gedanken über die Ursachen dieses Zustandes. Sie bleiben in einer diffusen Gefühlslage, ohne nach Auswegen zu suchen.

Auf Dauer macht dieser Zustand krank. Es ist dann wie bei einem Motor, der über lange Strecken hinweg heiß läuft, weil die Kühlung ausgefallen ist. Irgendwann frisst er sich fest und bleibt stecken. Dann geht nichts mehr. Viele Krankheiten lassen sich auf solch eine nicht identifizierte innere Unruhe zurückführen.

Auch die zweite Gefahr wurde schon genannt: die Verleugnung. Sie wissen zwar, dass etwas nicht stimmt, aber Sie tun so, als wäre nichts los. Sie schieben das Problem auf die lange Bank, hoffen, dass es sich von selbst erledigt und Sie um den anstrengenden Prozess einer Veränderung herumkommen. Sie erfinden Ausreden und sagen: „Das geht mich nichts an." Hoffend, dass sich jemand anderes darum kümmert. Sie spielen die Unzufriedenheit herunter und bagatellisieren sie.

Das eigentliche Problem dabei ist, dass die Dringlichkeit der Sache nicht erkannt wird. Sie können auf Dauer dem alten Haus keinen neuen Anstrich geben und nur kosmetische Veränderungen vornehmen, wenn die tragenden Balken fast durchgefault sind. Nach außen eine fröhliche und unbeschwerte Schar zu mimen, wenn es hinter der Bühne kocht und knallt; ist, zumindest auf lange Sicht gesehen, vergebliche Mühe. Das bindet nur die Kräfte, bringt aber keine echte Veränderung.

Bei der Analyse der beunruhigenden Situation besteht die Gefahr, sich in Details zu verstricken (so wichtig Nebensächlichkeiten auch sind). Solange analysiert wird, muss noch nichts verändert werden. Deshalb wird analysiert und analysiert und analysiert ... Man bringt die Dinge nicht auf den Punkt und findet kein Ergebnis. Man zieht keine Konsequenzen aus dem, was man herausgefunden hat.

Aus der Gemeindeberatung

Ich habe manchmal in Gemeindeberatungen den Eindruck, dass man gern bei der Analyse aufhören möchte. Dann hat man ein genaues

Bild der Lage, weiß, was los ist – und das genügt. Man sagt: „Wir haben die Lage im Griff!" Aber tut nichts, um sie zu verändern. Im Analysieren sind wir gut. Wir sind gründlich und genau, aber mit der Umsetzung von konkreten Beschlüssen, die manchmal auch unangenehm sind, hapert es.

Die Gefahr der Erstarrung liegt auf der Hand. Der Schock lähmt, jeder zieht sich zurück, Resignation breitet sich aus, die Kreativität sinkt unter den Nullpunkt. Man kann und will nichts verändern. Man fühlt sich nicht in der Lage, auch nur einen Schritt zu gehen. Die Stunde der Wahrheit ist bitter und man möchte der Wirklichkeit nicht ins Angesicht schauen. Lieber verkriecht man sich und tut so, als wäre man gar nicht da (wie es die kleinen Kinder machen, wenn sie Verstecken spielen). Die Wahrheit ist hart, aber sie will frei machen und zur Einsicht und Erkenntnis führen – so hat es Jesus verheißen. In der Gemeindeberatung geht es darum, sich dieser Wahrheit zu stellen, aber hier auch nicht stehen zu bleiben, sondern daraus konkrete und mutige Schritte zu entwickeln.

Die Einsicht in den tatsächlichen Zustand der Situation muss Folgen haben. Man kann es nicht dabei belassen! Und hier haben wir die Hauptgefahr im alten Haus: Es ist alles klar, wir sehen die Situation mit großer Schärfe, es ist uns deutlich, dass etwas geschehen muss – und wir bleiben trotzdem stehen. Stehen bleiben im Angesicht der Gefahr ist eine große Dummheit. Nichts tun, obwohl alle Konsequenzen klar sind, ist sträflich – und trotzdem handeln wir oft genau so. Die Rettungsboote stehen bereit, aber wir betreten sie nicht und gehen lieber mit dem großen Schiff unter. Wir sehen die Auswege aus dem brennenden Haus, aber wir bleiben. Wir lassen uns ja schließlich nicht von so einem kleinen Feuer in die Flucht schlagen ...

Was hält uns zurück, das alte Haus zu verlassen, den Schritt hinaus und den Aufbruch zu wagen? Zum einen ist es die Angst vor dem Ungewissen, was uns diesen Schritt so schwer macht. Wir sagen uns: „Das Elend und die Not des alten Hauses sind mir vertraut, das kenne ich, damit habe ich gelernt umzugehen. Dagegen kenne ich die Mühsal und die Not des Weges nicht. Ich weiß nicht, ob ich damit fertig werde!" Dann ist es die Unsicherheit: „Werde ich wirklich ankommen, wird es dort am Ziel besser sein, oder mache ich mit meinen Bemühungen um Veränderung die Situation nicht noch schlimmer?" Und nicht zuletzt ist es auch eine gehörige Portion Stolz, die uns zurückhält. Wir haben das Alte schließlich aufgebaut, wir haben investiert: Jahre unserer Lebenszeit, Kraft und viele Gedanken. Es ist ein

Teil von uns. Sollen wir das alles nun aufgeben? So schlecht kann es doch auch nicht sein! Und wenn wir das „alte Haus" nun verlassen, machen wir damit deutlich, dass etwas nicht stimmt und wir das Bestehende nicht halten können. Wir müssten zugeben, dass wir „am Ende" sind – und das lässt unser Stolz nicht zu.

2. Wegstrecke: Die Ebene des Aufbruchs

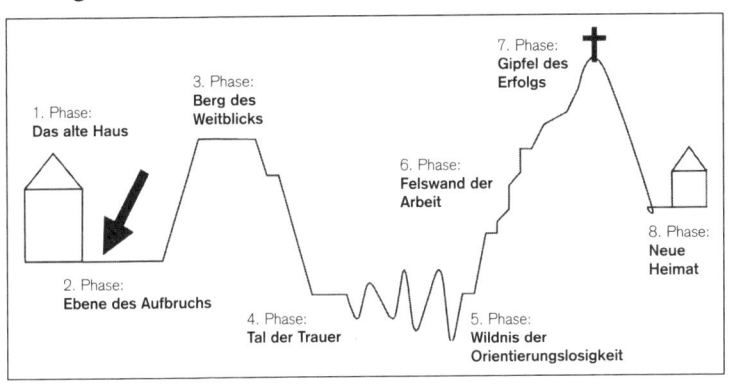

```
1. Phase: Das alte Haus
2. Phase: Ebene des Aufbruchs
3. Phase: Berg des Weitblicks
4. Phase: Tal der Trauer
5. Phase: Wildnis der Orientierungslosigkeit
6. Phase: Felswand der Arbeit
7. Phase: Gipfel des Erfolgs
8. Phase: Neue Heimat
```

7. Fort-Schritt: Aufbruch

Aufbrechen bedeutet zunächst eine persönliche Entscheidung. Ich gehe los und mache mich auf den Weg. Diese Entscheidung kann mir niemand abnehmen. Sie können den Entschluss, losgegangen zu sein, später niemandem in die Schuhe schieben oder widrige Umstände dafür verantwortlich machen. Sie wollten losgehen!

Erinnern Sie sich an frühere Situationen eines Aufbruchs? Wie ging es Ihnen dabei?
Ein Aufbruch ist oft von gemischten Gefühlen begleitet:
- Trauer über den Abschied
- Schmerz über das, was man zurücklässt.
- Sorge und Angst, was auf mich zukommt.
- Begeisterung: Jetzt geht es los.
- Vorfreude auf das, was vor einem liegt.
- Spannung: Was kommt auf mich zu?
- Die Herausforderung des Neuen motiviert und gibt Mut.

Ich habe schon oft diese Situation erlebt und jedes Mal war sie anders. Bei vielen Abschieden begann das Heimweh gleich beim ersten

Schritt hinter der Haustür. Das waren dann trübe Wege in eine ungewisse Zukunft!

Bei manchen Wegen habe ich schnell gemerkt, dass sie nicht richtig waren, aber sollte ich sofort wieder umdrehen?

Bei einem Aufbruch bin ich nachts aus dem Fenster gestiegen, weil mir die Gemeinschaft, in der ich lebte, zu einengend und bedrängend erschien. Ich hatte aber nicht den Mut, mich auseinander zu setzen und konnte mein Unbehagen nicht äußern.

Aber oft habe ich den Aufbruch genossen! Zum Beispiel im letzten Urlaub, als wir frühmorgens den Wecker gestellt haben, um noch in der Nacht loszugehen. Die erste Wegstrecke stolperten wir durch die Dunkelheit, geheimnisvolle Geräusche erschreckten uns und wir hatten Sorge, dass wir den Weg verlieren. Langsam wurde es dämmerig, so dass wir den Weg immer deutlicher erkennen konnten. Dann standen wir oben auf dem Berg. Der Himmel hatte schon einen hellen Streifen, der langsam kräftiger wurde. Dann kam der Augenblick, in dem die Sonne hinter dem Horizont hervorbrach. Wir waren überwältigt von der Schönheit dieses Sonnenaufgangs und beglückwünschten uns zu unserem frühen Aufbruch.

Ein Aufbruch setzt Kräfte frei

In dem Augenblick des Losgehens können wir die Erfahrung machen, dass wir uns ungeheuer stark fühlen. Kräfte werden freigesetzt, wir sind beschwingt und begeistert. Die Freiheit liegt vor uns und wir gehen in eine weite und spannende Zukunft hinein. Wir sind erfüllt von diesem Neuanfang und haben das Gefühl, dass endlich etwas passiert und wir eine bedrückende und schwierige Vergangenheit hinter uns lassen können. Wir haben es geschafft, das Neue kann beginnen! Einmal in Bewegung geraten, kommt es uns vor, als ginge es nun in riesigen Schritten schnell voran.

Diese Kräfte des Aufbruchs gilt es, nun zu nutzen. Die Begeisterung des Neuanfangs ist ein starker Antrieb, der uns hilft, gleich zu Beginn Schwierigkeiten und Hindernisse zu überwinden. Versuchen wir doch, diese Energie noch ein Weilchen festzuhalten und zu kultivieren. Lassen wir uns in diesem Schwung nicht zu schnell bremsen!

Wir fühlen uns in einem Aufbruch wohl, wenn das Verhältnis zwischen den Herausforderungen und den Ressourcen stimmt. Das heißt wir fühlen uns der Situation gewachsen. Vor uns liegen zwar erhebliche Schwierigkeiten und starke Herausforderungen, aber wir fühlen uns im gleichen Maß stark und zuversichtlich: Wir werden die Probleme lösen können.

Wenn die Herausforderungen aber zu stark sind, und wir spüren, dass wir nicht genügend Kräfte haben, um sie zu bewältigen, geraten wir in Panik. Panik verhindert Kreativität und entzieht uns Kräfte, die wir eigentlich brauchen, um die Lage zu meistern.

Zu wenige Herausforderungen und starke Ressourcen (wir fühlen uns fit und sind mutig, wir strotzen vor Kraft und Zuversicht) führen dazu, dass wir uns zu sicher fühlen und leichtsinnig werden. Wir suchen dann selbst nach Herausforderungen und wählen absichtlich die schwierigsten Wege. Dadurch geraten wir leicht in den Zustand der Überforderung und das Gleichgewicht kippt um: Wir werden durch die Schwierigkeiten, die auf einmal über uns hereinbrechen, bedroht und fühlen uns ihnen nicht gewachsen.

Das Geheimnis ist also das richtige Verhältnis zwischen Herausforderung und Kraft, hier liegt die Zone der Veränderung:

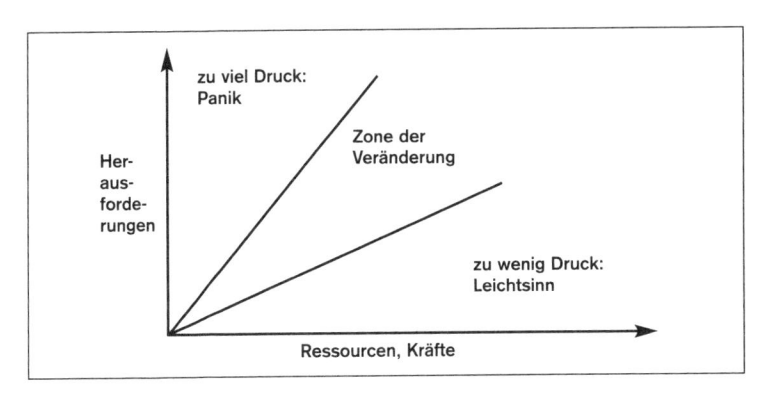

Je größer die Herausforderungen sind, desto stärker müssen unsere Kräfte sein. Wenn uns nun bei unserem Aufbruch klar ist, dass wir im Auftrag Gottes losgehen, dass er unseren Abmarsch begleitet und segnet, können wir sehr gelassen und fröhlich den bevorstehenden Hindernissen entgegengehen!

Ein Aufbruch in der Kraft Gottes zeigt uns: Unsere Kräfte sind begrenzt, aber wir sind durch seine Kraft unüberwindlich. Diese geistliche Sicht des Aufbruchs kann aber dazu führen, dass wir die Hindernisse unter- und unsere Kräfte überschätzen, dass wir das herunterspielen, was an Schwierigkeiten vor uns liegt, und das an

Kraft und Fähigkeiten herausstellen, was in uns ist. Aber Selbstüberschätzung gehört zu einem Aufbruch dazu, bei den ersten Hindernissen wird sie sich legen!

Realismus gewinnen

Mit dem Aufbruch hat unsere Wanderung begonnen. Wir haben das Niemandsland zwischen Alt und Neu betreten. Wir befinden uns nun in einer Übergangszeit. Die alte Ordnung ist nicht mehr und die neue noch nicht in Kraft.

Hier wird das Bild des Weges im Blick auf die Veränderungsprozesse in Gemeinden gesprengt. In Wirklichkeit lassen wir das Alte nicht so eindeutig zurück. Wir brechen ja nicht auf und verlassen unsere Gemeinde auf Nimmerwiedersehen. Wir haben uns lediglich aufgemacht, um innerhalb der alten Umstände Neues zu bewirken. Das führt zielsicher in eine starke Krise, die von heftigen Konflikten begleitet ist. Mit dem erklärten Aufbruch wird das Bisherige angegriffen und gerät ins Wanken. Das Alte bietet keine Sicherheit und Orientierung mehr. Aber genau das ist gerade in einer Aufbruchsituation nötig. Wenn alles ins Schwimmen gerät und kein fester Halt mehr da ist, ist es sehr schwer – wenn nicht gar unmöglich –, mutige Schritte zu machen.

Das Neue ist noch nicht greifbar und fassbar. Die Ziele sind noch nicht eindeutig und klar. Vielleicht konkurrieren auch verschiedene Neuansätze miteinander. Unterschiedliche Wege sind offen und es ist nicht ersichtlich, wo es eigentlich entlanggehen soll. Nur einfach so loszugehen ist gar nicht möglich! In dieser Situation brauchen Sie Verbündete, Sie dürfen und können nicht allein losziehen!

Rückschritt 2: Allein gehen

Wer allein geht, wird schnell müde. Es fehlt ihm die Aufmunterung. Wer in einer Gruppe läuft, wird „mitgezogen", wenn er selbst die Lust verliert. Ganz automatisch läuft es sich in der Gemeinschaft besser. Man überwindet die Tiefpunkte schneller oder bemerkt es nicht einmal, wenn die Müdigkeit kommt.

Wer allein geht, muss sich ständig selbst motivieren, muss selbst den Weg finden, sich im Gelände oder auf der Karte auskennen, die Wegzeichen entdecken und alles Gepäck schleppen. Das schafft er nur, wenn er ein geübter Wanderer ist, aber in Veränderungsprozessen geht das nicht!

Wie soll ein Einzelner eine Veränderung in der Gemeinde durchziehen? Wie soll „einer gegen alle" etwas Neues durchsetzen können? Er wird sehr schnell als Einzelgänger, als Spinner und Außenseiter abgestempelt und nicht ernst genommen. Was er will, kommt nicht an. Es kann noch so gut und sinnvoll sein. Es fehlen die Durchschlagkraft und der Nachdruck. Wenn mehrere Gemeindemitglieder eine Veränderung wollen, hat das ein stärkeres Gewicht.

Einer allein verrennt sich leicht im Gestrüpp der unterschiedlichen Möglichkeiten. Wenn sich jedoch mehrere darum kümmern, einen gangbaren Weg zu finden, ist das zwar mühsamer, aber auch erfolgreicher. Sie müssen miteinander um die richtige Richtung ringen. Sie müssen sich um Einmütigkeit bemühen und dieser Prozess des Miteinanders, die gemeinsame Suche nach neuen Möglichkeiten gibt dem Unternehmen Substanz und Kraft. Im Miteinander wird ein Kraftpotential aufgebaut, das sich nach innen und nach außen auswirkt.

Nach innen: Man gewinnt Sicherheit, kann sich aneinander festhalten und gibt sich gegenseitig Orientierung, was in Zeiten der Veränderung, in denen alles in Bewegung ist, sehr wichtig ist. Nach außen: Eine Gruppe wird eher ernst genommen als ein Einzelner, und die Weggenossen der Veränderung können mit ihren jeweiligen Gaben und Fähigkeiten auf vielfältige und unterschiedliche Weise in die Gemeinde hineinwirken und aus vielen „Rohren gemeinsam schießen".

Weggefährten sind nötig!

Suchen Sie sich Mitstreiter, mit denen Sie gemeinsam losziehen können. Nutzen Sie die Begeisterung und die Energie des Aufbruchs, um Weggefährten zu finden. Jetzt sind Sie motiviert loszugehen, jetzt können Sie auch andere zum Mitgehen bewegen. Stecken Sie andere Menschen in der Gemeinde mit Ihrem Mut und Ihrer Zuversicht an. Geben Sie das Motto aus: „Unsere Gemeinde soll noch attraktiver werden!"

Stellen Sie sich rechtzeitig auf Fragen ein, mit denen Sie ganz sicher konfrontiert werden, wenn Sie um Mitstreiter für die Veränderung werben:
- Warum soll sich etwas verändern?
- Was bringt's?
- Was habe ich davon?
- Was wird besser?

Sie müssen hier noch kein fertiges Konzept vorlegen. Laden Sie andere dazu ein, Antworten auf diese Fragen zu überlegen. Nichts begeistert mehr, als wenn man an der Beantwortung von Fragestellungen beteiligt wird und an der Erarbeitung von Konzepten mitwirken kann. Umgekehrt raubt nichts mehr Motivation, als wenn man fertige Pläne vorgelegt bekommt und nur gefragt wird: „Machst du mit?"

Der Weg der Veränderung muss von möglichst vielen in der Gemeinde getragen werden, dann hat er auch Aussicht auf Erfolg. Die Veränderung muss eine Sache der gesamten Gemeinde sein, dann hat sie die größten Auswirkungen. Am besten ist, wenn sich die ganze Gemeinde auf den Weg der Veränderung macht! Wer bereits in der Konzeptionsphase einer Veränderung beteiligt ist, ist eher bereit, auch bei der Umsetzung mitzumachen, und er wird dem Neuen, das er selbst mit entwickelt hat, natürlich keine Steine in den Weg legen.

Vorschläge für den 7. Schritt

- Suchen Sie sich Weggefährten.
- Überlegen Sie sich, wen Sie in der Gemeinde auf Ihr Vorhaben hin ansprechen können. Beziehen Sie auch Menschen in Ihre Überlegungen mit ein, die Ihnen persönlich nicht so liegen.
- Laden Sie zu einem Austausch über die Situation Ihrer Gemeinde in einem gemütlichen Rahmen ein.
- Zeigen Sie Ihren Gästen, dass sie Ihnen wichtig sind und dass Sie auch ihre Meinungen und Ansichten ernst nehmen.
- Erzählen Sie Ihre Geschichte: Wie sind Sie zu der Entscheidung gekommen, nun aufzubrechen und sich auf den Weg zu machen?
- Berichten Sie ganz persönlich von Ihren Gedanken, Fragen und Einsichten, von den Höhen und Tiefen, die Sie dabei erlebt haben.

8. Fort-Schritt: Motivieren und inspirieren

Nachdem Sie Ihre eigene Erstarrung überwunden haben, ist es nun an Ihnen, die Erstarrung der Mitglieder Ihrer Gemeinde aufzulösen. Was fest und „eingefroren" erscheint, muss „aufgetaut" werden und in Bewegung kommen. Das geht nicht ruck, zuck, sondern erfordert eine Überzeugungsarbeit an Einzelnen mit viel Geduld und teilweise auch Vorsicht. Sie möchten schließlich Sympathisanten für Ihr Anliegen gewinnen und zum Mitmachen bewegen. Da müssen Sie schon genau überlegen, wie Sie andere erreichen und „aufschließen" können. Ich mache nachfolgend einige Vorschläge, wie die Idee der Veränderung, von Ihnen ausgehend, eine Gemeinde durchsetzen kann. Ich baue dabei auf das „Schneeball-Prinzip": Einer wird von dem Gedanken der Erneuerung angezündet und gibt diesen Impuls an andere weiter, die ihrerseits weitere Personen „anstecken", bis eine Lawine ins Rollen kommt.

Ziele fordern heraus

Schaffen Sie ein Bewusstsein dafür, dass Ziele in der Gemeindearbeit nötig sind. Wer Menschen bewegen möchte, sich auf den Weg zu machen, muss ihre Neugier auf das wecken, was hinter dem Horizont liegt. Wir brauchen in unseren Gemeinden, damit Veränderung möglich wird, einen weiten Blick. Wir dürfen uns nicht an dem orientieren, was unmittelbar vor unseren Füßen liegt, sondern müssen den Horizont ansteuern. Wir müssen über das Bestehende hinausschauen, damit wir nicht mehr nur um uns selbst kreisen.

Warum sind wir als Gemeinde zusammen? Haben wir miteinander einen Auftrag in dieser Gesellschaft? Sind wir nur Gemeinde, damit es uns gut geht und wir in einer bösen Welt wie auf einer abgeschiedenen Insel überleben können? Nein, wir haben eine Berufung: Wir sind als Gemeinde gesandt und diese Sendung konzentriert und schweißt uns zusammen. Es geht nicht um unsere Behaglichkeit und um unser Wohlfühlen, es geht um diesen Auftrag! Wir müssen unsere Gemeinden immer wieder herausfordern, das nicht aus den Augen zu verlieren und zu vergessen: Wir sind nicht um unserer selbst willen zusammen.

Als christliche Gemeinschaft sind wir:

- Salz der Erde, das die Gesellschaft würzt und den Mächtigen die Suppe versalzt.
- Eine Stadt auf dem Berg, öffentlich sichtbar, trotzig und stark.
- Ein Licht in der Nacht zur Orientierung für Menschen, die sich verirrt haben.
- Eine Herde von lachenden und glücklichen Schafen in einer bedrohlichen Umwelt.
- Mitten in Leid und Verfolgung eine Schar derer, die von einem himmlischen Angeld und von einer zukünftigen Herrlichkeit lebt.

Die Gemeinde hat den Auftrag, eine sichtbare und erkennbare Rettungsstation für suchende Menschen zu sein. Sie ist in die Welt gesandt, um dort ein Zeugnis von der Realität Gottes zu geben. Ihr Ziel ist es, Menschen zu finden, die Hilfe und Heil brauchen, sie in die Arme Gottes zu führen und ihnen in ihrer Mitte Gemeinschaft und Lebensraum zu geben.

Die Sache ist dringend!

Was passiert nun aber, wenn nichts geschieht, wenn sich nichts verändert und die Gemeinde immer weniger ihren Auftrag wahrnimmt? Menschen gehen verloren, die Gesellschaft verfällt in Dekadenz, die Mächtigen gebärden sich, als wären allein sie die stärksten, es gibt keine Hoffnung auf einen Zufluchtsort, wo man sicher ist, alle sind der Willkür der verschiedenen Trends ausgeliefert, das Bewusstsein der Realität Gottes erlischt in unserem Volk, jeder lebt nur noch nach seinem Gutdünken – es wird Nacht.

Wir können diese Entwicklungen bereits deutlich beobachten. Es ist höchste Zeit, dass die Gemeinde aufwacht und sich ihres Auftrages erinnert! Halten Sie Ihrer Gemeinde vor Augen, dass Ihr Anliegen der Veränderung dringend ist. Es geht nicht um irgendeine Nebensächlichkeit, sondern um ein ganz zentrales Anliegen: Es geht um die Sache Gottes!

In unserer Gesellschaft sind bereits jetzt schon massive Veränderungen im Gange, zumeist mit einer negativen Tendenz. Wenn wir aber schon diese Entwicklung nicht aufhalten können, dann sollten wir uns wenigstens aktiv daran beteiligen, im Sinne des Evangeliums Einfluss nehmen und den Verlauf „zum Guten wenden" (soweit es uns möglich ist). Wir können nicht warten, weil diese Veränderungsprozesse bereits jetzt in einer hohen Geschwindigkeit ablaufen. Wir können keine Zeit mehr verlieren.

Informieren!

Geben Sie die Informationen weiter, die Sie haben. Machen Sie die Fakten, die Sie selbst gesammelt haben, anderen zugänglich. Sie brauchen dann keine mühsame Überzeugungsarbeit zu leisten, denn die Tatsachen sprechen für sich.

Seien Sie eindeutig, klar, ohne Heimlichkeiten und eigennützige Absichten. Es handelt sich nicht um einen Machtkampf in der Gemeinde. Es darf nicht darum gehen, dass Sie eine Anhängerschar um sich sammeln und Macht ausüben wollen. Ihre Ehrlichkeit und Transparenz überzeugt die anderen. Sie sehen, dass es Ihnen ernst ist und dass Sie mit Ihrer ganzen Existenz hinter diesem Anliegen stehen. Zeigen Sie ruhig auch Ihre Gefühle. Sie leiden ja unter der Situation und sind nicht nur ein sachlicher, distanzierter Vertreter einer Sache. Sie sind Anwalt von Menschen, die leiden.

Das sind auf der einen Seite Mitglieder Ihrer eigenen Gemeinde:
- weil sie nicht ernst genommen werden
- weil sie mit ihren Bedürfnissen nicht vorkommen
- weil sie ausgegrenzt und abgelehnt werden

Und das sind auf der anderen Seite Menschen außerhalb der Gemeinde:
- Sie leiden unter ihrer Schuld und unter der Vergeblichkeit ihrer Bemühungen.
- Sie leiden unter dem Egoismus dieser Welt.
- Sie leiden, weil sie von Menschen und Mächten fremdbestimmt werden.
- Sie leiden, weil sie Gott, ihren Schöpfer, nicht kennen.

Geben Sie dem Leid in und außerhalb der Gemeinde ein Gesicht, stellen Sie Beispiele vor, machen Sie Ihr Anliegen so persönlich wie möglich deutlich. Sie dürfen dabei aber nicht dramatisieren und übertreiben. Sie wollen ja nicht überreden, sondern die Herzen der Menschen erreichen. Die Reaktion auf Übertreibung ist oft ein Abwiegeln: „So schlimm ist es doch gar nicht!" Man wird mit der Zeit nicht mehr ernst genommen, wenn man ständig den „Notruf" betätigt.

In der Gemeindeberatung erfahre ich immer wieder, dass die Überlegungen zu schnell in Struktur-Entwürfe münden. Wir sind nur zufrieden, wenn wir ein Papier mit einem fertig ausgefeilten und komplizierten Organigramm auf dem Tisch haben. Aber ein solches Blatt Papier ist keine ausreichende Motivation zur Veränderung! Deshalb frage ich zuerst nach den menschlichen Bedürfnissen und danach, wo Menschen geistlich oder in ihren Beziehungen leiden und zu kurz kommen. Wo sind Beziehungen blockiert? Das ist dann der Ansatz für Veränderungen der Struktur. Dann ist nicht nur unser Kopf, sondern vor allem auch unser Herz an den Überlegungen beteiligt. Der Leidensdruck unserer Herzen ist der stärkste Motor für Veränderungen!

Freigeben!

In dieser Informationsphase soll sich jeder ein eigenes Bild machen können. Sie geben nur Impulse und legen die Fakten auf den Tisch.

Es bleibt der Verantwortung der Zuhörer überlassen, was sie damit anfangen. Sie können niemanden zwingen, Ihr Anliegen zu seinem eigenen zu machen. Sie dürfen niemanden nötigen, sich mit Ihnen auf den Weg der Veränderung zu begeben. Jeder muss seine eigene Entscheidung treffen. Wer nicht freiwillig mitgeht, bleibt schnell auf der Strecke!

Es gibt in jeder Gemeinde sehr unterschiedliche Standpunkte. Jeder Mensch ist eine eigene „Zusammenstellung" unterschiedlicher Werte, Einstellungen, Interessen und Bedürfnisse. Diese Teile seiner Persönlichkeit bestimmen sein Handeln und Verhalten. Wir müssen einander in dieser unterschiedlichen Prägung ernst nehmen und akzeptieren. Wer gedrängt wird, sich zu verändern, es aber selbst nicht will oder einsieht, macht schnell „dicht" und ist überhaupt nicht mehr ansprechbar.

Deshalb zeigen Sie Ihrem Gegenüber, dass er auch ganz anders sein darf. Respektieren Sie seine Meinung, drängen Sie nicht und versuchen Sie nicht, vereinnahmend zu manipulieren – auch wenn es für eine gute Sache ist. Ihr Gesprächspartner merkt das und reagiert dann misstrauisch oder abwehrend (und das mit Recht).

Lassen Sie dem anderen Zeit: Er darf sein eigenes Tempo bestimmen. Wenn er jetzt im Augenblick den Weg der Veränderung nicht mitgehen will, dann kann er später noch dazu stoßen. Es ist wichtiger, dass eine vertrauensvolle Beziehung zwischen Ihnen wächst, als dass jemand Ihnen widerwillig zustimmt, weil ihm keine andere Wahl bleibt.

Nicht alles verändert sich!

Um andere Gemeindemitglieder für den Prozess der Veränderung zu gewinnen, müssen Sie deutlich machen, welche Bereiche sich verändern sollen und welche nicht. Es ist nicht weise, alles verändern zu wollen. Sie müssen Bereiche auswählen, wo eine Veränderung sinnvoll und lohnenswert erscheint. Sie gewinnen am ehesten Mitstreiter, wenn diese Veränderungsbereiche überschaubar sind und machbar erscheinen. Betonen Sie deshalb auch, was bleiben soll. Stellen Sie nicht die ganze Gemeinde als unmöglich dar (es sei denn, es wäre tatsächlich so). Wenn Sie die Gemeinde insgesamt in ein schlechtes Licht stellen, fühlen sich die Gemeindemitglieder angegriffen, denen die Gemeinde am Herzen liegt – und diese wollen Sie ja eigentlich erreichen. Sprechen Sie nicht wertend über die Gemeinde, das sieht überheblich aus und wird schnell abgelehnt. Weisen Sie auf die guten und positiven Seiten der Gemeinde hin. Zeigen Sie auf, wo sie stark und lebendig ist. Oder gibt es diese Bereiche wirklich nicht?

Es ist wie im Umgang mit Menschen: Wer kritisiert, sollte auch loben, zu Ermahnung gehört auch die Ermutigung, wer auf die negativen Seiten hinweist, sollte auch die positiven herausstellen. Sie wollen ja nicht nur kritisieren, sondern vor allem aufbauen. Ihr Bemühen um Veränderung soll der Gemeinde dienen und sie nicht verurteilen.

Gemeinsam!

Es müssen nicht alle Schritte völlig klar sein, wenn Sie miteinander losgehen. Es genügt, dass Sie den ersten Schritt kennen, die anderen Schritte kommen ganz von selbst. Aber **der erste Schritt ist der wichtigste, mit ihm beginnt der Weg.** Deshalb machen Sie vor allem deutlich, wie der erste Schritt aussieht. Es muss ein Schritt sein, den möglichst viele mitgehen können. Auch die, die es nur versuchsweise und zögernd einmal ausprobieren wollen. Er darf zu nichts verpflichten nach dem Motto: „Wer den ersten Schritt mitgeht, muss auch den ganzen langen Weg mitgehen!"

Der erste Schritt darf noch im Verborgenen liegen, das gibt Schutz, ihn zu riskieren. Wer zögernd einem Weg der Veränderung zustimmt und sich gleich am nächsten Tag in der Zeitung als Mitglied eines Ausschusses wiederfindet, wird schnell deutlich machen, von was er sich absetzt und womit er nicht mit den Erneuerern übereinstimmt.

Auch wenn vieles noch nicht klar ist, gehen Sie miteinander los. Treffen Sie miteinander eine Vereinbarung für den ersten Schritt. Dieser darf weder zu groß noch zu klein sein. Bei zu großen Schritten sind Abwehrreaktionen zu erwarten. Kleine Schritte bringen nicht vorwärts und setzen keine klaren Signale für einen Aufbruch.

Vorschläge für den 8. Schritt

- Ein Treffen initiieren, um sich persönlich kennen zu lernen.
- Einen Workshop zum Thema „Perspektiven und Ziel unserer Gemeinde" anbieten.
- Eine Reihe von Bibelabenden zum Thema „Gemeinde" durchführen.
- Zu einem Seminar einladen („Gemeinde verstehen"), bei dem miteinander Leitbilder von Gemeinde erarbeitet werden.
- Gemeinsam eine Tagung oder einen Kongress zum Thema „Gemeindeaufbau" besuchen.

- Miteinander ein Buch lesen und sich darüber austauschen (zum Beispiel Rick Warren, Leben mit Vision, Gerth Medien, Aßlar, 2002, Klaus Eickhoff, Gemeinde entwickeln für die Volkskirche der Zukunft, Vandenhoeck & Ruprecht, Göttingen, 1992, Peter Hahne, Schluss mit lustig, Johannis Verlag, Lahr, 2004).
- Jeder besucht eine andere Gemeinde und berichtet von seinen Eindrücken.
- Einen Gemeindeberater einladen, um mit ihm zusammen das weitere Vorgehen zu planen.

Aus der Gemeindeberatung

Eine kleine Gruppe von Mitarbeitern möchte einen Zweitgottesdienst beginnen. Von diesem zusätzlichen Gottesdienst sollen neue Impulse in die Gemeinde getragen werden. Die Mitarbeiter planen einen großen öffentlichkeitswirksamen Beginn. Als der Pfarrer darüber informiert wird, blockiert er. Er befürchtet, dass dieser alternative Gottesdienst eine Konkurrenz zum sonntäglichen „Hauptgottesdienst" wird. Als Kompromiss einigen sich die Mitarbeiter mit ihrem Pfarrer darauf, dass dieser Zweitgottesdienst in einer kleinen Form beginnen kann. Bedingung ist, dass er werktags stattfindet, sich nicht „Gottesdienst" nennt und keine große Werbung dafür gemacht wird (keine Plakate). Für die Mitarbeiter gibt diese eingeschränkte Form die Möglichkeit, im Kleinen anzufangen und zunächst Erfahrungen zu sammeln. Sie haben ihre ursprüngliche Idee nicht aus den Augen verloren, lassen sich aber auf den ersten kleinen Schritt ein, damit sie überhaupt starten können.

9. Fort-Schritt: Leitung klären

An dieser Stelle des Weges kommt nun eine wichtige Frage auf: Wer leitet die Veränderungsinitiative, wer geht der Gruppe, die sich nun auf den Weg macht, voran?

Zunächst muss innerhalb der Gruppe, die sich aufmacht, um Veränderung zu schaffen, geklärt werden, wer der Motor dieser Initiative ist. Sind Sie es, weil Sie die Unternehmung angestoßen haben? Oder ist es jemand anderes mit größerem Einfluss in der Gemeinde? Haben Sie die Gabe der Leitung oder ist es Ihnen recht, wenn jemand anderes diese Aufgabe übernimmt?

Möchte die Gruppe überhaupt eine Leitung? Es ist möglich, dass sich alle dagegen entscheiden. Dennoch muss festgelegt werden, wie Beschlüsse getroffen werden und wer die Organisation in die Hand nimmt (zum Beispiel bei Terminvereinbarungen oder die Festlegung von Themen für das nächste Treffen). Für eine Veränderungsgruppe ist es auch unbedingt erforderlich, dass es einen Sprecher oder eine Sprecherin gibt, die das Anliegen nach außen vertritt und unter Umständen auch mit der Gemeindeleitung in ständigem Kontakt ist.

Hier sehen wir den anderen Teil des Problems: Wie sieht diese Veränderungsgruppe ihr Verhältnis zur Gemeindeleitung (den Pastor und den Gemeindevorstand)? Will sie die Veränderungen an der Leitungsebene der Gemeinde vorbei in die Wege leiten? Das ist nicht möglich! Es gibt keine tiefer gehende Veränderung in einer Gemeinde, die nicht von der Leitung ausgeht oder von ihr genehmigt ist. So hart das klingt, hier gibt es deutliche Grenzen für eine Veränderung von unten.

Die Folgen sehen so aus: Wenn die Leitung nicht hinter dem Anliegen der Veränderung steht, bleibt die Gruppe der Veränderungswilligen die „außerparlamentarische Opposition", die immer wieder ihre Meinung kundtun kann, die aber keinerlei Mandat für eine Veränderung hat. Es wird dann dargestellt, als käme die Veränderung von außen und wird damit abgelehnt. Wenn das Anliegen einer Erneuerung nicht aufgenommen wird und diese Gruppe zur Existenz auf der Oppositionsbank verdammt ist – ihr also ein Platz außerhalb der Entscheidungsprozesse angewiesen wird –, dann wird sich auch kaum etwas in der Gemeinde bewegen und die Veränderer werden bald frustriert in eine andere Gemeinde abwandern, weil sie mit ihren Vorschlägen nicht angekommen sind. Wenn man nichts bewegen kann und bei jedem Vorschlag noch mehr zum Außenseiter wird, ist bald keine Energie mehr vorhanden, um sich in der Gemeinde einzubringen. Man schaut sich nach anderen Lösungen um, die außerhalb der eigenen Gemeinde liegen.

Die Gemeindeleitung gewinnen

Das A und O eines Veränderungsprozesses in der Gemeinde ist deshalb, die Gemeindeleitung dafür zu gewinnen. Suchen Sie darum das Gespräch mit dem Pastor, machen Sie einen Termin mit ihm aus und besuchen Sie ihn zu zweit. Legen Sie ihm sachlich, ohne Vorwürfe oder Druck Ihr Anliegen dar, begründen Sie Ihren Standpunkt, fordern Sie ihn nicht theologisch heraus, sondern reden Sie von Ihren Eindrücken, Sorgen und Schmerzen. Machen Sie deutlich, dass es Ihre persönliche Sicht ist. Nehmen Sie seine Argumente ernst und versuchen Sie, seinen Standpunkt als „Hirte" zu verstehen, der für alle Gemeindemitglieder in gleichem Maß da sein will und sich deshalb nicht festlegt. Geben Sie ihm Zeit, setzen Sie ihm nicht die Pistole auf die Brust und verlangen Sie keine sofortige Entscheidung zu einem Entweder-oder.

Für Ihren Pfarrer ist es hilfreich, wenn Sie in ein paar Sätzen zusammenfassen können, was Sie wollen und ihm anbieten, dass Sie Ihr Anliegen selbst im Gemeindevorstand vortragen können. Suchen Sie auch das Gespräch mit den anderen Mitgliedern des Leitungsgremiums. Es ist besser, sie persönlich vor einer Sitzung zu informieren, als dass sie erst auf der Tagesordnung mit Ihrem Anliegen konfrontiert werden. In diesen Vorgesprächen können Sie noch mehr auf die Hintergründe Ihrer Vorschläge eingehen als dann in der Sitzung. Manipulieren Sie aber nicht und treffen Sie keine Vorabsprachen – das könnte ins Auge gehen! Und wundern Sie sich nicht: Manche Vorstandsmitglieder sind privat ganz anders als im offiziellen Licht einer Sitzung. Sie sind dann den Zwängen eines Amtes ausgeliefert (oder meinen es zu sein) und reden deshalb auf einmal ganz anders als in einem persönlichen Gespräch.

Bringen Sie Ihr Anliegen als Wunsch vor, stellen Sie keine Forderung. Auf Wünsche kann man eingehen, sie sind veränderbar und können abgewandelt werden. Hier gibt es Spielraum und Bewegungsmöglichkeiten. Forderungen sind statisch und unbeweglich. Sie können nur erfüllt oder abgelehnt werden, es gibt keine Zwischenmöglichkeiten. Und vergessen Sie nicht: Auch ein Leitungsvorstand kann sich (Pastor inklusive) verändern!

Rückschritt 3: Niemand geht voran

Sie kommen auf die Dauer gesehen nicht weiter, wenn Sie intern in Ihrer Veränderungsgruppe die Frage nach der Leitung nicht geklärt haben. Unklare Leitungsstrukturen führen dazu, dass entweder keiner die Dinge in die Hand nimmt oder dass ein großes Gerangel darum entsteht, wer etwas zu sagen hat. Dadurch entstehen Unruhe und Unsicherheit. Der Erfolg der Veränderung hängt zu einem großen Teil davon ab, ob die richtige Person die Gruppe steuert, ob jemand da ist, der den Veränderungsprozess mit Elan und motivierenden Ideen in Bewegung hält. Es muss jemanden geben, der die Richtung angibt, in Krisensituation gegensteuert und die Gemeinschaft zusammenhält.

Rückschritt 4: Keine Unterstützung der Gemeindeleitung

Folgende Vorgänge ersticken die guten Veränderungspläne im Keim: Sie sprechen bei der Gemeindeleitung vor, werden aber nicht gehört. Sie werden mit Ihrem Anliegen nicht ernst genommen. Es besteht auf der Leitungsebene kein Verständnis für Veränderung. Oder Sie lassen sich mit billigen Vertröstungen und kurzfristigen Ratschlägen abspeisen. Ihre Meinung wird zwar gehört, aber es werden nur oberflächliche und zu einfache Lösungen angeboten. („Die von Ihnen vorgeschlagenen Veränderungen können wir in der Gemeinde zwar nicht durchführen, aber wir haben nichts dagegen, wenn Sie sich mit ihrem Kreis regelmäßig treffen.") Sie werden vertröstet und wissen genau, dass damit Ihre Wünsche unter einer Vielzahl anderer Tagesordnungspunkte, die weit wichtiger sind als Ihre Vorschläge, verschwinden. („Im nächsten Herbst haben wir mit dem Gemeindevorstand einen Klausurtag, da werden wir dann Ihr Anliegen auch beraten.")

Es ist immer eine frustrierende Erfahrung, wenn man mit viel Mut und Begeisterung für eine Sache eintritt und dann ins Leere läuft, und es findet nicht einmal eine faire Auseinandersetzung statt! Man kommt zurück in die Gruppe mit hängenden Schultern und fühlt sich vollkommen ausgebremst. Da hat man dann keine Lust mehr, sich weiter für seine Gemeinde zu investieren!

Trotzdem: Bleiben Sie zusammen und halten Sie an dem fest, was Sie erkannt haben. Zeigen Sie Beharrungsvermögen und suchen Sie immer wieder das Gespräch mit der Leitung.

10. Fort-Schritt: Gemeinsam losgehen

Der gemeinsame Beginn ist ein bedeutsamer Moment. Er markiert die nächste Stufe des Aufbruchs. Diese Situation kann sehr intensiv sein, denn hier schwingen Hoffnung und Begeisterung mit und verdichten sich zu einer gemeinsamen Energie – eben die berühmte Aufbruchstimmung. Man ist sich im Wesentlichen eins und findet nun zu dem gemeinsamen Gebet zusammen, dass Gott das Vorhaben segnen und leiten möge und dass die Veränderung zum Wohl und Aufbau seines Reiches geschieht.

Man gehört nun zusammen als „Brückengruppe", denn man schlägt die Verbindung vom Alten zum Neuen. Gemeinsam wird geplant und gefeiert. Man trifft sich, tauscht sich aus, diskutiert über Vorgänge und analysiert die Lage. Es baut sich eine Spannung auf, die wiederum viel Kreativität freisetzt: Wie erreichen wir die gewünschte Veränderung? Was ist zu tun?

Allen gemeinsam ist der Impuls, voranzugehen und Neuland zu betreten. Man weiß, dass man in diesem Anliegen zusammengehört. Das Verbindende ist mehr als das, was man in Worte fassen kann. Die gemeinsame Idee, die große Begeisterung und das Ziel schließen zusammen, aber gleichzeitig sind tiefe Emotionen mit im Spiel.

Richard Rohr nennt diesen Vorgang: Der Mythos einer Gemeinschaft entsteht. Er bildet den Nährboden für die Erneuerung und gleichzeitig ist er das Treibhausklima, in dem das Neue wachsen kann. Er verdichtet einzelne Individuen zu einer Gemeinschaft. „Ein Mythos ist die gemeinsame Vision, der gemeinsame Traum, die gemeinsame geschichtliche Erfahrung einer Gemeinschaft", schreibt Richard Rohr und fährt fort: „ein Mythos vermittelt sich in Symbolen" (Richard Rohr, Der nackte Gott, München, 1987, S. 51). Gemeinsame Erlebnisse und Erfahrungen werden wichtig. Bilder, die das Geschehen deuten, Lieder und Texte bekommen ein großes Gewicht. Viel später wird man sich noch an diese Zeit des Anfangs erinnern, weil hier der Urgrund, das Wesentliche so greifbar und spürbar war: „Weißt du noch damals, als wir gemeinsam begonnen haben, die Veränderung in unserer Gemeinde zu planen? Fühlst du noch unsere Begeisterung, als wir zu neuen Ufern aufgebrochen sind? Erinnerst du dich noch an unseren Mut, als wir vor die Gemeinde getreten sind und unser Anliegen mitgeteilt haben? Das waren Zeiten! Da waren wir ganz in unserem Element, voller Ideen und Kreativität, wir fühlten uns unbesiegbar. Wir waren Vorkämpfer und Pioniere für eine neue Gemeinde!"

Diese Zeiten des Anfangs sind wertvolle und wichtige Momente, die prägend für den weiteren Verlauf des gemeinsamen Prozesses sind. Richard Rohr betont: „Das Entstehen eines Mythos' braucht Zeit. Man muss einen gemeinsamen Weg gehen, um etwas wie eine gemeinsame Geschichte zu haben. Man muss miteinander und aneinander gelitten und zusammen gekämpft haben. Man braucht Erinnerungen, gemeinsame Geschichten, Erlebnisse. Man muss gemeinsam gescheitert sein und gemeinsame Siege errungen haben. All das gehört zusammen. Man muss einander verletzt haben – und man muss sich vergeben haben. Das braucht Zeit. Ein Mythos entsteht nicht in einem einzigen Jahr. (...) Erst der gemeinsame Kampf und Weg schafft einen Mythos" (ebd., S. 52). Das Neue, das wir für die Gemeinde suchen und erarbeiten möchten, beginnt hier in diesem Wurzelgeflecht, in dem Aufbrechen und Entstehen von Gemeinschaft. Deshalb sind „Brückengruppen" wichtige Orte, an denen Gemeinde gelebt und das Neue bereits vorweggenommen praktiziert wird. Von diesen Gruppen geht etwas aus, das ansteckt und die Gemeinde mit dem Virus der Erneuerung und des gemeinsamen Lebens infiziert. Dort wird Veränderung nicht nur geplant und organisiert, sondern mehr noch: Hier wird Veränderung gelebt!

Vorschläge für den 10. Schritt

- Schließen Sie sich zusammen zu einer „Brückengruppe".
- Finden Sie für Ihre Gruppe einen Namen.
- Nehmen Sie sich Zeit, damit Gemeinsames zwischen Ihnen entstehen kann.
- Treffen Sie sich so oft es geht in Ihrer „Brückengruppe".
- Suchen Sie gemeinsame Erlebnisse, reden Sie über Ihre Erfahrungen.
- Feiern Sie miteinander Gottesdienste und Feste.
- Streiten Sie miteinander und stehen Sie Krisen und Schmerzen gemeinsam durch.
- Halten Sie miteinander aus und vergeben Sie sich immer wieder gegenseitig.
- Sprechen Sie an, was Sie aneinander stört oder wo Ihnen der andere eine Hilfe ist.

Rückschritt 5: Keine klaren Ziele

Möglich ist, dass Sie sich in Ihrer „Brückengruppe" so wohl fühlen, dass es Ihnen nur noch um die interne Gemeinschaft geht. Sie haben das Ziel erreicht, Sie sind eine Gemeinde im Kleinen, Sie brauchen keine Veränderung der „großen" Gemeinde mehr.

Die Stimmung ist in Ihrer Gruppe so gut, dass Sie die Ziele, die Sie erreichen wollten, aus den Augen verlieren. Es dreht sich alles um den „Mythos" und dabei werden keine klaren und gehbaren Schritte mehr entwickelt. Man kümmert sich vor allem um die „weichen" Faktoren der Veränderung (Gemeinschaft, Inhalt, Atmosphäre) und vernachlässigt die harten Faktoren (Organisation, Strukturen, Planungen, konkrete Veränderungen). Wenn das so ist, bleibt die Gruppe stehen und hat zuletzt keine Kraft mehr, um etwas nach außen verändern zu können. Als Beispielgeschichte für dieses Festhängen im „Wir" sei empfohlen: Johannes Stockmayer, Zwischen Traum und Wirklichkeit. Wenn eine Vision zerbricht, Exodus Verlag, Lüdenscheid 2003.

3. Wegstrecke: Der Berg des Weitblicks

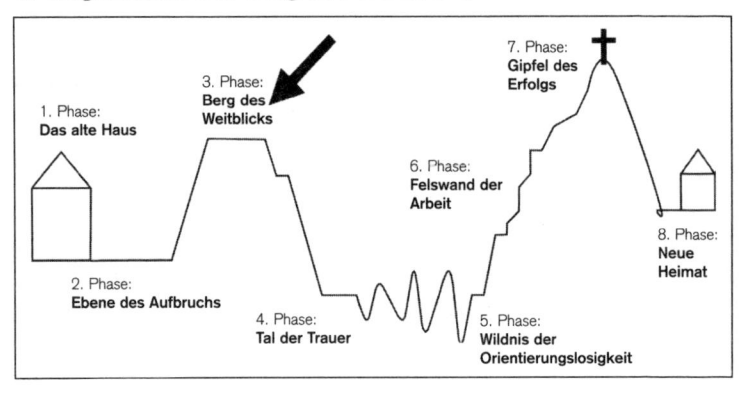

[Diagramm mit den Phasen:
1. Phase: Das alte Haus
2. Phase: Ebene des Aufbruchs
3. Phase: Berg des Weitblicks
4. Phase: Tal der Trauer
5. Phase: Wildnis der Orientierungslosigkeit
6. Phase: Felswand der Arbeit
7. Phase: Gipfel des Erfolgs
8. Phase: Neue Heimat]

Angeregt durch die gute Gemeinschaft und „eingesponnen" in eine fröhliche und zuversichtliche Zukunftshoffnung haben wir fast unbemerkt den Berg des Weitblicks erreicht und bereits auch schon halb erklommen. Wir haben gar nicht wahrgenommen, dass es auf einmal bergauf ging! Der Weg war so eindeutig und die Gespräche so tief und erhebend, dass auch die Steigung keine Mühe machte.

Bevor wir aber ganz oben sind und einen weiten Blick in die Zukunft haben, machen wir einen kurzen Halt und fragen uns, wo unser Pastor bleibt. Wir haben ihn doch eingeladen mitzukommen. Er hatte zugestimmt, uns zu begleiten, zwar zögernd und nicht sehr begeistert, aber dann hatte er doch seine Sachen gepackt und war mit uns aufgebrochen. Als Hirte bliebe ihm ja gar nichts anderes übrig, als bei seinen Schäfchen zu sein, hatte er gemurmelt.

Nun haben wir ihn abgehängt – waren wir zu schnell, hat er wieder umgedreht? Während wir auf ihn warten, haben wir ein paar Augenblicke Zeit, um über ihn nachzudenken (aber nicht, um negativ über ihn zu reden!).

Der Pastor und die Veränderung

Wir haben schon davon gesprochen, wie wichtig es ist, das Leitungsgremium für die Veränderung zu gewinnen. Dem Pastor obliegt es vor allem, leitend tätig zu sein. Beispielsweise in der Gemeindeordnung der württembergischen Landeskirche heißt es: „Pfarrer und Kirchengemeinderat leiten miteinander die Gemeinde." Es ist also notwendig, in Veränderungsprozessen ein besonderes Augenmerk auf den Pfarrer zu haben und ihn in das Anliegen der Veränderungsgruppe einzubeziehen.

Genauso entscheidend wie die Leitung sind „Schlüsselpersonen" für das Vorhaben der Veränderung. Schlüsselpersonen sind Meinungsmacher. Sie haben das Sagen, bewerten die Vorgänge und halten mit ihrer Meinung nicht hinter dem Berg. Sie sind oft Anführer unterschiedlicher „Fraktionen" in der Gemeinde und haben jeweils eine Schar von Menschen hinter sich, die auf das achten, was sie sagen, und nach ihrer Meinung handeln. Diese A-Typen gibt es in allen sozialen Gefügen. Sie üben Leitung aus, auch wenn sie gar nicht offiziell zu einem Leitungsgremium gehören. Wenn das Vorhaben der Veränderung in der gesamten Gemeindebasis ankommen soll, dann ist es von großer Bedeutung, diese „Schlüsselpersonen" zu gewinnen. Sie haben in weiten Bereichen der Gemeinde einen Vertrauensvorschuss, der entscheidend sein kann, wenn man viele Menschen dazu bewegen will, sich auf einen unsicheren Weg zu machen. Sie bieten Halt und Sicherheit, wenn es problematisch wird.

Durch sein Amt ist der Pastor nicht nur als Leitung bedeutsam, sondern auch als „Schlüsselperson". Durch die wöchentliche Wortverkündigung im sonntäglichen Gottesdienst kann er in ganz besonderer Weise Einfluss auf die Vorgänge in seiner Gemeinde nehmen. Er hat die geistliche „Deute-Macht": Wie er etwas bewertet, hat für die Gemeinde eine tief greifende Bedeutung. Er kann mit der Autorität seines Amtes und mit dem Nachdruck des Wortes Gottes die Dinge steuern, indem er – vielleicht ganz sublim – den „geistlichen Background" aufzeigt, und mit biblischen Beispielen versehen einen absoluten Maßstab setzt.

Da der Pastor bei seiner Amtseinführung versprochen hat, für alle Gemeindemitglieder gleichermaßen da zu sein und „aller Unordnung zu wehren", wird er sich kaum nur auf die Seite einer kleinen Gruppe in der Gemeinde schlagen und ausschließlich ihre Sache vertreten können – auch wenn er persönlich ihrer Meinung wäre. Und da Veränderungsprozesse immer auch Unordnung und Durcheinander bewirken, muss er ihnen „wehren", sein Amt hat somit eine starke bestandswahrende Komponente. Der Pastor muss kraft seiner Funktion dem Bestehenden mehr Rechte geben als dem Neuen. Das ist in vielen Fällen ein Dilemma, das auch an den Nerven des Amtsträgers zieht und sich auf seine Gesundheit und Integrität auswirken kann. Er darf nicht so handeln, wie er eigentlich möchte. Er sitzt zwischen den Stühlen. Er muss die auseinander strebenden Interessen zusammenhalten und wird dabei selbst fast zerrissen.

Eventuell führt das dazu, dass er sich aus diesen konkreten Prozessen ganz in seine Studierstube zurückzieht und die Gegensätze und Schwierigkeiten in seiner Gemeinde ausblendet. Oder er huldigt dem Prinzip der vielen kleinen Kompromisse, versucht es allen recht zu machen und so kommt es, dass er zunächst zwei Schritte vorwärts geht und gleich danach wieder zwei zurück. Logisch, dass so nichts vorankommt! Eine typische Lösung aus diesem Dilemma wäre, sich ganz deutlich auf die Seite einer einzelnen Gruppe zu schlagen: Nämlich auf die Seite der großen schweigenden Mehrheit, auf die er sich in allen Entscheidungen berufen kann und die er immer hinter sich weiß, weil diese schweigende Mehrheit von Natur aus gegen jede Veränderung ist.

Neue Leitbilder entwickeln

Was ist zu tun? Gibt es hier eine Lösung? Ich denke: Nicht Leit-Personen, sondern Leitbilder führen uns in die Zukunft. Leitbilder sind verdichtete, konkrete Vorstellungen von dem, wie Gemeinde sein soll. Nicht Schlüsselpersonen, sondern Schlüsselsätze geben Orientierung für unser Handeln. Die handlungsleitenden neuen Bilder müssen wir gemeinsam für die ganze Gemeinde entwickeln. Ein Leitbild ist keine Wanderkarte, auf der das Ziel und der Weg eingezeichnet sind, genauso wenig alle anderen Wege, die nicht beschritten werden, Hindernisse, Berge und Täler. Aber es gibt eine eindeutige und klare Anweisung, wie das Ziel aussieht, so dass sich jeder auf seine ihm entsprechende Weise auf den Weg zu machen vermag. Das Leitbild verbindet diejenigen, die miteinander auf dem Weg sind, mit einer gemeinsamen Sichtweise und einer klaren Definition, wo man hin möchte.

Gleichzeitig muss ein Leitbild, das den heutigen Veränderungsprozessen angemessen ist, sehr weit und flexibel sein. Es darf nicht statisch sein, sondern muss Bewegung ermöglichen. Es muss zeigen, dass die Gemeinde eine Hilfs-, Lern- und Festgemeinschaft auf Gegenseitigkeit ist, bei der alle an der Bewegung der Veränderung Anteil haben.

Dabei gibt ein gemeinsames Leitbild kleinen Gruppen den Spielraum, sich auf den Weg zu machen, ohne sich aus der Gemeinschaft zu lösen. Da jeder weiß, wo es hingeht, und die gemeinsame Weiterentwicklung Konsens aller Beteiligten ist, können die einen weiter voran sein und die anderen ein langsameres Tempo einschlagen, kann sich der Pfarrer bei der Mehrheit halten und die anderen ruhig vorauseilen lassen. Wenn das Leitbild klar ist, muss die Gemeinde nicht mehr autoritär und zentralistisch geführt werden. Kleine Gruppen haben die Chance, einen Wandel in überschaubaren Bereichen schneller und effektiver durchzuführen, als wenn alles gleich verändert werden müsste. In Teilbereichen kann experimentiert werden. Die gewonnenen Erfahrungen stehen dann der ganzen Gemeinde zur Verfügung. Dazu gehört selbstverständlich auch, dass es Einzelne oder Gruppen gibt, die in Opposition stehen und Kritik an der Mehrheit, den Autoritäts- und Schlüsselpersonen üben. Das hält die Gemeinde in Bewegung, stellt das Bestehende in Frage und bringt immer wieder neu das Ziel ins Gespräch. Konstruktive Kritik hat seinen Platz bei schwierigen Wegstrecken, wenn Alternativen zu entwickeln sind und ein neues und anderes Verhalten eingeübt wird. „In Zeiten großer Veränderungen, wie wir sie gerade erleben, wird man (...) den Kritikern und Oppositionellen eine größere Beachtung schenken müssen, als sie vielleicht in ruhigen Zeiten notwendig ist. (...) Gruppen, in denen es zur Autoritätsperson jeweils eine Gegenposition gibt, sind im Veränderungs-Prozess insgesamt erfolgreicher als Gruppen, die sozusagen ‚unbesehen' ihrem Führer folgen" (Gerhard Schwarz, Konfliktmanagement, Wiesbaden, 1995, S. 28). Ein solches, die ganze Gemeinde in ihren unterschiedlichen Teilen übergreifendes Leitbild, gilt es zu entwickeln. Wie könnte es aussehen?

Das alte Leitbild von der Gemeinde als Herde, die einem Hirten, dem Pastor, folgt, ist in Zeiten der Veränderung nicht hilfreich, weil es zu starr und festgelegt ist und dem Pastor die einzig aktive Position zuweist: Der Hirte geht voran, die Herde ist passiv, sie folgt ihm und wartet auf seine Zuweisung des guten Weidegrunds. Wenn die Schafe nicht satt werden oder Wölfe von außen einbrechen, können sie den Hirten verantwortlich machen: Er hat sie nicht gut versorgt und geschützt.

Genauso problematisch ist das Bild vom „Schiff, das sich Gemeinde nennt". Da im Augenblick die „Wogen hochgehen", liegt es besser im sicheren Hafen fest. Wenn es sich dann doch einmal auf die hohe See hinauswagt, liegt alles an der Kunst des Steuermanns und an der Umsicht des Kapitäns, ob es nicht Schiffbruch erleidet. Auch hier bekommt das Amt wieder ein zu starkes Gewicht und die Mitarbeiter sind zu niederen Arbeiten degradiert. Einige zahlende Passagiere lassen sich auf dieser – mehr oder weniger angenehmen – Kreuzfahrt bedienen. Vor allem ist das Ziel der Schifffahrt nicht beschrieben! Wo soll es eigentlich hingehen? Warum sind wir unterwegs? Wer entscheidet, welche Richtung auf dem großen endlosen Weltmeer eingeschlagen wird?

Natürlich kann es Situationen geben, in denen einer – die Leitung – auch spontan und ohne Absprachen und lange Prozesse entscheiden muss, um Schaden abzuwenden. Aber heute ist es nötig, dass die Gemeinde sich wieder mehr als Ganzheit versteht, Anteil nimmt, mündig wird und die Steuerungsprozesse zu einer gemeinsamen Sache werden. Die Gemeinde sich also als ein sich selbst steuerndes, kybernetisches System, in dem hochkomplexe, aber natürliche Vorgänge zum Tragen kommen, erkennt (siehe Günter Breitenbach, Gemeinde leiten. Eine praktisch-theologische Kybernetik, Kohlhammer Verlag, Stuttgart, 1994).

Am besten wird diese Sicht am Bild des Leibes deutlich. Für Paulus ist es ein zentrales Leitbild, auf das er immer wieder hinweist (1. Korinther 12; Römer 12; Epheser 1). Dieses Leitbild zeigt am ehesten auf, wie alles vernetzt zusammenhängt, wie die unterschiedlichen Prozesse aufeinander abgestimmt sind und jeder Ablauf dazu dient, dass der ganze Leib funktionieren und leben kann. Es gibt keinen Teil am Leib, der nicht wichtig wäre. Der Ausfall eines kleinen Teils kann dazu führen, dass alles lahm gelegt ist! Und dieser Leib hat – wie unser Körper auch – eingebaute Mechanismen, die dafür sorgen, dass das Zusammenspiel reibungslos ablaufen kann. So kann sich die Gemeinde selbst aufbauen (Epheser 4,16).

Noch etwas anderes wird an diesem Leitbild deutlich: Der Leib ist nicht nur für sich selbst da. Er liegt nicht nur im Bett und pflegt seine Auferbauung, sondern er ist mobil, steht auf, bewegt sich und agiert in multifunktionaler Weise. Wenn wir dieses Bild ernst nehmen, führt es dazu, dass wir als Gemeinde unsere Verantwortung in der Welt neu erkennen, aus dem Schlaf aufwachen, aufstehen und dorthin gehen, wo wir von unserem „Haupt" Jesus Christus hingeschickt werden.

Ein weiteres Leitbild, das ich vor allem in Veränderungszeiten für sehr wichtig halte, habe ich schon erwähnt: das wandernde Gottesvolk. Der Auszug aus der Sklaverei in Ägypten, die Erfahrungen der Wüste und das zielorientierte Losgehen auf die Verheißung Gottes hin sind auch für uns heute wichtige und prägende Merkmale von Gemeinde. Eine Gemeinde, die diesem Leitbild Gottes folgt, fragt nach der Verheißung, die Gott schenkt. Sie macht sich abhängig von der täglichen Versorgung Gottes, ist in einem hohen Maß flexibel und folgt jederzeit den Anweisungen ihres Herrn. Sie scheut weder Dreck noch Entbehrung und wagt auch dort Kämpfe und Auseinandersetzungen, wo sie sich in der Minderheit befindet. Dadurch erobert sie – geistlich gesehen – neues Land für Gott. Die Gemeinde als mobile Einsatztruppe Gottes ist heute nötiger denn je!

Wem das zu alttestamentlich ist, orientiere sich eher am **Vorbild der wandernden Jüngergruppe, die Jesus nachfolgt, wo er hingeht.** Sie ahmen ihren Meister nach, der morgens noch nicht weiß, wo er abends sein Haupt hinlegt, der offen für die Bedürfnisse der Menschen und gleichzeitig im intensiven Gespräch mit Gott ist. Der seine Nachfolger lehrt, anleitet, aussendet und ihnen Raum für eigene Erfahrungen und Zeit zum Gebet vermittelt. Das ist ein Leitbild von christlicher Gemeinschaft! Wer denkt, es handelte sich um eine exklusive Gruppe von zwölf Auserwählten, der irrt: Es war eine große Menge, die mit Jesus durch Galiläa zog – die erste Gemeinde. Die berufenen Jünger waren die ersten Mitarbeiter, auch sie ein Vorbild für heutiges Handeln. Zum Beispiel bei der Speisung der Fünftausend: Die Gemeinde legt die kümmerlichen Vorräte zusammen, die sie hat, stellt sie Jesus zur Verfügung und teilt aus, was er gesegnet hat – und siehe da, es reicht für alle!

Zu bedenken ist heutzutage auch das **Leitbild einer pluralistischen Gemeinde**, ein Spiegel unserer Gesellschaft. Pluralität muss nicht gleich etwas Negatives sein, durch die sich die Gemeinde der Welt gleichstellt. Die Vielfalt birgt in sich große Chancen. Wir sind viele unterschiedliche, eigenständige Personen, aber wir gehören trotzdem zusammen. Wir sind verschieden und trotzdem eins. Wer die Pluralität betont, muss gleichzeitig auch die Einheit im Blick haben. Aus dieser Spannung kann ein sehr fruchtbares – wenn auch nicht immer einfaches – Zusammenspiel in der Gemeinde entstehen, das sie stark, lebendig und stabil macht. Vielfalt steht nicht im Gegensatz zur Einheit! Der Gegensatz der Pluralität ist vielmehr Egoismus, eine Selbstbezogenheit, die verabsolutiert, was eigentlich nur partiell ist. Die Gemeinde ist aber nicht geprägt durch eine uniforme Gleichheit und sie marschiert nicht im Gleichschritt der Gleichgesinnten, sondern lebt von der Verschiedenartigkeit der Geistesgaben, die zusammengehören und in der Gemeinde Jesu Christi aufeinander angewiesen sind.

Zum Schluss möchte ich noch auf Bilder von Gemeinde kommen, die mir immer wieder in der Gemeindeberatung begegnen: Das Bild von der Gemeinde als große Familie, als ein Haus mit vielen Räumen oder als ein schöner, fruchtbarer Garten. Auch diese Bilder halte ich für möglich, wiewohl in ihnen die Gefahr einer festlegenden Statik steckt: Man fühlt sich stark miteinander, grenzt sich ab, genießt das Zusammensein und ist dadurch nicht mehr offen für Neues. Am ehesten zeigt das Bild einer Familie dynamische Züge: Man gehört zusammen, reibt sich aneinander, streitet, versöhnt sich, liebt sich und ist miteinander verwandt, aber man trennt sich auch, gründet eine neue, eigene Familie. Man bleibt dann zwar verbunden, aber geht trotzdem seiner Wege. Das ist das Bild einer kleinen Gemeinde, die wie eine intensive familiäre Gemeinschaft zusammengehört, aber dann auch bereit ist, sich zu multiplizieren und neue Gemeinschaften zu gründen.

Das Leitbild vom Haus mit den vielen Räumen beinhaltet auch: Wir haben Platz und geben heimatlosen Menschen Wohnraum, denn unsere Türen sind offen. Die Gefahr ist allerdings, bei diesem Bild voreilig zu sagen: „... wir sind Gottes Hausgenossen" (Epheser 2,19)! Damit wird Gott vereinnahmt, er wohnt im gleichen Haus wie wir, er ist ein Teil unseres Systems, er wird in unsere Hausordnung hineingezogen, in die Bedingungen, die wir als Gemeinde gesetzt haben. Aber Gott ist der ganz andere, der außerhalb unserer Bezüge wohnt und unsere Systeme – unser Haus, die Gemeinde – erst ermöglicht. Er baut uns ein Haus, nicht wir ihm!

Im Bild von dem fruchtbaren Garten wird deutlich, dass es in dieser Gemeinde wohltuend zugeht, man sich erholen und ausruhen kann, sie ist eine Oase für viele Menschen, die nach Sicherheit und Heilung suchen, weil sie in der Wüste leben, und ihre Früchte kommen der Welt zugute. Auf der anderen Seite besteht die Gefahr, dass sich die Gemeinde einschließt in ihrem Paradies, abschottet und nichts mehr zu tun hat mit der „wüsten" Welt, die sich um sie herum abspielt.

Natürlich gibt es noch viele weitere Leitbilder. Es macht Spaß, das Bild zu finden, das der eigenen Gemeinde am ehesten entspricht. Es motiviert zum Losgehen und gibt die Richtung an. Es gibt einen weiten Spielraum und bildet doch einen Rahmen, damit man sich nicht in der Grenzenlosigkeit und Beliebigkeit verliert. Unter Umständen verbinden sich mehrere unterschiedliche Leitbilder zu einem Leitmotiv.

Alte Bilder dagegen sind wie alte Sterne, so genannte Supernovä: Sie blähen sich auf, nehmen alles ein, haben aber keine Kraft mehr. Sie sind wie Seifenblasen, die bei der kleinsten Berührung zerplatzen. Sie passen nicht mehr in den Rahmen, sie sind „abgehangen". Auf den Dachböden vieler Kirchen finden sich alte Bilder aus vergangenen Jahrzehnten, schauen Sie einmal nach, was dort unter dem Staub lagert.

Alte Leitbilder motivieren nicht mehr zum Handeln, sie fordern nicht mehr heraus. Sie erklären nicht mehr die Wirklichkeit, sondern spiegeln die Geschichte wider und haben nur noch nostalgischen Wert. Die Restaurierung eines alten Bildes entwickelt nicht die Kraft, in die Zukunft vorzustoßen. Das neue Bild trifft die Lebenswirklichkeit, befreit von Lähmung und entlastet von innerem Druck. Es führt in die Weite und proviziert neue Schritte.

Es sind bewegende Vorgänge – im wahrsten Sinne! –, wenn innerhalb einer Gemeinde das Leitbild verändert wird. Das neue Bild muss angenommen und internalisiert werden. Mit diesem neuen Bild wird die Situation neu gedeutet. Damit verlieren die Umstände ihre beherrschende Macht. Wir haben einen Schlüssel, ein Schema, mit dem wir die Situation unserer Gemeinde deuten, verstehen und bestimmen können. „Veränderungen in Systemen haben Chancen, wenn sich die Wirklichkeitslogik eines Systems verändert, wenn es in die Lage kommt, mit seinen Bildern kreativ umzugehen, wenn es die Wahrnehmungsfähigkeit für neue Möglichkeiten entwickelt" (Günter Breitenbach, Gemeinde leiten, Stuttgart, 1994, S. 240).

- Leitende Bilder sind nicht Überbau, sondern symbolisch verdichteter Ausdruck von Erfahrung.
- Leitende Bilder sind Träger und Ausdruck der „impliziten Axiome", die die Praxis der Systeme steuern.
- Sie geben wider, welche Wahrnehmung Systeme gegenwärtig von sich selbst haben, wie sie ihre Umwelt sehen, und welche Handlungsmöglichkeiten sie für sich selbst erkennen. Sie drücken aus, von welchen Motiven und Wünschen sie sich im Blick auf die Zukunft leiten lassen, wie sie sich entwickeln möchten, wie sie ihre Umwelt gestalten möchten. Sie spiegeln auch, was im System verdrängt, beiseite geschoben und nicht bearbeitet wird.
- Leitende Bilder sind stabilisierte Orientierungs- und Erklärungsgewohnheiten von Systemen.
- Leitende Bilder ermöglichen Erfahrungen.
- Sie motivieren zum Handeln.
- Sie legitimieren Interessen.
- Sie orientieren Handlungsschritte.
- Sie integrieren Einzelvollzüge.
- Sie organisieren das Zusammenspiel im System und das Zusammenspiel des Systems mit seiner Umwelt.

- Leitende Bilder spiegeln nicht nur Wirklichkeit. Sie schaffen neue Wirklichkeit.
(nach: Günter Breitenbach, Gemeinde leiten. Eine praktisch-theologische Kybernetik, Stuttgart, 1994, S. 236f.)

Auf dem Berg der Weitsicht

Tatsächlich, wir haben es geschafft! Während dieser Überlegungen sind wir nun auf dem Berg der Weitsicht angelangt. Das Warten auf unseren Pastor hat sich gelohnt: Er kam später, da er noch weitere Gemeindemitglieder zum gemeinsamen Weg einladen wollte. Dass wir auf ihn gewartet haben, zeigt ihm, dass er uns wichtig ist.

Im Blick auf die Beziehung zu unserem Pastor vereinbarten wir miteinander:
- Wir akzeptieren, dass unser Pastor die ganze Gemeinde im Blick haben muss.
- Wir gehen voran und gestatten ihm, dass er sein eigenes Tempo einschlagen darf.
- Immer wieder warten wir auf ihn und informieren ihn über unsere Richtung.
- Wir markieren deutlich unseren Weg, damit erkenntlich wird, wohin wir gegangen sind.
- Wir schicken immer wieder eine Abordnung zu ihm zurück und sind bereit, seine Kritik anzunehmen.
- Wir wünschen uns von ihm, dass er uns viel Spielraum lässt, damit wir unseren Weg finden können.
- Wir wünschen uns, dass er uns mit einem Vertrauensvorschuss ausstattet, uns immer wieder absichert und gegen Angriffe von „hinten" und aus den eigenen Reihen abschirmt.
- Der Pfarrer verzichtet auf überflüssige Vorschriften und Richtlinien, damit wir in dieser Situation der Freiheit und Selbstverantwortung „Höchstleistungen" bringen können.
- Wir verstehen uns als vom Pfarrer beauftragte und bevollmächtigte „Intrapreneure" – kreative und initiative Mitarbeiter, die von der Leitung Freiraum und Eigenständigkeit zugestanden bekommen haben, um neue Wege zu finden und innovative Ideen zu entfalten.

Diese Vereinbarungen geben uns Luft zum Atmen und Mut voranzugehen. Wir sind ja für die ganze Gemeinde unterwegs und suchen nicht nur die eigene Herausforderung! Wir genießen diese Freiheit vor allem jetzt auf dem Berg des Weitblicks.

Hier oben gibt es einen Aussichtsturm, der einen weiten Blick rundum ins Land ermöglicht. Wir schauen hinunter ins Tal und sehen, wo wir hergekommen sind. Wir überschauen die ganze Gemeinde und staunen, wie groß und bunt sie ist. Von oben sieht sie aus wie eine kleine Spielzeuglandschaft, aber die Einzelheiten sind genau zu erkennen. Das muss wohl Gottes Sicht der Gemeinde sein! Wir freuen uns über den Überblick, der uns geschenkt wird.

Wir sehen den Weg, den wir gekommen sind. Wir sind schon ein gutes Stück vorangekommen! Nun schauen wir nach vorn. Aber wo ist eigentlich vorn? Wo wollen wir eigentlich hin? Wir haben uns auf einen Weg gemacht, ohne genau zu wissen, wohin er uns führen sollte. Es war uns nur klar, dass sich etwas verändern musste. Nun stehen wir etwas ratlos dort und schauen in die Landschaft: Wo liegt die Zukunft, wo liegt unser Ziel, in welche Richtung wollen wir uns eigentlich genau verändern? Wie soll eigentlich die Zukunft der Gemeinde konkret aussehen?

Hier oben auf dem Aussichtsturm gibt es einige Fernrohre, mit denen wir das, was weit weg liegt, nah heranholen können. So wollen wir einmal in die Zukunft schauen und den weiten Horizont nah herbeiholen. So können wir genauer anschauen, was unser Ziel ist. Dafür lassen wir uns jetzt Zeit und entwickeln es nun miteinander nach dem Motto von Dag Hammarskjöld: „Sorge nicht, wohin der einzelne Schritt dich führt: Nur wer weit blickt, findet sich zurecht."

Eine Vision bekommen

Den weiten Blick in die Zukunft können wir auch mit dem Wort „Vision" bezeichnen. Eine Vision ist die langfristige Sicht einer Entwicklung: Was wird sein? Die Vision markiert den Horizont unserer Vorstellungen. Dorthin geht unser „Sehnen", an diesem weit entfernten Punkt orientieren wir uns, wir lassen ihn nicht aus dem Blick! „Wenn das Leben keine Vision hat, dann gibt es auch kein Motiv, sich anzustrengen", sagt Erich Fromm.

Eine Vision gibt dem Leben mit all seinen Anstrengungen und seiner Mühsal einen Sinn. „Sinn macht für Menschen das, was ihnen zeigt, dass ihr Leben in einen größeren Zusammenhang gehört. Visionen helfen, die Anstrengungen der Menschen langfristig auf ein gemeinsames Ziel zu bündeln. In ihrer schönsten Ausprägung wirkt eine Vision als sich erfüllende Prophezeiung" (Jean-Marcel Kobi, Management des Wandels, Stuttgart, 1996, S. 41).

Möglich ist, dass diese Vision noch gar nicht greifbar ist, sondern noch hinter dem Horizont liegt und vielleicht nur eine Ahnung davon deutlich wird. Dann wünschen wir uns, dass das Neue noch mehr sichtbar wird, dass es hervorbricht wie die Sonne am Morgen, langsam, aber unaufhaltsam. Allein diese Ahnung, das heller werdende Morgenlicht erzeugt in uns Hoffnung und Energie, uns zu dem fernen Horizont aufzumachen, mehr von dem herauszufinden, was sein wird. Dort oben auf dem Gipfel der Weitsicht erkennen wir die fernen Bereiche, bekommen wir eine langfristige Perspektive. Wir nehmen sie in unserem Herzen mit, wenn wir hinuntergehen in die Täler und unser Blick wieder beschränkt und eingeengt ist. Zeiten, in denen wir eine Vision geschenkt bekommen, sind Höhepunkt unseres Lebens. Es sind kostbare Momente, die wir festhalten und die uns dann später in Durstrecken und Wüstenzeiten durchhalten lassen. Bei Visionen schwingt mehr mit als das, was wir ergreifen und verstehen könnten, nämlich ein Geheimnis, das uns nährt und aufbaut. Eine Vision überschreitet die Enge unseres Lebens. Sie ist etwas Wertvolles, dessen Erfüllung uns zutiefst befriedigt. Um diese Erfüllung zu erlangen, ist unsere ganze Hingabe, der Einsatz unseres Lebens erforderlich. Deshalb muss die Vision einen Inhalt haben, der diesen Einsatz auch rechtfertigt und für den sich die Hingabe unseres Lebens lohnt.

Visionen sind keine Utopien, denn eine Utopie ist ein Traumgebilde. Anstatt das Fernrohr auf dem Berg des Weitblicks auf den Horizont zu richten, habe ich es aus Versehen um ein paar Grad nach oben verschoben: Ich schaue in die Wolken. Utopien sind wie Wolken, die sich von jeder irdischen Wirklichkeit abgelöst haben und uns unrealistische Traumbilder vorgaukeln, die keinen Bezug mehr zur Realität haben. Utopien sind Träumereien, in die wir uns hinein verlieren können, die uns Kräfte rauben, anstatt zur Höchstleistung anzuspornen.

Visionen verlangen danach, umgesetzt zu werden, mit dem Einsatz der ganzen Existenz, mit allen Mitteln und Möglichkeiten. Das ist keine Sache, die nur den Einzelnen betrifft. Visionen schließen zusammen, da sie eine längerfristige Ausrichtung haben. Auch wenn wir unterschiedliche Standpunkte vertreten, treffen sich unsere Blickrichtungen am Horizont. Die Richtung eint uns. Wir schauen nicht mehr auf unsere Unterschiede, sondern auf das Gemeinsame. Deshalb wirkt eine gemeinsame Vision als integrierende Kraft.

„Eine Vision umsetzen heißt, Konsens suchen durch Einbezug aller, die richtigen Fragen stellen und die Antworten von unten hochkommen lassen. Eine Vision umsetzen heißt, sie vorleben. Sie durch symbolische Handlungen verankern, inszenieren, ständig davon reden, Aufmerksamkeit und Interesse immer wieder darauf richten. Je klarer die Vorstellung des Zieles ist, desto stärker werden die Kräfte dadurch geweckt werden" (Jean-Marcel Kobi, Management des Wandels, Stuttgart,1996, S. 42).

11. Fort-Schritt: Ziele entwickeln

In welche Richtung sollen wir mit unserem Fernrohr zielen? Was kommt an Veränderungen auf uns zu? In welche Richtung bewegen sich die Veränderungen in der Gemeinde?

Ich zähle hier einige Tendenzen auf, die ich in unserer kirchlichen Landschaft beobachte:

von:	zu:
Ein-Mann-Gemeinde	Gemeinschafts-Gemeinde
starken Leitern	Teamleitung
funktionalen Mitarbeiterkreisen	geistlichen, an Gaben orientierten Mitarbeiterkreisen
passiven Predigthörern	Dienstgruppen
Konsumenten	mündigen Mitarbeitern
großer Gemeinde	kleinen selbstständigen Zellen
individueller Gruppe	vernetzter Vielfalt
Kirche als anonymer Organisation	Verständnis von Gemeinde
schlafender Gemeinde	Gemeinde, die weiß, was sie will und warum sie Gemeinde ist
seßhafter, unbeweglicher Gemeinde	mündiger, wacher Gemeinde
mühsamen Struktur-Veränderungen	Veränderung in der Dynamik des Heiligen Geistes

Zusammengefasst heißt das: In allen Schattierungen geht es heute darum, eine selbstbewusste, mündige Gemeinde zu werden, die ihre Berufung kennt. Die Zeiten, in denen alles selbstverständlich war, sind vorbei. Nicht einmal die Treue zur Kirche hält bei der Stange. Die Bedienerkirche, die großflächig alle Mitglieder tauft, die zu ihrer Parochie (Gemeindebereich) gehören, hat ausgedient. Die Gemeinden müssen sich darauf besinnen, wer sie sind und was sie wollen. Das ist nicht nur ein Prozess der Veränderung, sondern ein grundsätzlicher Wandel!

Wenn Sie diesen Veränderungsbewegungen nachgehen, bekommen Sie eine Richtung für Ihre Zielbestimmung. Fragen Sie sich: Wie sieht die Zukunft aus? Machen Sie sich ein positives Bild von der Zukunft Ihrer Gemeinde! Träumen Sie Ihren Traum von Kirche!

Ein Instrument der Gemeindeberatung: die Zukunftswerkstatt

In einer Zukunftswerkstatt geht es – angeregt von dem Zukunftsforscher Robert Jungk – darum, über das Bestehende hinaus zu sehen und auf kreative Weise eine Perspektive für die nächsten Schritte zu bekommen. Sie ist ein schöpferischer Prozess, in dem gemeinsam auf Gott gehört und miteinander in Gespräch und kreativer Aktion die Zukunft entwickelt wird. Nachdem man sich in einem ersten Schritt über die bestehenden Bilder von Gemeinde verständigt hat und damit eine erste Bestandsaufnahme des gegenwärtigen Zustandes der Gemeinde erhält, wird in einem zweiten die Fantasie der Werkstatt-Teilnehmer herausgefordert. Sie sollen und dürfen einmal ihr Wunschbild von Gemeinde darstellen, sei es mit Bildern, Grafiken, Collagen, Sketchen oder einer gestellten Landschaft. Diese Entwürfe, die in kleinen Gruppen entstanden sind, werden den anderen präsentiert.

Der dritte Schritt ist für viele eine herbe „Bauchlandung". Es geht nun um die Diskrepanz zum gegenwärtigen Zustand der Gemeinde. Hier ist Vorsicht geboten, um nun nicht nur ins Klagen zu verfallen und über die Zustände zu schimpfen. Die Problembereiche werden genannt und nüchtern betrachtet. Was hemmt unser Gemeindeleben? Wo sind die Blockaden? Wo gibt es ständige Reibungspunkte? Hier ist eine einfühlsame Moderation gefragt, um den Dingen auf den Grund zu gehen und Vorwürfe nicht plakativ stehen zu lassen.

Wenn es gelingt, auch die Wirklichkeit kreativ und plastisch darzustellen, ist das ein befreiender Vorgang. Es wird endlich einmal deutlich, was schief läuft. Man darf darüber reden, was einen stört. Man hört, wie es den anderen geht, und ist in seinem Frust nicht allein!

Hilfreich ist jetzt, den Zustand der Gemeinde nicht nur mit Worten zu beschreiben. Farben drücken aus, was man nicht in Worte fassen kann, Metaphern helfen, die Vorgänge nicht nur sachlich, sondern auch gefühlsmäßig zu verstehen. Vielleicht kann man die Situation der Gemeinde mit kleinen Figuren darstellen und dabei herausfinden: Wer steht in der Mitte, wer ist am Rande?

Bei diesem diagnostischen Teil der Zukunftswerkstatt braucht man viel Zeit. Vielleicht brechen alte Verletzungen auf, die zu Gott gebracht werden müssen. So wie in der Seelsorge ein einzelner Mensch heil wird, kann auch eine Gemeinschaft heil werden und eine neue Identität bekommen. Der Heilige Geist schafft nicht nur neue Menschen, sondern auch eine neue Gemeinschaft.

Grundvoraussetzung ist die Offenheit und Ehrlichkeit, Dinge an- und auszusprechen, einander zu vergeben und neu anzufangen, Altes zurückzulassen und bereit zu sein, neue Schritte zu gehen.

Jetzt stehen zwei Modelle von Gemeinde nebeneinander: das Wunschbild und die Wirklichkeit. In einem vierten Schritt soll beides in eine Beziehung zueinander gebracht werden, indem gefragt wird: Welche Schritte sind nötig und welche sind möglich, um vom gegenwärtigen Zustand aus zu einer neuen Gestalt von Gemeinde zu kommen?

Dieser Teil bedeutet Arbeit! Konkrete Schritte sind zu entwickeln und Absprachen müssen getroffen werden, was jeder dazu beitragen kann. Vereinbarungen legen fest, was alle miteinander verändern wollen. Möglicherweise handelt es sich um Kleinigkeiten, die beschlossen werden, aber es wächst damit eine neue Perspektive, Ziele formen sich heraus, Teilziele werden gefunden und es schält sich ein Weg heraus, wie sie zu erreichen sind.

Dabei geht es aber nicht nur darum, die Ziele zu erreichen, sondern vielmehr darum, sich als Gemeinde auf den Weg zu machen, Frustration und Müdigkeit hinter sich zu lassen und sich gemeinsam neu auszustrecken nach den Verheißungen Gottes, die seiner Gemeinde gelten, und miteinander als Gemeinschaft zu leben. Ähnlich wie die Zukunftswerkstatt verläuft auch eine Zukunftskonferenz, die vor etwa 15 Jahren von Marvin Weisbord in Amerika entwickelt wurde.

Vorschläge für den 11. Schritt

Als Motivation für diesen Schritt, in dem es um das gemeinsame Entwickeln von Zukunftsperspektiven geht, können Sie die Frage in den Raum stellen: Was passiert, wenn nichts geschieht?

Stellen Sie sich die schlimmste denkbare Situation vor und überlegen Sie anhand dieses (Horror-)Szenarios, wo dann die Ziele für eine Veränderung in der Gemeinde liegen (müssen).

Was ist, wenn ...

... die Gemeinde ihre geistliche Kompetenz verliert und nur noch ein Verein unter vielen anderen ist, ohne ein biblisches Profil zu haben?

... eine zunehmende Austrittswelle die Gemeinde ausdünnt und ihr die finanzielle Basis entzieht?

... die Kirchensteuer nicht mehr durch den Staat eingezogen wird und die Gemeinde sich nur noch über freiwillige Spenden finanzieren muss?

... es keine hauptamtlichen Mitarbeiter mehr gibt, wenn ein Pastor mehrere Gemeinden betreuen muss oder überhaupt kein Pastor mehr zur Verfügung steht?

... die Kirchengemeinden ihre Kirchengebäude verkaufen oder als Konzertsäle und Museen vermieten müssen?

... die Gemeindehäuser in Versammlungsorte und Gaststätten umgewandelt werden müssen, die sich selbst tragen (jede Gemeindegruppe müsste dann Miete bezahlen)?

... sich keine ehrenamtlichen Mitarbeiter für die zentralen Kernaufgaben der Gemeinde mehr zur Verfügung stellen (Jugendarbeit, Seelsorge ...)?

... die Gemeinde an den Rand der Gesellschaft gedrängt wird?

... die Gesellschaft insgesamt in ein Chaos zerfällt. Welche Rolle spielt dann die Kirche?

... es zu neuen Christen-Verfolgungen kommt?

Denken Sie über diese Fragen einmal nach, um über das Bestehende hinaus Ziele für die Zukunft zu finden, auch wenn einige Szenarien, zumindest im Augenblick, noch unrealistisch aussehen!

Prüfen sie Ihre Ziele immer auch an den Aussagen der Bibel. Hier ist eine Leitlinie vorgegeben, die nicht überschritten werden kann. Um bei allen Anstrengungen eine gute Zukunft zu erreichen und motivierende Visionen zu bekommen, muss klar sein: Es ist Jesus, der unsere Zukunft ist. Er ist der Kommende! Und sein Kommen ist ganz anders, als wir es planen und jetzt verstehen. Er kommt als der, der die Zeit in der Hand hat, und wir werden verstehen, dass unsere Visionen ein kümmerlicher Abklatsch seiner Wirklichkeit ist, nur ein Teil dessen, was er sich vorgenommen hat.

Suchen Sie nach Bibelstellen, die über die Zukunft Aussagen machen, tragen Sie diese Verse in Ihrer Gruppe zusammen und sprechen Sie darüber.

Ziele für Veränderungen

Ich will nun skizzieren, welche Veränderungen wir in unseren Gemeinden ansteuern könnten, und welche Ziele heute wichtig sind.

Erstes Ziel: Stärkung der Mitarbeiter

In vielen Gemeinden führen die „ehrenamtlichen" Mitarbeiter ein kümmerliches Leben. Wir sind zwar eine Kirche, die das „Priestertum aller Gläubigen" zum Grundsatz gemacht hat, aber wir leben nicht danach. Wie kann das Mitarbeiter-Sein aufgewertet werden?

Ich gebe hier ein paar Anregungen aus der Praxis:

- Mitarbeiter werden nach ihren Gaben eingesetzt.
- Sie bestimmen selbst die Dauer ihrer Mitarbeit, kürzere Zeiträume sind erlaubt, niemand muss eine Tätigkeit sein halbes Leben lang durchführen!
- Mitarbeiter bekommen alle nötige Information, Hilfestellung und Ausbildung für ihre Tätigkeit.
- Sie können wie die Hauptamtlichen auch Urlaub nehmen und Pausen machen.
- Mitarbeiter werden im Mitarbeiterkreis an allen wesentlichen Entscheidungen der Gemeinde beteiligt.
- „Ehrenamtliche" Mitarbeiter werden zwar für ihren Einsatz nicht entlohnt, aber es werden ihnen alle finanziellen Mittel für ihre Tätigkeit zur Verfügung gestellt, die nötig sind.
- Mitarbeiter werden von der Gemeindeleitung berufen und in ihr Amt im Gottesdienst eingesetzt und dafür gesegnet (und sei es nur die kleinste Tätigkeit).
- In der Lehre der Gemeinde wird immer wieder deutlich gemacht, dass jeder Christ ein Mitarbeiter ist, und es werden Möglichkeiten zur Mitarbeit vorgestellt.
- Mitarbeiter werden öffentlich geehrt und gelobt.
- In regelmäßigen Abständen berichten sie der Gemeinde über ihren Arbeitsbereich.

(Empfehlung: Rick Warren beschreibt in seinem Buch „Kirche mit Vision", wie das Konzept einer Gemeinde aussieht, die es sich zum Ziel gemacht hat, aus jedem Gemeindemitglied einen Mitarbeiter zu machen.)

Zweites Ziel: Neue geistliche Strukturen

Viele Gemeinden, vor allem im landeskirchlichen Bereich, leiden daran, dass gute neue Ansätze und geistliche Impulse in den traditionellen kirchlichen Strukturen hängen bleiben. Der Gemeindevorstand ist mit organisatorischen Aufgaben zugedeckt und hat weder Zeit noch „Luft", um geistliche Frage zu bewegen. Manche Mitglieder des Leitungsteams fühlen sich nur als Verwalter der kirchlichen Belange und delegieren deshalb inhaltlich theologische Themen nur zu gern an den Pastor als den Profi. Das muss nicht so sein!

Eine Gemeinde kann neben dem Kirchengemeinderat, der für Verwaltungsfragen zuständig bleibt, – mit dessen Zustimmung – ein weiteres Leitungsgremium einberufen, das sich frei von organisatorischen Regelungen für geistliche Belange der Gemeinde einsetzt. Dieses geistliche Gremium könnte eine Gruppe von Ältesten sein (so würde ich sie nennen, auch wenn es sich nicht unbedingt um ältere Personen handelt). Die Ältesten sind bewährte Gemeindemitglieder, vielleicht ehemalige Mitarbeiter, die nun für diese Arbeit von ihren anderen Verpflichtungen entbunden sind, damit sie wirklich frei sind, sich an dieser Stelle in der Gemeinde zu investieren. Sie werden vom Kreis der aktiven Mitarbeiter gewählt. Hier haben also die Mitarbeiter, die das Gemeindeleben zu einem großen Teil mitverantworten, die Möglichkeit, eine Leitung zu wählen, die vor allem auch ihre Anliegen vertritt. Der Pastor als Geistlicher leitet die Gruppe der Ältesten, während ein vom Kirchengemeinderat gewählter zweiter Vorsitzender als Geschäftsführer den organisatorischen Leitungskreis anführt. Pastor und Geschäftsführer vertreten gemeinsam die Kirchengemeinde nach außen und sind beide auch im Sinne des Rechts geschäftsfähig (damit müssen die kirchlichen Statuten nicht geändert werden, das war bisher schon so). Der Kirchengemeinderat kann sich somit den Geschäften der Gemeinde widmen und die Ältesten den inhaltlichen Teil der Gemeinde gestalten. Beides sind wichtige, gleichwertige Bereiche, die nicht in Konkurrenz zueinander stehen und sich nicht gegeneinander ausspielen, sondern einander ergänzen.

Übrigens: Der Kreis der Ältesten könnte dabei zu einer Instanz werden, von der Veränderungsprozesse gezielt in die Gemeinde hinein ausgehen. Die Ältesten als ein innovativer Ort der „Verjüngung"!

Drittes Ziel: Mündigkeit der Gemeinde

Für dieses Ziel schlage ich vor, dass regelmäßige Gemeindeversammlungen durchgeführt werden. Das ist keine Veranstaltung, in der es um Themen und Schulungen geht, sondern wo die Gemeinde selbst aktiv wird. Hier wird über Vorgänge in der Gemeinde informiert, werden Arbeitsbereiche und Projekte vorgestellt, wird aus dem Leitungsgremium berichtet und miteinander gefeiert. Hier lebt die Gemeinde. Der Pfarrer ist dabei höchstens Moderator – oder noch besser: Jemand aus der Gemeinde übernimmt diese Aufgabe. Dort können sich auch Gaben entfalten, die sonst nicht zum Zug kommen, Einzelne können sich profiliert einbringen, es kann agiert und diskutiert werden. Grundsätzliche Entscheidungen werden hier vorbesprochen, ein Meinungsbild erhoben und dabei werden Tendenzen sichtbar, die dem Leitungsgremium zur Entscheidungsfindung helfen. Ich kenne leider kaum eine Gemeinde, die an dieser Stelle Schwerpunkte setzt und auf diese Weise ein mündiges Gemeindeleben gestaltet, an dem sich viele interessierte Gemeindemitglieder beteiligen können. Oft herrscht noch eine große Vorsicht vor, man kommt, hört zu und geht wieder. Das ist nicht die Gemeinde von morgen, in der sich erwachsene Menschen treffen! Aber es braucht Zeit und ein klares Konzept, damit die Gemeindemitglieder Mut fassen, sich öffnen und einbringen. Wo einmal die Blockaden gebrochen sind, staunt man darüber, was in der Gemeinde alles vorhanden und möglich ist!

Hartmut Weyel stellt als biblischen Befund dazu fest (in: So stell ich mir Gemeinde vor, Gießen, 1997, S. 203): „Offensichtlich gehört die Einrichtung der Gemeindeversammlung zur Regelung wichtiger Fragen und Aufgaben zur neutestamentlichen Gemeindeordnung. In ihr werden Wahlen getätigt, Gaben geprüft, seelsorgerliche Anliegen behandelt und Ermahnungen ausgesprochen. Es werden Gemeindezucht geübt, Konflikte entgegengenommen und Beschlüsse gefasst (Apostelgeschichte 6,2-5; 1. Thessalonicher 5,19-21; Offenbarung 2,2; 1. Korinther 5,4-5; Matthäus 18,17; 1. Timotheus 5,20; Apostelgeschichte 11,22; 15,2.12.22.30.31)." Und Gerhard Lohfink zeigt auf, dass solche Versammlungen keineswegs mit dem Ende der apostolischen Zeit abbrechen (in: Braucht Gott die Kirche, Freiburg, 1998, S. 287). Ignatius von Antiochien berichtet von Gemeindeversammlungen und im Barnabasbrief heißt es: „Verkriecht euch nicht in euch selbst und sondert euch nicht ab, als wäret ihr schon gerechtfertigt, sondern kommt zu gemeinsamer Versammlung zusammen und sucht miteinander nach dem, was der Gesamtheit nützlich ist" (Barnabas 4,10, zitiert nach Lohfink). Lohfink weist darauf hin, dass diese Art der Versammlungen erst dann verloren ging, als die Kirche zur Massenkirche wurde. Aber heute sind wir ja wieder auf dem umgekehrten Weg ...

Viertes Ziel: Neue Gottesdienste

An dieser Stelle wird schon viel experimentiert und dabei zeigt sich, wie viel innovative und kreative Energie in den Gemeinden steckt! Neue Gottesdienste sprießen aus dem Boden wie verborgene Pflanzen nach einem Regen in der Wüste. Zweitgottesdienste sind in, teilweise auch schon Dritt- und Viertgottesdienste. Diese Versammlungen bieten vor allem „Laien" die Möglichkeit, sich verantwortlich am Gottesdienstgeschehen zu beteiligen und einzubringen. Das ist nicht mehr nur die Domäne des Pastors und des Kirchenmusikers. Es zeigt sich dabei die Lust der Gemeindemitglieder, ihren Gottesdienst zu gestalten. Hier gibt es noch viel zu entdecken! Neue Gottesdienste sind ein Ziel, das voll im Trend liegt und wo auf relativ einfache Weise schon grundsätzliche Veränderungen möglich sind. (Ich empfehle dazu das Buch von Klaus Douglass, Gottes Liebe feiern – Aufbruch zum neuen Gottesdienst, C&P Verlagsgesellschaft, Emmelsbüll, 1999.)

Fünftes Ziel: Evangelisation

Es ist ein lohnenswertes Ziel, zu einer evangelisierenden Gemeinde zu werden! Der Kreativität sind keine Grenzen gesetzt: Freundschaftsevangelisation, Glaubensgrundkurse, evangelistische Veranstaltungen, an Zielgruppen orientierte Gottesdienste, Telefonaktionen, originelle Werbemethoden und noch vieles andere gibt es zu entdecken und zu entfalten. Die Willow-Creek-Gemeinde in den USA hat es uns vorgemacht und dringlich ans Herz gelegt, Gemeinden zu werden, die für Menschen offen sind, die nach dem Sinn ihres Lebens suchen. Hier können wir viel lernen und etliche Gemeinden haben damit angefangen. (In der Willow-Creek-Edition gibt es etliches gutes und anwendbares Material zum evangelistischen Einsatz in unterschiedlichsten Formen vom Anspiel im Gottesdienst bis zum Arbeitsmaterial für Kleingruppen.)

Eine weitergehende und sehr konsequente Form der Evangelisation ist die Möglichkeit der Gemeindepflanzung: Eine Gemeinde bildet fähige Mitarbeiter aus, die sie dann zu einer bestimmten Zielgruppe oder in ein Wohngebiet schickt, wo das Evangelium bisher noch nicht landen konnte. Diese Gemeindepflanzung wird von der Muttergemeinde begleitet und betreut, bis sie als eigenständige Gemeinde auf eigenen Füßen stehen kann. Zuerst werden Gottesdienste eingerichtet, die für die bestimmte Zielgruppe maßgeschneidert werden, darum herum formiert sich Stück um Stück die neue Gemeinde. In England wurden mit diesem Modell, ganz andere Menschen zu erreichen als die, die bereits in die traditionellen Gemeinden kommen, gute Erfahrungen gemacht. Solche Gemeindepflanzungen wären auch für uns ein herausforderndes Ziel!

Sechstes Ziel: Hausgemeinden

[handschriftliche Notiz: Neue Hauskreise für „Einsteiger" – Ausbildung v. Hauskreisleitern – ständige Begleitung durch Material-hilfen]

Wolfgang Simson, ein unermüdlicher Kämpfer für Veränderungen in der Kirche, sieht die Zeit für Hausgemeinden oder Hauskirchen für gekommen. Das Haus sieht er als Ort, an dem das „Priestertum aller Gläubigen" gelebt wird. Menschen treffen sich in kleinen Gruppen von 15 bis 20 Teilnehmern in Wohnzimmern. Hier werden ohne Pastor, sondern geleitet von einem Hausvater oder einer Hausmutter, Gottesdienste gefeiert. Damit wird die Rückkehr von der organisierten zur organischen Form des Christentums eingeleitet: Kirche besteht somit auf der Lokalebene aus einer Vielzahl von geistlichen Großfamilien, die organisch als Netz verbunden sind. In diesen Treffen wird Gott bar jeglicher Tradition verherrlicht und angebetet und damit die Veranstaltungsmentalität einer traditionellen Kirche überwunden. Die Gemeinde ist wieder näher bei den Menschen. Man muss nicht die Menschen in die Kirchen bringen, sondern bringt die Kirche zu den Menschen. Die Gemeinden breiten sich sauerteigartig in unsere Gesellschaft hinein aus, und auch Bevölkerungsgruppen, die Jesus noch nicht kennen, werden erreicht.

Ist das ein Ziel für Ihre Gemeinde oder Ihre Gemeinschaft? (Sie können sich über dieses Modell von Gemeinde ausführlich in dem Buch von Wolfgang Simson informieren: Häuser, die die Welt verändern, C&P Verlagsgesellschaft, Emmelsbüll, 1999.)

Siebtes Ziel: Eine gesellschafts-diakonische Gemeinde

Vielleicht denken Sie jetzt, das sei kein neues Ziel, sondern ein alter Hut. Sie haben Recht, Gemeinden mit einer gesellschafts-diakonischen Prägung existieren schon seit der ersten Gemeinde in Jerusalem (zum Beispiel in der Versorgung der ausländischen Witwen – Apostelgeschichte 6). Aber auch hier gibt es noch viel Neuland zu entdecken. Es geht nicht nur um einen diakonischen „touch", sondern um ein Dienen in großer Hingabe und Leidenschaft. Wo ist die Gemeinde, die sich ganz für Arbeitslose einsetzt, in der Außenseiter und Problemgruppen willkommen sind und sich wohl fühlen? Es kann doch ein herausforderndes Ziel sein, dass sich eine Gemeinde – oder ein Teil einer Gemeinde – ganz speziell auf eine Problematik in unserer Gesellschaft spezialisiert, praktisch und konkret für Linderung und Hilfe sorgt, die Öffentlichkeit informiert und für diese Menschen betet. Eine Gemeinde verändert sich durch dieses hingebungsvolle Engagement, tritt aus der Lethargie heraus, wird aktiv und nimmt die christliche Verantwortung an dieser Welt auf geistliche Weise wahr.

Zum Beispiel initiiert eine Gemeinde eine Arbeitszeit-Tausch-Börse, um der sozialen Vereinzelung vieler Alleinstehender entgegenzuwirken. Sie richtet eine Vesper-Kirche ein, in der Nichtsesshafte gesättigt und gepflegt werden und Nahrung für Leib und Seele bekommen. Eine andere Gemeinde kümmert sich intensiv um die Menschen des nahe liegenden Krankenhauses oder des Altenheims und sieht hier ihre Hauptaufgabe. Wieder eine andere errichtet eine Seelsorge-Station in der Gemeinde, gründet einen Kreis für Trauernde und kümmert sich um suizidgefährdete Menschen. Auch die Arbeit unter Drogensüchtigen ist nach wie vor aktuell und braucht kompetenten Einsatz.

Zu einem gesellschaftlich-diakonischen Schwerpunkt gehört auch die Arbeit für Familien, Alleinstehende, Jugendliche (viele von ihnen leben inzwischen ohne soziale Beziehungen förmlich auf der Straße) oder die Mitarbeit in Bürger-Initiativen oder Stadtteil-Aktivitäten.

Es ist ein herausforderndes Ziel, wenn eine Gemeinde beschließt, sich an einem sozialen Brennpunkt zu engagieren, und sich zum Beispiel beim Aufbau einer sozialen Infrastruktur in einem ehemaligen Kasernen-Gebietes betätigt.

Rückschritt 6: Euphorie

Der Berg des Weitblicks birgt die Gefahr, sich in der Ferne zu verlieren. Der Blick bleibt am Horizont hängen, man lebt nur noch weit im Voraus und findet nicht zurück ins Heute.

Visionen sind begeisternd und so ermutigend, dass man gar nicht auf den Boden der Realität zurückkommen möchte. Man möchte träumen, mit seinen Träumen fliegen und die Leichtigkeit des Seins genießen. Die Frage ist: Sind die gewählten Ziele realistisch erreichbar?

Begeisternde Ziele erzeugen ein euphorisches Gefühl und man hebt ab wie ein gasgefüllter Luftballon. So ging es auch schon Petrus und Johannes auf dem Berg der Verklärung. Dort war es so schön, dass sie bleiben und Hütten bauen wollten. Das wäre aber ein gewaltiger Rückschritt! Wir würden das Ziel nie erreichen, wenn wir uns hier auf diesem Gipfel niederlassen würden. Es gäbe keine Veränderung – außer in unserer Fantasie, und keine Erfolge. Unsere Gemeinden würden so bleiben wie sie sind, es gäbe nur ein paar Spinner mehr, über die man den Kopf schütteln kann.

„Was nicht zur Tat wird, hat keinen Wert", ermahnte Gustav Werner im 19. Jahrhundert und erweckte dadurch eine ungeheure Bereitschaft an Einsatz für die Ärmsten und Benachteiligten. Wir bleiben gern bei unseren Träumen und Vorstellungen hängen und sind schwerfällig in der Umsetzung. Mit dem Mund und den hochfliegenden Gedanken sind wir großartig, aber im Tun sind wir schwach.

Deshalb: Wir können nicht ewig auf dem Berg des Weitblicks bleiben. Wir müssen hinunter ins Tal. Wir müssen Schritte finden und entwickeln, wie wir unsere Ziele erreichen können. Wir müssen Pläne schmieden, wie wir die Markierungen erreichen, die wir uns so kühn gesteckt haben.

Also los, packt eure Sachen zusammen! Wir gehen weiter. Weiter unten auf halber Höhe am Berg kenne ich ein gemütliches Rasthaus. Dort können wir uns niederlassen, um miteinander konkret zu überlegen, was zu tun ist. Das ist der nächste Schritt, dorthin müssen wir heute noch kommen. Los geht's – keiner bleibt zurück!

12. Fort-Schritt: Planen

Zum Berg des Weitblicks mit seinem Höhepunkt, dem Entwickeln der Ziele, gehört die nächste Plattform unbedingt dazu: das Planen. Ohne genaue Planung bleibt die Veränderung unkonkret und nebulös. Die Vorhaben der Veränderung sind sonst nur im Kopf als schöne Ideen vorhanden, bleiben aber ohne Konsequenzen. Ohne Handeln bleiben Visionen wertlos. Während das Herausfinden von Visionen und Zielen einen dynamischen Prozess bedeutet, ist das Planen mühsame Arbeit. Aber wir machen uns ja gemeinsam ans Werk und dadurch kommen wir schneller voran, weil wir uns gut ergänzen.

Planen im Team

Wenn wir den Weg zu unserem Ziel in einem Team planen, kristallisieren sich bald unterschiedliche Rollen und Funktionen heraus. Jeder im Team übernimmt seinen eigenen, ganz bestimmten Teil in diesem Planungsprozess.

Da sind die Kreativen, die ganz neue Ansätze entwerfen, mit ungewöhnlichen Ideen überraschen und für unkonventionelle Vorgehensweisen eintreten. Sollte eine Stagnation eintreten und sollten alle ratlos vor unüberwindlichen Hindernissen fast schon kapitulieren wollen, finden sie bestimmt eine originelle Lösung für das Problem.

Dann gibt es die Macher. Sie sind der Motor im Planungsgeschehen. Sie wissen, wie es geht, legen Wert auf eine detailgenaue Planung, sehen die Einzelheiten und bringen einen reichen Schatz an Erfahrungen mit. Ihr Vorgehen ist methodisch und sie sind darauf aus, den kürzesten Weg zum Ziel zu finden. Sie sind die Handwerker im Planungsteam.

Der Analytiker hinterfragt die Ergebnisse, klopft sie nach ihren Mängeln und Fehlern ab und erkennt die Probleme in der Vorgehensweise. Er kann die Einzelheiten einordnen und wie ein Puzzlespiel an den richtigen Platz bringen. Er erkennt sehr früh, wenn etwas nicht optimal läuft, und warnt vor den Folgen und Konsequenzen einer Handlungsweise.

Der Praktiker im Team ist der Umsetzer. Er sieht die Menschen und die Situation. Sein Anliegen ist es, die Planungen in diese Gegebenheiten einzupassen. Er weiß, was geht und was nicht, was jetzt schon möglich ist und was sich erst morgen verwirklichen lässt. Er ist der „Realo" im Team, ihm liegt daran, dass die Pläne auch realisierbar sind und „ankommen".

Meistens arbeitet er Hand in Hand mit dem Diplomaten, der die Pläne der Öffentlichkeit „verkauft". Auf geschickte Weise vertritt er die Anliegen nach außen und es gelingt ihm, für die Vorhaben eine Lanze zu brechen und Blockaden, die ihnen entgegengesetzt werden, mit Freundlichkeit zu begegnen.

Damit die verschiedenen Planungsfunktionen und Teamrollen gut zusammen funktionieren, braucht man einen Koordinator. Seine Aufgabe ist es, für einen reibungslosen Planungsablauf zu sorgen. Er lenkt den Prozess in die richtige Richtung und achtet darauf, dass im Team die Stimmung gut ist. Jeder soll mit seinen Schwerpunkten zum Zug kommen und sich in dem gemeinsamen Prozess optimal einbringen können.

Dabei kann es in einem Planungsteam ganz schön heiß her gehen! Dem Kreativen wird vorgeworfen, dass seine Pläne nicht realistisch sind, der Macher wird als langweiliger „Pfennigfuchser" bezeichnet und der Analytiker als „Bremser" beschimpft. Auch der Praktiker bekommt sein Fett ab: Er ist der Kompromissler, der alles so lange verwässert, bis die Suppe jedem schmeckt, weil sie dann jeden Eigengeschmack verloren hat. Der Diplomat ist schuld, wenn die Öffentlichkeit sich querstellt, oder aber ihm wird Manipulation und Unehrlichkeit unterstellt. Dazwischen steht der Koordinator, der das Chaos zu organisieren versucht, das zerstrittene Team zur Ordnung ruft und zuletzt von allen als Prügelknabe herhalten muss.

Ich gebe zu, dieses Szenario ist zu schwarz-weiß gezeichnet. Aber die oben genannten Gefahren stecken in einem Planungsprozess, wenn man nicht den Wert der Unterschiedlichkeit erkennt und jedem das Recht und die Möglichkeit gibt, seinen Beitrag im Planungsgeschehen einzubringen.

Der Kreative bekommt die Chance, seine Ideen ohne Einschränkung entfalten zu dürfen. Er gibt – wie am Fließband – seine „Produktion" an den Macher weiter, der daran feilt, die Ideen verfeinert und mit praktikablen Methoden und klaren Vorgehensweisen versieht. Der Analytiker überprüft das Ganze und hat das Recht und die Pflicht, auf Fehler und Ungereimtheiten hinzuweisen. Entdeckt er Mängel, darf er die Pläne zur nochmaligen Bearbeitung an den Macher zurückgeben. Erst wenn es nichts mehr auszusetzen gibt, ist der Praktiker dran, der die Umstände kennt und nun von sich aus überprüft, was wann und wie umsetzbar ist. Der Diplomat weist darauf hin, wie die Vorhaben nach außen wirken, und hat das Recht „political correctness" einzufordern. Der Koordinator hält den Prozess im Gang und die Planungsstab-Mitglieder bei Laune. So kann die Planung in guter, ja optimaler Weise funktionieren und die Ergebnisse sprechen für sich. Sie sind ausgereift, durchdacht und anwendbar. (Wenn Sie sich jetzt dafür interessieren, welche Rolle Sie im Planungsteam haben, empfehle ich Ihnen das DISG-Team-Training. Persolog, Königsbacher Straße 21, 75196 Remchingen.)

Der Domino-Effekt

Da Ihre Planungen bezüglich der Veränderungen in der Gemeinde nicht auf der „grünen Wiese" stattfinden, ist das Umfeld, das von den Veränderungen betroffen ist, bei den Planungen im Blick zu behalten. Die Gemeinde ist ein vernetztes System: Alles hängt miteinander zusammen. Sie können nicht einen Teil aus dem Ganzen herauslösen, ohne dass es nicht auch Auswirkungen auf alle anderen Bereiche hätte. Eine Veränderung hat oft einen Domino-Effekt. Sie wird an einem Ende angestoßen und setzt sich auf der ganzen Linie fort, bis zuletzt alle Spielsteine umgefallen sind. Im Spiel ist es interessant zu beobachten, wie der „Anstoß" weiterläuft, aber ist das in der Gemeinde so beabsichtigt? Damit zu den geplanten Veränderungen keine ungeplanten und deshalb unliebsamen Auswirkungen hinzukommen, müssen Sie in der Planung das ganze Umfeld im Blick haben und die Folgen – so weit es geht – übersehen können. Ich werde deshalb im Folgenden einen Fragenkatalog aufstellen, der als Check-Liste gedacht ist, damit Sie alle Bereiche im Auge behalten können.

Vorschläge für den 12. Schritt

Checkliste für die Auswirkungen von Veränderungen

- Welche Auswirkungen haben voraussichtlich die Planungen?
- ❏ positive oder   ❏ negative?
- Sind langfristige Auswirkungen absehbar?
  - Gehen Sie alle Bereiche in Ihrer Gemeinde durch.
- Mit welchen Reaktionen müssen Sie rechnen?
  - in der Gemeinde
  - in der Öffentlichkeit
- Wie wird die Gemeindeleitung auf Ihre Pläne reagieren?
- Was könnte passieren?
  - schlimmstenfalls
  - bestenfalls
- Was bedeutet die Veränderung für Sie persönlich?
  - im Blick auf Ihre Person, Ansehen, Prestige
  - im Blick auf Ihr Geld
  - im Blick auf Ihre Familie
  - im Blick auf Ihre Zeit, Ihren Einsatz

Planungsraster für Veränderungen:
1. Was wollen Sie erreichen? Wie sieht Ihre Vision aus?
2. Welche Ziele ergeben sich aus dieser weitreichenden Perspektive?
3. Welche Schritte wollen Sie gehen? Notieren Sie sehr konkret!
4. Erstellen Sie einen genauen Zeitplan: Bis wann soll was erledigt sein?
5. Ermitteln Sie die Kosten, machen Sie eine genaue Aufstellung: Wer soll das bezahlen?
6. Überlegen sie, wer über Ihre Vorhaben informiert werden soll: Wie sieht Ihre Öffentlichkeitsarbeit aus?
7. Definieren Sie: Wann sind die Veränderungen abgeschlossen und die Umbaumaßnahmen beendet?
8. Überlegen Sie für alle Fälle: Was tun sie, wenn Schwierigkeiten auftreten? Wie reagieren sie auf Widerstände und Verzögerun-

gen? In welchen Abständen wollen Sie Ihre Planung überprüfen und gegebenenfalls anpassen?
9. Wen wollen Sie als Unterstützer gewinnen? Wer kann die Schirmherrschaft übernehmen? Brauchen Sie externe Berater oder Begleiter?
10. Spielen Sie alle Eventualitäten durch und wählen Sie einen Teilbereich als Übungsfeld. Finden Sie sich als Team zusammen, indem Sie eine unkomplizierte und lockere Zeit gemeinsam verbringen. Lernen Sie sich kennen, indem Sie einander Einblick in Ihre Lebensumstände geben.

Eine Check-Liste zur End-Kontrolle:

Bitte, kreuzen Sie in der entsprechenden Spalte an:	1	2
Sind die getroffenen Entscheidungen verträglich für die Menschen und das System Gemeinde?	ja	nein
sozialverträglich im Sinne der Gemeinschaft	ja	nein
gesundheitsverträglich für den einzelnen Menschen	ja	nein
friedensverträglich im Sinne des Evangeliums	ja	nein
zukunftsverträglich im Blick auf die nächste Generation	ja	nein
Führen die Veränderungsabsichten zu Reibungen?	nein	ja
Kommt es zu Widerstand?	nein	ja
Ist dieser Widerstand verständlich – berechtigt?	ja	nein
Geht die Veränderung zu Lasten von Menschen?	nein	ja
Gibt es Personen, die durch die Maßnahmen Nachteile haben oder ins Abseits geraten?	nein	ja
Werden Menschen verletzt (innerlich, äußerlich), gekränkt oder unzumutbar verunsichert?	nein	ja
Werden Entscheidungen getroffen, die nicht mehr rückgängig zu machen sind?	nein	ja
Passt die Veränderung insgesamt in den gesellschaftlichen Wandel?	ja	nein
Passt die Veränderung zu den Grundlagen des Evangeliums?	ja	nein
Entspricht die Veränderung dem Wesen der Kirche? (Non-profit, Mensch vor Organisation, Dienen)	ja	nein
Ergebnis:		

Zählen Sie Ihre Kreuzchen zusammen. Wenn Sie in Spalte zwei die meisten Kreuzchen gemacht haben, dann sollten Sie Ihre Pläne noch einmal überprüfen! Unter Umständen sind dann Ihre Pläne zwar gut, aber nicht menschlich – und damit auch nicht christlich.

Auf Gott hören

Beten Sie gemeinsam, gerade im Prozess des Planens sollten Sie intensiv auf Gott hören. Er soll mitreden! Sie sollten Gottes Pläne zu den Ihren machen und nicht Gott in Ihre Pläne einpassen.

Wie können Sie auf Gott hören? Nehmen Sie sich Zeit, suchen Sie die Stille, schließen Sie Ablenkungen und Irritationen aus. Bitten Sie Gott, dass er jetzt zu Ihnen redet. Erklären Sie Gott, dass Sie bereit sind, mit den Ohren eines Jüngers zu hören, der gehorsam ist (Jesaja 50,4-5). Stellen Sie sich auf die Verheißung ein, dass die Schafe Jesu die Stimme des guten Hirten hören werden (Johannes 10,27). Sie sind ein „Schaf" Gottes. Kommen Sie ganz offen und bereit in die Gegenwart Gottes. Gott wird zu Ihnen sprechen!

Wir können das Reden Gottes auf drei unterschiedliche Weisen wahrnehmen, die aber alle zusammengehören und sich gegenseitig ergänzen, so wie Gott dreifaltig und gleichzeitig eine Person ist.

Erstens: Die schöpfungsgemäße Weise, Gottes Stimme zu hören. Da Gott den Menschen zu seinem Bild geschaffen hat (1. Mose 1,27), hat er ihn auch mit einem Verstand ausgestattet, mit dem wir Gottes Wille – zumindest teilweise – begreifen und verstehen können. Deshalb gehören zum Hören auf Gott unser Verstand, unser Wissen und unsere Erfahrung dazu. Wir können prüfen und bewerten, ob etwas von Gott kommt oder nicht.

Zweitens: Die jesusgemäße Weise, Gott zu verstehen. Wenn wir auf Jesus schauen, dann sehen wir Gott. Wenn wir uns zu Jesu Füßen niederlassen und auf ihn hören, dann redet Gott zu uns. Jesus ist das lebendige Reden Gottes. Wir können Jesus kennen lernen und verstehen dabei gleichzeitig das Wesen und Handeln Gottes. Wir können uns in unseren Fragen ganz bewusst in die Gegenwart Jesu begeben und fragen: Was würde Jesus dazu sagen? Was würde Jesus an meiner Stelle tun? Anhand der Bibel können wir überprüfen, ob wir richtig gehört haben. Die Bibel und unser Hören können sich nicht widersprechen, wenn beides aus der gleichen Quelle kommt.

Drittens: Die pneumatische, vom Heiligen Geist inspirierte Weise, Gott zu verstehen. Im Hören auf Gott können uns ganz ungewöhnliche, außerordentliche und überraschende Gedanken kommen, wenn wir dafür offen sind. Hier handelt Gott durch seinen Heiligen Geist. Er schenkt uns Bilder und Eindrücke, von denen uns klar ist, dass sie nicht aus unserem eigenen Empfinden kommen, sondern vom Heiligen Geist gewirkt sind. Das sind dann Impulse und Ideen, über die wir staunen, weil sie unsere eigenen Möglichkeiten und Vorstellungen überschreiten.

Aber wie gesagt: Diese drei unterschiedlichen Weisen des Redens Gottes gehören zusammen. Wer sich nur auf eine Weise festlegt, läuft Gefahr, sich zu verhören oder nicht alles mitzubekommen, was Gott sagen möchte. Für den Planungsprozess ist entscheidend, dass wir Gottes Stimme hören, vor allem dann, wenn wir klare Entscheidungen zu treffen haben, die weitgehende Folgen nach sich ziehen.

Rückschritt 7: Halbherzig sein

Aus Ihren Plänen wird nichts, wenn sie nicht radikal genug sind. Sie bleiben dann stecken und vollbringen letztlich keine wirkliche Veränderung. Radikal bedeutet: Die nötigen Veränderungen werden in allen Konsequenzen durchdacht und die Prozesse bis zu Ende geplant. Wenn die Veränderung unumgänglich ist und letztlich der Gemeinde dient, sollte sie durchgeführt werden, auch wenn es weh tut und zunächst Nachteile für einzelne Personen und Gruppen bedeutet. Eindeutige Eingriffe, die schmerzen, aber etwas bewirken, sind besser als halbherzige Maßnahmen, die niemanden berühren, aber auch nichts bewirken und deshalb unter Umständen ein längeres Leiden verursachen. Prüfen Sie genau, ehrlich und offen, was für die Gemeinde das Beste ist. Sie müssen dabei die einzelnen Menschen sehen, das gesamte Gefüge der Gemeinde im Blick haben und Ihr Handeln vor Gott und Menschen verantworten können.

Rückschritt 8: Unkonkret sein

Ein weiterer Rückschritt geschieht, wenn Ihre Pläne nicht konkret genug sind, denn sie bleiben dann im Nebel stehen. Ihre Planungen sind eher allgemeine Willensbekundungen als klar und eindeutig nachvollziehbare Schritte. Sie sind wie die Vorhaben, die man zum Jahreswechsel fasst, aber schnell wieder vergessen werden. Da die Pläne nicht konkret sind, sind sie auch nicht überprüfbar. Sie wissen nicht, wo Sie im Blick auf Ihr Ziel stehen: Sind Sie gut weitergekommen oder hat sich noch wenig getan? Nur wenn Sie einen klaren Weg mit konkret nachvollziehbaren Schritten vor sich haben, können Sie ihn mit anderen auch gehen.

Rückschritt 9: Jeder für sich

Zu massiven Rückschlägen kommt es außerdem, wenn die Pläne nicht gemeinsam gefasst werden. Sie sind sich zwar einig im Blick auf das Ziel, das Sie erreichen wollten, aber jeder hat ein anderes Verständnis von dem Weg, der dorthin führt. Die Folge ist, dass sich jeder allein aufmacht und seinen Weg geht. Die Veränderung ist dann nichts Gemeinsames mehr, das eine angestrebte Ziel löst sich in viele einzelne Partikularinteressen auf. Diese Situation finden wir heute in vielen Gemeinden. Man ist sich zwar einig, dass der Umbau unserer Gemeinden unbedingt nötig ist, aber man ist sich uneins, wie das geschehen soll. Deshalb versucht es jeder auf seine Weise und dadurch bewegt sich nichts – oder nur geringfügig. Wir sollten uns dem mühsamen, aber sinnvollen Prozess des gemeinsamen Planens stellen, damit die notwendigen Veränderungen gemeinsam erreicht werden. Vielfach sind wir in unseren Gemeinden einen solchen Meinungsbildungsprozess nicht gewohnt. Es lohnt sich aber – vor allem, wenn wir das Hören auf Gott mit einbeziehen, weil wir dadurch als mündige Gemeinde wachsen – eben „mündig", sprachfähig, werden.

4. Wegstrecke: Das Tal der Trauer

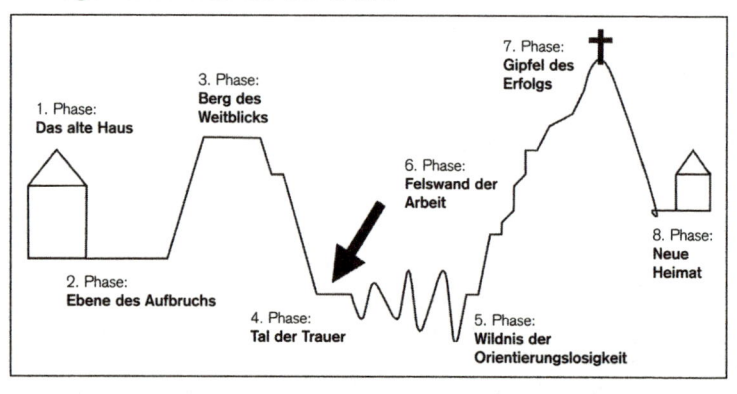

Der Planungsprozess endet damit, dass klare Ent-Scheidungen getroffen werden – und Scheiden tut bekanntlich weh. Entscheidungen bedeuten, dass man für etwas ist, dass aber auch Dinge ausgeschlossen und zurückgelassen werden. Entscheidungen bringen Trennungen und Abschied mit sich. Man geht in die neue Zukunft und lässt Schritt für Schritt Altes hinter sich. Das geht nicht ohne Schmerz und Trauer. Das Alte war ja schließlich nicht nur negativ. Es hat uns eine Zeit lang genährt und beheimatet. Wir haben dort Erfahrungen gesammelt, sind gereift und gewachsen, nun aber lassen wir diese Zeit zurück.

Vom Gipfel des Weitblicks sind wir unvermittelt ins tiefe Tal der Trauer geraten. Wir sitzen „im Loch", der Tiefpunkt des Veränderungsweges ist erreicht. Das Alte liegt hinter uns und das Neue ist nicht mehr oder noch nicht zu sehen. Wir haben zwar unsere Pläne in der Tasche und wissen, wo wir hinwollen, aber wir fühlen uns im Augenblick trotzdem leer und einsam.

Zweifel kommen auf: Hat es sich gelohnt, dass wir aufgebrochen sind? War es richtig, dass wir das Alte hinter uns gelassen haben?

Wir sehnen uns vielleicht wie das Volk Israel zurück zu den Fleischtöpfen Ägyptens. Im Tal der Trauer bekommt das Vergangene einen verklärenden Glanz, auch das Schlechte erscheint in einem positiven Licht. Was hinter uns liegt, ist auf einmal nur noch gut. Wir stehen betroffen da und fragen uns allen Ernstes, ob wir nicht lieber zurückkehren und alle Veränderungspläne zur Makulatur erklären sollen.

Diese Tiefpunkte gehören zum Weg der Veränderung. Die Zweifel sind wichtig, um uns zu festigen und abzusichern. In dieser Situation wird das bisher Erworbene überprüft und getestet, wie stark unser Veränderungswille ist. In diesen Phasen der Trauer und der Zweifel klärt sich unsere Motivation und festigt sich das Ziel unseres Weges. Ohne die Täler wären wir Maschinen, die einmal programmiert ihr Ziel ohne weiteres erreichen. Wir merken stattdessen, dass wir Menschen sind und starke Gefühle mitspielen. Wir leben – und das bedeutet eben ein Auf und Ab, Höhen und Tiefen.

13. Fort-Schritt: Abschied nehmen

Das Loslassen gehört zum Leben dazu. Machen wir uns klar: Mit jedem Schritt, den wir vorangehen, lassen wir etwas zurück. Bei größeren Schritten, wie zum Beispiel beim Antritt einer Reise, tun wir das ganz bewusst, aber auch hier auf unserem Veränderungsweg vollziehen sich vielfältige Abschiede.

Fragen Sie sich:
- Was lasse ich zurück?
- Was gebe ich auf?
- Von was (oder wem) wende ich mich ab?

Legen Sie das Alte, das Sie zurücklassen, in die Hand Gottes. Danken Sie Gott für diese Zeit, für alles Schöne und Wertvolle, was Sie bisher empfangen haben. „Verteufeln" Sie das Alte nicht! Überlegen Sie sich, was Sie aus dieser Zeit mitnehmen. Was bleibt Ihnen erhalten, wenn Sie das Vergangene zurücklassen? Nicht alles verändert sich.

Es bleiben:
- Beziehungen, die gewachsen sind.
- die Gemeinschaft in der Gemeinde.
- Wir treffen uns weiterhin zum Gottesdienst oder anderen Veranstaltungen.
- Es gibt nach wie vor Gelegenheiten und Räume, wo wir uns begegnen können und wo uns das, was beständig bleibt, Sicherheit und Halt in den kommenden Zeiten der Orientierungslosigkeit gibt.

So wie ein Kind den heißgeliebten Teddybär mit ins Krankenhaus nimmt und ihn sogar im Operationssaal als Erinnerung festhält und, mehr noch, als ein Teil des Zuhauses, das ihm in der beängstigenden Situation die nötige Sicherheit gibt, ist es gerade jetzt, wenn sich die Umstände verändern und bedrohlich erscheinen, wichtig, dass man etwas in der Hand hat, was einen an frühere Zeiten der Geborgenheit erinnert.

Genau dann, wenn es Ihnen schwer fällt, Abschied zu nehmen und Altes zurückzulassen, ist es eine gute Übung, sich zu verdeutlichen, was bleibt, und die Chance des Abschieds zu erkennen. Schauen Sie auf die langfristigen Vorteile, die dieser Abschied bringt. Auch wenn er jetzt im Augenblick schmerzlich ist. Sehen Sie den Gewinn, der in diesem Zurücklassen liegt – das hilft Ihnen, die schmerzvollen Augenblicke zu überwinden. Das Alte stirbt, damit Raum für Neues entsteht, und gleichzeitig ist das Alte der humusreiche Boden, auf dem das Neue wachsen kann. „Wenn das Weizenkorn nicht in die Erde fällt und erstirbt, bleibt es allein; wenn es aber erstirbt, bringt es viel Frucht" (Johannes 12,24).

Vorschlag zum 13. Schritt

Wir geben auf der einen Seite auf und lassen zurück und auf der anderen Seite halten wir fest.

Wir lassen zurück:	**Wir nehmen mit:**
umfassende Sicherheit	innere Sicherheit
Geborgenheit	Erfahrungen
Strukturen, die uns Schutz gaben	Beziehungen
festgelegte Regeln	eigene Werte
Bequemlichkeit	Mut und Entschlossenheit
Distanziertheit	Souveränität
klare Abläufe	Kenntnis von Prozessen
...	...

Bitte führen Sie diese Liste weiter: Was lassen Sie zurück und was nehmen Sie mit?

Rückschritt 10: Sich gegen das Alte stellen

Erliegen Sie nicht der Gefahr, das Alte zu verteufeln. Wenn Sie kein gutes Haar mehr an Ihrer Vergangenheit lassen und alles über Bord werfen, löschen Sie damit auch einen Teil Ihres eigenen Lebens aus. Das wäre schade!

Wenn Sie von nun an nur noch verächtlich und abwertend von früheren Beziehungen, von Ihrer „alten Gemeinde" und negativ über die Menschen denken und reden, die Sie zurücklassen, dann schneiden Sie sich selbst von Ihrer Vergangenheit ab. Sie sind dann plötzlich ganz allein. Wer seine Vergangenheit auslöscht, hat keine Zukunft. Wer seine Vergangenheit negativ schwarz malt, erblickt auch nach vorne vor allem Finsternis. Wer nur die Fehler und Unmöglichkeiten des Gestern sieht, steht in der Gefahr, dass sich das Alte wiederholt.

Wir stehen auf dem Boden unserer Vergangenheit und wir kommen nur weiter, wenn wir diesen Boden kennen, bearbeiten und als Grundlage und Basis für unseren weiteren Weg nehmen. Momente des Abschiednehmens sind kostbare Augenblicke, in denen Vergangenheit und Zukunft gegenwärtig sind.

Aus der Gemeindeberatung

Wenn ich zu einer Konfliktklärung in eine Gemeinde eingeladen werde, dann frage ich mich oft, warum sich viele Fehler immer wiederholen. Die gleichen negativen Vorgänge spielen sich oft nach dem gleichen Muster ab. Wenn ich dieser Frage nachgehe, stoße ich darauf, dass aus Fehlern nicht gelernt wird. Man macht sich keine Gedanken darüber, warum etwas schlecht gelaufen ist, und zieht keine Schlüsse für die Zukunft daraus.

Gemeindegruppen, die sich im Streit von ihrer Muttergemeinde trennen, um eine neue Gemeinde zu gründen, haben meist in der ersten Zeit der Gründungsphase gar keine Zeit und keine Kraft, das Vergangene aufzuarbeiten. Es bleibt unbewältigt stehen und man darf sich dann nicht wundern, wenn sich in kurzer Zeit die Vorgänge wiederholen, die zur Trennung geführt haben, und wieder eine Trennung ins Haus steht.

So, wie wir uns oft viel zu wenig nach der Zukunft ausstrecken und uns auf Kommendes vorbereiten, so wenig leben wir in guter Weise mit unserer Vergangenheit, indem wir aus unserer Geschichte und unseren Fehlern lernen.

14. Fort-Schritt: Trauern zulassen

Der Trauerprozess gehört zum Veränderungsprozess dazu, so wie auch Veränderung mit Sterben und Abschiednehmen zu tun hat. Die Psychotherapeutin Verena Kast spricht davon, dass Sterben in unendlich vielfältigen Formen erlebt wird und „dass immer dann, wenn ein Verlust uns betrifft, wenn wir uns von etwas trennen müssen, das Trauern notwendig ist" (in: Verena Kast, Trauern, Stuttgart, 1982, S. 141). Im Prozess der Veränderungen setzen wir uns mit dem Sterben auseinander. „Der Tod ragt in Gestalt der ständigen Veränderungen in unser Leben herein. Leben angesichts des Todes muss ‚abschiedlich' gelebt werden; wir müssen immer bereit sein, Abschied zu nehmen, uns zu verändern, und immer auch bereit sein, unsere Geschichte als Geschichte von unendlich vielen Veränderungen in uns aufleuchten zu lassen, als die Ausfaltung unserer Identität" (ebd., S. 154). Hier bekommt die Veränderung eine große Tiefe. Veränderungen gehören zur Entfaltung und Entwicklung unseres Lebens. Unsere ganze Existenz bedeutet eine ständige Verwandlung, ein stetiges Wachstum.

Die Trauer ist dabei die Wachstumskraft, die die Prozesse des Sterbens für uns fruchtbar macht. In der Trauerarbeit bricht das Neue auf. Deshalb brauchen wir dieser Phase auf dem Weg der Veränderung nicht auszuweichen, sondern können uns ihr mit allen Facetten stellen.

Die Sterbeforscherin Elisabeth Kübler-Ross hat fünf Abschnitte der Trauer festgestellt und gezeigt, dass Trauer und Wut zusammengehören, dass die Erinnerung und Verklärung des Gewesenen genauso ein Teil ist wie das verzweifelte Feilschen, die Resignation und das Ausweichen, bis es dann letztlich gelingt loszulassen. Die Trauerarbeit ist ein Prozess, der in fünf Schritten verläuft und Zeit braucht.

Erstens: Verleugnung. Man hält den Abschied für unwirklich und vermutet, dass es nur ein böser Traum ist. Man will sich nicht mit dem Abschied beschäftigen und denkt, dass es immer so bleiben wird, wie es war. Man blendet den Schmerz einfach aus und tut so, als sei er gar nicht da.

Zweitens: Handeln. Je mehr man sich über den Verlust klar wird, desto mehr beginnt man zu handeln. Man stellt Bedingungen: „Wenn ich das jetzt loslasse, dann möchte ich aber dafür ..." Man ist bereit zu einem partiellen Nachgeben und bietet Gegenwerte an, damit das Endgültige nicht eintreten muss.

Drittens: Ärger, Wut, Zorn. Man lehnt sich gegen das Schicksal auf, das zum Abschied zwingt. Man fragt sich zähneknirschend: „Warum muss ich das hergeben?" Man sucht nach Verantwortlichen für diese Situation oder ärgert sich über sich selbst: „Jetzt habe ich umsonst so viel investiert. Warum habe ich das überhaupt angefangen, wenn ich es jetzt doch aufhören muss?"

Viertens: Depression. Man resigniert, zieht sich zurück, nimmt den Verlust fatalistisch hin und verliert sich in das Meer des Leids über den Verlust. Man will es möglichst schnell hinter sich bringen, zuckt die Schultern und sagt sich selbst: „Es musste wohl so sein." Oder man weicht aus, lässt sich gehen, lenkt sich ab, verliert sich in Erinnerungen.

Fünftens: Annahme. Man stellt sich dem Verlust und nimmt ihn an. Der Abschied wird bejaht. Man akzeptiert das Gefühl der Trauer und lässt es zu: „Was ich verloren habe, ist vorbei, ich lasse es bewusst hinter mir und sehe dafür das, was ich gewonnen habe." Damit ist der Prozess der Trauer abgeschlossen und kann beendet werden. Trauer muss kein ständiges Gefühl sein, das das Leben schwer macht und nach unten zieht. Wenn Sie die Trauer beenden, steht das Neue schon bereit, ja es hat bereits begonnen. Sie können es entdecken und ergreifen.

Vorschlag für den 14. Schritt

Ich greife eine Idee von Charles M. Olson auf (in: Transforming Church Boards, Alban Institute, 1995, S. 178) und mache folgenden Vorschlag für Abschiedssituationen in einer Gemeinde: Im Gemeindehaus werden fünf Räume so eingerichtet, dass Sie den Trauerphasen entsprechen. Die Gruppe unternimmt nun einen gemeinsamen Weg durch diese Räume. In jedem lässt sie sich Zeit, um den Gefühlen in der jeweiligen Phase nachzugehen und sie auszudrücken. Die Gefühle werden einander mitgeteilt, kreativ oder szenisch ausgedrückt und auch in Gebeten und Liedern zu Gott gebracht.

Zum Beispiel kann im Raum „Verleugnung" die Geschichte von der Verleugnung des Petrus vorgelesen werden, als Erinnerung, dass wir wahr sein und uns zu uns selbst stellen sollen. Im Raum „Verhandeln" kann eine große Waage unser Bemühen um Ausgleich symbolisieren. Was legen wir – symbolisch – in die Waagschale, damit sie sich zu unseren Gunsten neigt? Im Raum „Ärger und Wut" können wir Bilder unserer Auflehnung malen oder mit Ton etwas formen, das wir dann wieder zerstören. Im Raum „Depression" sind die Fenster verhängt und eine Kerze brennt, ruhige Musik führt uns zu uns selbst. Wir singen Lieder und bringen unseren Schmerz zu Gott. Hier heißt es aushalten, bis unsere Seele statt und ruhig geworden ist. Dann können wir in den nächsten Raum gehen und das Abendmahl miteinander feiern und dabei die Worte der Hingabe Jesu hören: „... nicht wie ich will, sondern wie du willst" (Matthäus 26,39) und sprechen dann im Vaterunser ganz bewusst: „Dein Wille geschehe."

Rückschritt 11: Trauer verweigern

Wer das Trauern umgehen möchte und denkt, er kann es überspielen und so weitermachen, als würde ihm das Abschiednehmen nichts ausmachen, steht in der Gefahr, den Kontakt zu sich selbst zu verlieren und dadurch in seinem Wollen und Voraneilen maßlos zu werden. Er überspannt den Bogen und muss sich nicht wundern, wenn eines Tages die Kräfte ausgehen. Er gleicht jemandem, der voranstolpert und gar nicht merkt, dass er mit einem riesigen Gummiseil am Ausgangspunkt festgeknotet ist. Je stärker sich das Seil spannt, desto mühsamer wird das Vorankommen und irgendwann zieht es ihn mit einem gewaltigen Ruck zurück. Deshalb sind in Veränderungsprozessen Ruhezeiten nötig, in denen sich alle Beteiligten umschauen und trauern können. Jeder darf das auf seine Weise und in seinem Tempo tun.

5. Wegstrecke: Die Wildnis der Orientierungslosigkeit

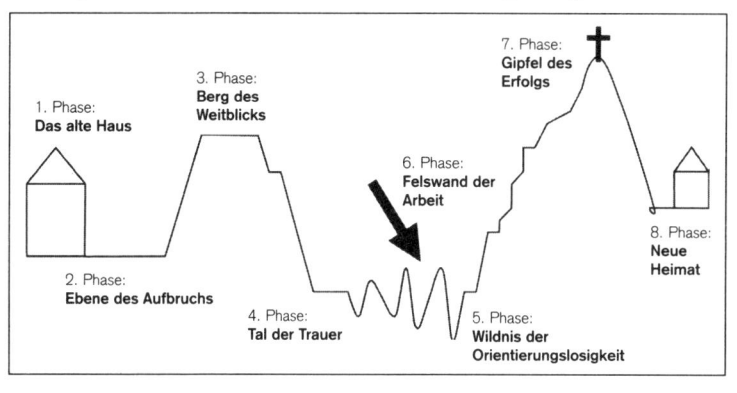

Diagramm der Phasen:
- 1. Phase: Das alte Haus
- 2. Phase: Ebene des Aufbruchs
- 3. Phase: Berg des Weitblicks
- 4. Phase: Tal der Trauer
- 5. Phase: Wildnis der Orientierungslosigkeit
- 6. Phase: Felswand der Arbeit
- 7. Phase: Gipfel des Erfolgs
- 8. Phase: Neue Heimat

Wir befinden uns auf unserer Wanderung zu neuen Zielen immer noch in den Niederungen des Veränderungsprozesses. Durch unsere Trauer über den Abschied vom Alten haben wir uns intensiv mit der Vergangenheit beschäftigt. Dadurch haben wir unser Ziel aus den Augen verloren und uns in der Wildnis der Orientierungslosigkeit verrannt. Wir wissen nicht mehr, wo wir uns befinden, wir sind vom Weg abgekommen und irren im dichten Unterholz eines verwilderten Waldes herum. Jeder Schritt wird zu einer mühseligen Anstrengung, vor allem deshalb, weil wir nicht wissen, ob die Richtung stimmt oder ob wir überhaupt vorankommen. Es geht auf und ab, Schluchten und Berghänge sind zu überwinden, bis wir schließlich jedes Gefühl für die Richtung verloren haben. Wir bahnen uns einen eigenen Weg durch die Wildnis, Wege gibt es schon lange keine mehr. Es kommt uns vor, als würden wir im Chaos versumpfen und würden nie wieder aus dieser ausweglosen Situation herauskommen.

Aus der Gemeindeberatung

Die Orientierungslosigkeit drückt sich in einer Gemeinde oft in wilder Hektik aus. Es wird viel unternommen, um die Situation in den Griff zu bekommen. Entscheidungen werden gefällt, die aber kurz darauf widerrufen und korrigiert werden. Planlos arbeitet die Maschinerie vieler Veranstaltungen, der Betrieb läuft, aber unkontrolliert und durcheinander. Mein Vater hat diese Phase in der Zeichnung des Veränderungsweges (siehe Seite 13) mit den Symbolen der modernen Gesellschaft ausgedrückt: Eisenbahn, Flugzeug, Schiff, Fabrik, Volksfest ... Das alles beschreibt eine Umtriebigkeit, die sich jeder Kontrolle entzieht und nach eigenen Gesetzmäßigkeiten verläuft. So ist das auch in vielen Gemeinden: Eine Sitzung jagt die andere, Veranstaltungen werden geplant und durchgeführt, Aktionen organisiert – und das alles nur, um nicht zugeben zu müssen, dass man nicht weiß, wo es lang geht. Diese eifrige Hektik dient der Ablenkung und nicht der Konzentration auf das Wesentliche.

15. Fort-Schritt: Durch das Chaos

Im Chaos der Veränderungen sind die gewohnten Ordnungen nun völlig auf der Strecke geblieben. „Das Chaos ist der Zustand zwischen zwei Ordnungen. Eine Ordnung vergeht, um dem Chaos Platz zu machen, aus dem heraus wiederum eine neue Ordnung entsteht. Chaos ist Übergang, ist Wechsel vom einen zum anderen. Jede Weiterentwicklung trägt chaotische Elemente in sich. Und der Übergang kann nur gelingen, wenn ich vor dem damit verbundenen Chaos nicht erschrecke" (Andrea Schwarz, Wenn Chaos Ordnung ist, Freiburg, 1997, S. 63).

Aber das Erschrecken ist groß: Schließlich haben wir diesen Zustand selbst herbeigeführt. Wir sind vom breiten Weg abgewichen, den alle gehen, der gut gebahnt ist, und wollten neue Wege und neues Land entdecken. Wir haben die gewohnte Tradition verlassen und uns wagemutig in die Wildnis begeben. Mit unserem Anliegen der Veränderung haben wir für so viel Unruhe in der Gemeinde gesorgt, dass nun die Wogen hochgehen. Können wir das verantworten? Werden wir es durchstehen? Doch nur Mut, wir können immerhin mit Andrea Schwarz sagen: „Die Ordnung braucht ab und an ein bisschen Chaos, um nicht in sich selbst zu erstarren, sondern beweglich zu bleiben" (ebd., S. 33).

Sich festhalten!

Wenn Sie Veränderungen wollen, kommt unausweichlich diese Phase der Unordnung. Aber es ist nur eine Durchgangsphase, es bleibt nicht so. Wir haben das, was durch die gewohnten Formen erstarrt – wie eingefroren – war, aufgetaut und nun ist alles in Bewegung, bis eine neue Form gefunden wird. Dieses Zwischenstadium ist nicht zu umgehen, also müssen wir es durchhalten.

Jetzt kommt das zum Tragen, was wir für Notfälle mitgenommen haben. Jetzt können wir uns an das halten, was noch Bestand hat.

„Wer in einem Lebensbereich in das Chaos gerät, in eine Zeit, in der Wechsel und Veränderung angesagt sind, sollte achtsam mit den ihn noch tragenden Ordnungen umgehen" (ebd., S. 35).

Wo machen wir uns fest, wenn alles um uns in Bewegung ist? Wo sind wir angeknotet? Wo ist das Netz, das uns auffängt? Wenn wir uns gegenseitig festhalten, ist das unsicher, da es jedem in der „Brückengruppe" genau gleich geht. Jeder sucht nach dem gleichen Halt und ist wackelig. Aber es ist trotzdem gut, in der Wildnis der Orientierungslosigkeit nicht allein zu sein, sondern zu wissen: Wir bestehen das Chaos gemeinsam.

Sollen wir uns festmachen an der Vergangenheit, an der Tradition? Aber davon haben wir uns ja gerade erst gelöst! Nein, das ist auch keine Möglichkeit. Wir könnten uns festmachen an Lehraussagen und dogmatischen Grundsätzen. Aber die sind starr und unbeweglich, und vor allem sind sie zu abstrakt, als dass sie uns persönlich einen Halt und Sicherheit geben. Wir brauchen eine Übersetzung dieser Formeln in unsere konkrete Situation – und hier sind wir bereits wieder am Schwimmen.

Vielleicht ist es eine Lösung, wenn wir uns an Programmen festmachen? Es gibt schon viele fertige Konzeptionen, die frei auf dem großen christlichen Markt verfügbar sind. Aber damit würden wir uns die Chance nehmen, unseren eigenen Weg zu finden. Wir würden doch wieder die ausgetretenen alten Pfade betreten und uns die eigene Entwicklung nehmen. Diese Angebote sind jedoch sehr verlockend. Gerade wenn wir selbst nicht wissen wohin und die Orientierung verloren haben, ist die Versuchung groß, schnell – ja zu schnell – sich an einem Werk, einer Institution oder einer bedeutenden Persönlichkeit festzumachen und fertige Konzepte zu übernehmen, um sicher aus dem Durcheinander zu kommen. Aber die eigenen Ziele hätten wir dabei verraten, oder?

Das Einzige, was uns bleibt, ist, dass wir uns an unsere Ziele erinnern und neu den Auftrag annehmen, der am Beginn unseres Weges stand. Wir halten uns an der Auftragsbeschreibung fest, dem Grundlagenpapier unseres Veränderungsweges. Der Auftrag der Gemeinde ist es, der zu allen Zeiten der gleiche bleibt. Die Formen ändern sich und passen sich den Umständen und der Zeit an. Der Auftrag, die Zielbestimmung der Gemeinde bleibt auch in chaotischen Zuständen bestehen. Das Chaos macht deutlich, dass es wieder einmal Zeit ist, den Auftrag, den die Gemeinde von Gott erhalten hat, aus der Schublade zu holen und anzuschauen.

Das Leitbild gibt uns ein Selbstverständnis, verhilft uns zu unserer Identität. Der Auftrag ist Gottes Berufung für uns als Gemeinde, mit ihm sind wir von Gott auf den Weg geschickt worden. Wir sind doch nicht losgelaufen, weil es unserer eigenen Abenteuerlust entsprochen hätte, oder? Es war die Vision Gottes als seine Perspektive, mit der er uns verlockte, uns auf den Weg zu machen. Die Ziele sind unsere Überlegungen und die menschlichen Schritte, um Gottes Willen umzusetzen. Sie sind veränderbar und müssen ständig den Umständen angepasst werden. Sie führen uns vom Heute ins Morgen. Da sich das Heute durch den Fluss der Zeit permanent verändert, erfordert die Zielfindung immer wieder neu eine Standortbestimmung.

Was aber ist dieser unveränderbare Auftrag der Gemeinde? Was bleibt, wenn sich alles verändert? Woran halten wir uns im Chaos? Hartmut Weyel schreibt (in: So stell ich mir Gemeinde vor, Gießen 1997, S. 66): „Zur Grundstruktur einer Gemeinde aber darf nur gehören, was dem Werden einer Gemeinde von Glaubenden dient, was ihren Aufbau und ihre Gemeinschaft fördert, was ihre Gaben entfaltet und was ihre Sendung ermöglicht. Alles andere hat sich diesem Grundverständnis von Gemeinde unterzuordnen. Von hier her erhält alles andere seine Wertigkeit oder sogar seinen Unwert. Das hält die Gemeinde offen zur ständigen Reform und Reformation. Der Geist Gottes nimmt sie hinein in diese dynamische Bewegung. Er befreit sie vom toten, rechtgläubigen Starren auf den Buchstaben, aber er bindet sie gleichzeitig an ihren Ursprung, an Jesus Christus."

Damit ist der Grund gelegt, auf dem wir stehen können, wenn alles andere in Bewegung geraten ist. Hier haben wir die sichere Grundlage, die uns hilft, durch die Zeiten des Chaos zu kommen: Jesus Christus ist der Fels, der Grundstein jeder Gemeinde. Wenn wir auf ihm stehen, sind wir sicher!

Hier ist der Maßstab, an dem wir alles andere messen können. Von ihm aus bekommen die Dinge ihre Ordnung und ihre Zuordnung. Von ihm her können wir bewerten, was wichtig ist und was nicht. Das gibt Sicherheit und kraftvolle Gelassenheit, auch wenn um uns herum alles in Bewegung ist und bedrohlich erscheint.

Das ermutigende Leitbild für dieses Geschehen ist der sinkende Petrus. Er wagt sich aufs Wasser, den haltlosen Grund. Nur im Aufsehen auf Jesus säuft er nicht ab. Orientiert er sich an den tobenden Elementen, zieht ihn die Angst in die Tiefe. Schaut er nach oben, nach vorn zu Jesus hat er eine Perspektive, die Hoffnung gibt und Zuversicht vermittelt. Das Chaos beinhaltet die großartige Chance, sich neu und fester mit Jesus zu verbünden!

Zusammenhalten!

Neben diesen Grundwerten und der unveränderbaren Grundstruktur von Gemeinde gilt: „Je turbulenter das Umfeld, desto wichtiger werden die mentalen, weichen, irrationalen Elemente" (Jean-Marcel Kobi, Management des Wandels, Stuttgart, 1996, S. 22). Das bedeutet: Je größer das Chaos der Veränderung ist, desto mehr sind wir als Menschen aufeinander angewiesen. Jetzt sind tragfähige Beziehungen nötig, wir müssen zusammenhalten, einander bestärken und ermutigen. In dieser Phase zeigt es sich, ob wir gelernt haben, aufeinander zu hören, ob wir uns wert achten und ob wir uns vertrauen können. Das Gespräch, der Austausch, spielt jetzt eine große Rolle. Aber mehr noch als in Worten zeigt sich im Miteinander, ob wir einander zutiefst verstehen, ob wir eine starke und unverbrüchliche Gemeinschaft geworden sind, ob der gemeinsame Mythos ein unzerreißbares Band zwischen uns gewoben hat. Was wir bisher an Arbeit in unsere Klärung, in die Beziehungen, in den Aufbau unserer Gemeinschaft gesteckt haben, zahlt sich nun aus. Wir merken: Keine Minute war umsonst, unser Bemühen umeinander hat sich gelohnt!

Souveräne und starke Gruppen haben inmitten einer Kirche, die ins Chaos der Veränderungen geraten ist, eine ungeheure Anziehungskraft! Aber es gibt noch wenige solcher Gruppen, die gelernt haben, eine tragfähige Gemeinschaft zu sein, die Krisen und Schwierigkeiten durchstehen können. Vielleicht haben wir uns zu sehr nach außen orientiert und auf die Veränderungen von Gemeinden gewartet, statt initiativ zu werden und anzufangen, Gemeinschaft im Kleinen zu bauen. Vielleicht hatten wir bisher eher unser eigenes, privates Wohlergehen im Blick als den Aufbau einer tragfähigen Gemeinschaft. Aber das wird sich ändern! Wenn das Chaos in unseren Gemeinden zunimmt, werden wir gezwungen sein zusammenzuwachsen. Da wird dann das „Lamm neben dem Löwen weiden" und zwei ganz unterschiedliche Menschen, die bisher nichts miteinander zu tun hatten, werden auf einmal zusammen aus „der gleichen Schüssel" essen. Der Heilige Geist hat das Wunder vollbracht, dass sich diese grundsätzlich verschiedenen und sich vielleicht sogar feindlich gesinnten Individuen zusammenfinden, damit die Gemeinde in stürmischer Zeit überleben kann.

Flexibel sein!

In dieser Zeit des Chaos wird nur überleben, wer sich flexibel den Umständen anpassen kann. Das bedeutet nicht, dass Sie nun Ihre Identität aufgeben! Es ist wie bei einem schweren Sturm: Das Bäumchen, das sich biegsam vom Wind zerzausen lässt, wird seinen Platz behalten. Der Baum aber, der fest und starr versucht, dem Sturm zu trotzen, wird vom Sturm entwurzelt. Es bringt nichts – außer einem großen Kräfteverschleiß –, sich gegen die Strömung zu stellen und im Chaos das Bisherige zu bewahren. Genauso wenig ist es richtig, sich von der Strömung mitreißen zu lassen. Aber in den Strom zu steigen und sich vom Heiligen Geist voranbringen zu lassen, ist etwas anderes. Die Bewegung mitzugestalten, auf dem Chaos zu surfen wie auf einer Welle, das gibt den richtigen Schwung nach vorn. Mit dem Sturm zu segeln, um die Kräfte, die am Werk sind, zum eigenen Antrieb auszunützen, das ist die Kunst derer, die im Chaos überleben!

Wir brauchen hier nicht ängstlich zu sein. Es darf uns Spaß machen, das Chaos zu gestalten, die Kräfte zu bändigen und zu bündeln, damit sie uns dienen und mithelfen, dass die Veränderung gelingt.

So sind Zeiten des Chaos auch Zeiten höchster Kreativität. Alle Kräfte werden mobilisiert. Da alles in Bewegung ist, sind Tür und Tor geöffnet für neue Ideen, ganz andere Auswege, und neue und pfiffige Lösungen werden für die alten Probleme gefunden und entwickelt. Weil man nicht an die gewohnten Abläufe gebunden ist, kann man Neues, Ungewohntes, noch nie Erlebtes ausprobieren.

Chaoszeiten sind die besten Gelegenheiten, um ganz neue Erfahrungen zu machen, sich von einer gänzlich unbekannten Seite zu entdecken und mit Mut und Neugier zu experimentieren. Es ist spannend, dabei in neue Bereiche vorzustoßen, sich neue „Märkte" zu erschließen, Erfindungen zu machen, kreative Problemlösungen anzubieten und dabei zu sehen: Wir leben! Wir überleben mitten im Chaos! Wir kommen durch! Wir schwimmen oben – auch wenn wir nicht Herr der Lage sind und die Dinge nicht fest im Griff haben!

Vorschläge für den 15. Schritt

In der Zeit des Chaos ist es wichtig:
- Das Chaos nicht noch künstlich „anheizen", sondern so gut es geht begrenzt halten.
- Darauf hinarbeiten, dass nicht alle Bereiche ins Chaos geraten, sondern dass es auch noch stabile Zonen gibt.

- Genau prüfen, wo Veränderung sinnvoll und richtig ist und wo nicht.
- Zuerst in einem Bereich die Veränderung abschließen, bevor sie in einem anderen begonnen wird.
- Flexible Regeln und Verfahren einführen, die schnell wieder verändert werden können. Sie müssen für die jeweilige Situation sinnvoll sein.
- Klare Aufgabenbereiche verteilen: Jeder kennt seinen Platz und weiß, was er zu tun hat.
- Aufgaben werden nur für kurze Zeiträume vergeben.
- Leitung wird als eine Übergangsleitung für eine kurze Zeit eingesetzt.
- Ziele setzen, die in überschaubaren Zeiträumen zu erreichen sind, auf diese Weise wird ersichtlich, dass es vorangeht.
- Keine Überforderung: Chaoszeiten brauchen naturgemäß einen höheren Kraftaufwand.
- Erholungszonen einrichten und auch mitten im Durcheinander Feste feiern und ausruhen.
- Den Einzelnen im Blick haben und ständig im Gespräch bleiben.
- Für einen guten Kommunikationsverlauf sorgen, damit jeder auf dem Laufenden ist.
- Immer wieder miteinander auswerten: Wo stehen wir? Was haben wir gelernt? Was haben wir erfahren?
- Sich gegenseitig ermutigen, auch ungewöhnliche Wege zu gehen.
- Eine Atmosphäre der Kreativität schaffen.
- Unnötige Aktivitäten streichen, um dadurch Zeit zur Beziehungspflege zu gewinnen.
- Miteinander nach ständigen Verbesserungen und weitergehenden Lösungen suchen.
- Keine zu schnellen Lösungen bevorzugen, sondern sich Zeit lassen.
- Sich nicht unter Druck setzten lassen, weder von Menschen noch von so genannten Sachzwängen.
- Die Zeitpläne einhalten, die ausgearbeitet wurden, um die gewünschten Ziele zu erreichen, nicht von diesen Planungen abweichen, sie höchstens den eventuell veränderten Umständen anpassen.

Chaoszeiten sind Krisenzeiten

Ich will nicht verhehlen, dass diese Zeiten des Durchgangs oder Übergangs auch Krisenzeiten sind. Sie bergen wie alle Krisen auch eine

Gefährdung. Es ist offen, wie die Geschichte ausgeht. „,Krise' bedeutet (...) immer Entscheidung zwischen negativen und positiven Möglichkeiten, und die wesentliche Frage besteht darin, wie diese Entscheidung ausfällt" (Romano Guardini, Das Ende der Neuzeit, Mainz, 1986, S. 136).

Das Alte räumt nicht so ohne weiteres das Feld. So stehen sich Neues und Altes in der Gemeinde unmittelbar gegenüber und vielleicht sogar in einem Kampf. „Die Krise stellt eine Liquidation dar. Nach dem Untergang der alten Ordnung, jenseits der kritischen Zäsur, fängt eine neue Ordnung an, die sich nicht aus der alten ableiten lässt. Die alte Ordnung muss zuvor vernichtet werden" (Otto Friedrich Bollnow, Existenzphilosophie und Pädagogik, Stuttgart, 1959, S. 30). Aber das Alte lässt diese Vernichtung nicht einfach so über sich ergehen. Es kämpft um seinen Bestand und wehrt sich gegen den Untergang.

In dieser Lage hilft es zu sehen, dass es ganz normal ist, dass sich Altes und Neues bekriegen. Das muss nicht zu einer persönlichen Auseinandersetzung werden. Aber es ist schwer, diese Konflikte auf einer Sachebene zu halten und nun nicht persönlich in den Ring zu steigen und sich gegenseitig zu verletzen oder bis zur totalen Vernichtung des Gegners zu kämpfen. Diese Auseinandersetzungen haben die starke Tendenz, dass sie nicht sachlich bleiben, sondern unter die Haut gehen und sich jeder dann seiner eigenen Haut wehrt, anstatt miteinander um eine gute Zukunft zu ringen. „In Übergangszeiten geraten alte Gleichgewichtszustände in Gefahr. Das Beharrungsvermögen des alten Gleichgewichts ist nicht ohne Grund stark. Es stehen Leitbilder auf dem Spiel, erworbene Rechte und eingespielte Beziehungen" (Günter Breitenbach, Gemeinde leiten, Stuttgart, 1994, S. 296).

Diese Kämpfe können das Ergebnis haben, dass das alte Gleichgewicht siegt, weil es tatsächlich ein stärkeres Beharrungsvermögen hat, bereits genährt durch viele Jahrhunderte, in denen es immer schon Bestand hatte. Das Alte bleibt bestehen, fest, unerschütterlich und nur etwas angeschlagen durch die Auseinandersetzungen. Vielleicht hat es sogar im Kampf gegen die Veränderung an Stärke gewonnen, weil viele – oder sogar die Mehrheit in der Gemeinde – das alte Gleichgewicht gestützt und gegen die Veränderung gekämpft haben. Wenn die Zustände so sind, nützt es nichts, zu einer beleidigten Minderheit zu werden, die verloren hat und nun fortan aus dem Hinterhalt ihren Unmut in der Gemeinde verbreitet. Entweder die unterlegenen Erneuerer ziehen sich zurück und warten in der Stille und in Deckung, bis das Neue stärker und das Alte schwächer geworden ist – und da müssen sie wahrscheinlich nicht so lange warten –, oder sie verlassen den unrühmlichen Kampfplatz und kehren den Ewiggestrigen den Rücken, um sich in einer anderen Gemeinde mit ihren Gaben und Fähigkeiten einzubringen.

Aus der Gemeindeberatung

In dieser Auseinandersetzung zwischen Altem und Neuem befinden sich gerade viele Gemeinden. In der gegenwärtigen Übergangszeit steht Altbewährtes neben neuen Formen. Während ein starker, aber kleiner werdender Teil der Gemeinde immer noch den traditionellen Gottesdienst am Sonntagmorgen bevorzugt, entstehen gleichzeitig immer mehr alternative Gottesdienstangebote mit zunehmender Resonanz. Das führt zum Konflikt: Die herkömmliche Form kommt zunehmend unter den Druck der stärker werdenden Konkurrenz und alles wehrt sich verbissen dagegen, das alte Recht aufzugeben, sich als den wahren Hauptgottesdienst der Gemeinde bezeichnen zu können. Die Befürworter der neuen Gottesdienste fühlen sich angegriffen, in ihrem starken Einsatz für die Gemeinde abgelehnt und nicht ernst genommen. Gegenseitige Verletzungen führen zu harten Kämpfen. Jede Seite will sich mit ihrem Anliegen und ihrer Position behaupten. Solche Auseinandersetzungen verschärfen aber das Chaos und führen letztlich dazu, dass die Gemeinde in zwei – oder mehr – Bereiche auseinander bricht. Dann ist das Chaos perfekt.

Gemeinden, die sich in Veränderungskrisen befinden, brauchen:

- den Schutz der Kirchenleitung
- einen Freiraum für faire Auseinandersetzungen
- einen offenen Austausch, damit die alte und die neue Position in ein sachliches Gespräch miteinander kommen können
- große Offenheit für die verschiedenen Positionen, man hört aufeinander und lässt sich stehen
- einen guten Rahmen für faire Auseinandersetzungen
- Schutzzonen, in denen man sich ohne gegenseitige Erwartungen begegnen kann, um unbefangen miteinander umzugehen
- eine starke Kommunikation nach innen, damit keine Gerüchte und Vermutungen Raum gewinnen, sondern man transparent miteinander umgeht

- eine selbstbewusste Leitung, die Freiraum gibt und Grenzen setzt
- eine Leitung, die als Moderator die verschiedenen Standpunkte zur Sprache und zum miteinander Reden bringt
- eine klare eigene Identität

Denn: Wenn eine Gemeinde in Zeiten des Wandels nicht weiß, wer sie ist, wird es kritisch, dann gerät sie leicht in Diffusion. Wer weiß, wer er ist, kann Kritik und Angriffe auf seine Person aushalten und dem begegnen. Wer sich selbst kennt, kann offen gegenüber dem ganz anderen und gegenüber Veränderungen sein.

Rückschritt 12: Sich selbst verlieren

Damit ist nun auch schon die Gefahr angesprochen, die an diesem Punkt des Veränderungsweges zu einem Rückschritt führt: sich selbst zu verlieren. Wer in Zeiten des Chaos in einen Zustand der Diffusion gerät, verliert schnell alles. Wer seine eigene Identität verliert, geht verloren. Er hat sich selbst nicht mehr in der Hand und spürt die Mächte des Durcheinanders umso mehr. Er hat den Eindruck, dass er ihnen wehrlos ausgesetzt ist, ja dass nun das Chaos nicht nur um ihn herum tobt, sondern auch in ihm. Er reagiert wütend und panisch, schlägt vielleicht wild um sich – im übertragenen Sinne –, weil er sich von allen Seiten angegriffen fühlt. Die kleinste Kleinigkeit kann für ihn zu einer Bedrohung werden. Er ist wie ein Ertrinkender, der nach einem Halt sucht. Dieser Mensch muss so schnell wie möglich aus der Krisenzone einer sich verändernden Gemeinde herausgebracht werden und Ruhe und Sicherheit an einem geschützten Ort erfahren, damit er wieder zu sich selbst finden kann.

Noch schwieriger ist es natürlich, wenn die ganze Gemeinde in dieser chaotischen Zeit panisch reagiert und das Gefühl der Bedrohung und der Gefahr sie komplett durchzieht. Dann müssen alle umkehren und zurückgehen. Hierin hat sie ein prominentes Vorbild. Dem Volk Israel ging es an den Toren zum neuen Land genauso. Bedrohung und Gefahr erschienen unermesslich und die eigenen Kräfte, diese Situation zu bewältigen, nicht ausreichend zu sein. In dieser Lage reagierten sie nur abwehrend, verzweifelt und mutlos. Sie waren nicht bereit für das Neue. Gott führte sie deshalb zurück in die Wüste, damit sie dort neu – oder überhaupt? – zu ihrer Identität als Volk Gottes (zurück-)finden konnten (4. Mose 13 und 14).

Nur starke Gemeinden, die ihr Selbstverständnis als Gemeinde kennen, die wissen, warum sie Gemeinde sind, und die ihre Identität als christliche Gemeinde gefunden haben, können in Krisen der Veränderung durchhalten.

Sie wissen:
- Wir sind die Braut Jesu! (Offenbarung 19,7-8)
- Wir sind ein Werk Gottes! (1. Petrus 2,5; 1. Korinther 3,16-17)
- Wir stehen auf dem Fels Jesus Christus! (Lukas 6,48)
- Wir leben aus der Kraft des Heiligen Geistes! (Apostelgeschichte 1,8)
- Jesus ist unser Haupt! (Epheser 1,22)
- Wir sind Gottes Volk und Gottes Priester! (1. Petrus 2,9)

Rückschritt 13: Schnelle Lösungen

Diese Gefahr habe ich bereits angedeutet. Es ist sehr verführerisch, im Durcheinander nach schnellen Lösungen zu greifen, um wieder Ausgeglichenheit zu finden. Damit weicht man aber der eigentlichen und notwendigen Auseinandersetzung aus. Man greift zu vorgefertigten Konzepten, die im Augenblick die richtigen zu sein scheinen. Aber wenn sie nur Ersatzlösungen sind, werden sie die Situation nicht wirklich verändern, sondern höchstens beruhigen. Die Gemeinde – und vor allem die, die Veränderung wollten – bleiben unzufrieden. Auf das Alte wird schnell eine neue Mütze gesetzt, aber man merkt bald, dass diese Mütze nicht passt, entweder ist sie zu kein oder zu groß – und vor allem: Was sich darunter befindet, ist noch dasselbe wie vorher. Dann zeigt sich, dass das eigentliche Chaos nicht bewältigt, sondern nur zugedeckt wurde. Damit die Krise aber nicht wieder ausbrechen kann, sucht man die nächstbeste Lösung. So werden in laufender Folge alle verschiedenen Möglichkeiten der Krisenintervention, die gerade auf dem Markt sind, ausprobiert. Sie bewirken eine Zeit lang eine Beruhigung, hinterlassen aber doch eine zunehmende Frustration, weil man den Eindruck hat: „Das funktioniert doch alles nicht!" Klar, es hat sich ja nichts Grundsätzliches geändert, man hat nur an den Symptomen herumlaboriert, kosmetisch die Oberfläche poliert. Letztendlich ist man doch wieder auf sich zurückgeworfen, bleibt ratlos auf der Strecke und hat das Gefühl, dass Gemeinde heute einfach nicht mehr funktioniert. Weil alle Modelle versagten, wird die Gemeinde grundsätzlich in Frage gestellt. Müde, frustrierte Gemeindemitglieder sind das Ergebnis, die sich mehr und mehr aus dem aktiven Gemeindeleben in ihr Privatleben zurückziehen.

Es gibt keinen anderen Weg: Wir müssen als Gemeinde durch diese Wildnis hindurch. Jede muss sich selbst ihren Weg durch das Chaos bahnen. Das bedeutet Arbeit!

6. Wegstrecke: Die Felswand der Arbeit

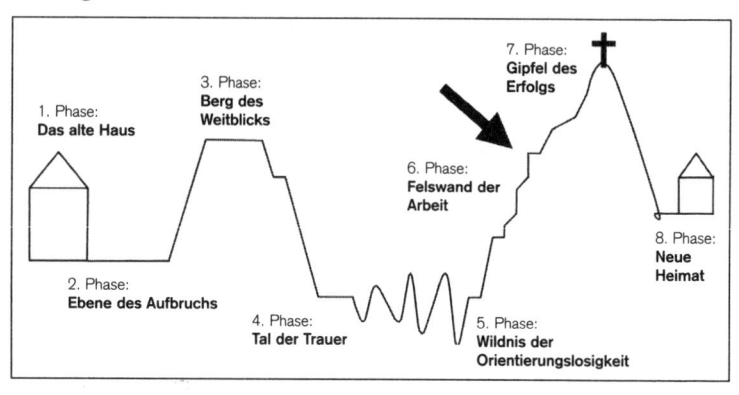

Diagramm: Wegstrecken mit 1. Phase: Das alte Haus, 2. Phase: Ebene des Aufbruchs, 3. Phase: Berg des Weitblicks, 4. Phase: Tal der Trauer, 5. Phase: Wildnis der Orientierungslosigkeit, 6. Phase: Felswand der Arbeit, 7. Phase: Gipfel des Erfolgs, 8. Phase: Neue Heimat.

Langsam lichtet sich die Wildnis und wir bekommen auf unserem Weg der Veränderung wieder festen Boden unter die Füße. Wir haben es geschafft und sind lebend – wenn auch angeschlagen – durch das Chaos gekommen. Das Schlimmste ist überstanden, wir sehen wieder klarer und können uns neu auf unser Ziel hin orientieren. Hinter uns liegt das unwegsame Gelände, die Verzweiflung und der Sumpf der Hoffnungslosigkeit. Damit ist der „point of no return" erreicht. Wir wollen und können nicht mehr zurück! Wir haben uns durch das Durcheinander gekämpft, um das Neue zu erreichen. Nun sind wir, nachdem wir diese anstrengende Phase mit Mühe überstanden haben, nicht mehr bereit, an eine Umkehr zu denken. Wir wollen nur noch voran, das Ziel liegt in greifbarer Nähe!

Aber da stoßen wir auf eine steile Felswand: die Felswand der Arbeit. Fast unüberwindlich ragen die Felsen vor uns auf, nur ein kleiner Pfad zieht sich über die Abgründe empor in die weite Höhe, zu Gipfeln, die noch in den Wolken verborgen sind. Das bedeutet ein weiteres Stück Anstrengung, aber nachdem wir uns durch die Tiefe gekämpft haben, sind wir stark genug geworden, um auch den Weg in die Höhe zu bewältigen. Wir sind uns durch alle bisherigen Erfahrungen unserer Kräfte und Schwächen bewusst. Wir wissen, was wir leisten können. Wir sind guten Mutes, dass wir auch diese nächste Wegstrecke bewältigen werden und dass uns die Arbeit, die vor uns liegt, nicht überfordern wird.

Veränderung als Verhaltensstil

Wir haben es uns schon deutlich gemacht, dass Veränderungen zu unserem Leben dazu gehören. Wir wachsen und entwickeln uns, deshalb verändern wir uns auch. Niemand bleibt, wie er ist, und besonders Krisenzeiten sind Wachstumszeiten. Das können wir gut an unseren Kindern beobachten. Im Lauf ihrer Entwicklung geraten sie immer wieder in Wachstumskrisen, in denen das bisher erworbene Wissen, die Fähigkeiten und Kenntnisse überprüft werden, damit sie in die eigene Persönlichkeit integriert werden können. So angeeignet, wird es zu einem festen Bestandteil der eigenen Individualität und kann nun als Kapital beim nächsten Schritt sinnvoll eingesetzt werden. Es wird investiert, damit es sich vermehrt.

Jede gesunde Persönlichkeit hat gelernt, mit Veränderungen umzugehen und das Neue und Alte in sich zu einer aufbauenden Mischung zu verbinden. Carl Rogers, der Begründer der Individualpsychologie, sieht in der Fähigkeit zur Veränderung ein wichtiges Erziehungsziel: „Das Einzige, was in unserer modernen Welt als Ziel der Erziehung überhaupt einen Sinn haben kann, ist die Fähigkeit zur Veränderung und dabei mehr dem Prozess als dem statischen Wissen zu vertrauen" (zitiert nach Jean-Marcel Kobi, Management des Wandels, Stuttgart, 1996, S. 20).

Das Ziel ist also, das gewonnene Vertrauen ständig in neuen Prozessen einzusetzen, um weitere Erfahrungen zu machen, die wieder zu einer Bereicherung führen. Veränderungserfahrungen schaffen neues Selbstvertrauen und geben Mut für kommende Herausforderungen. Die Lebenserfahrung wächst.

Wenn wir nun vor der Steilwand der Arbeit stehen, stellen wir fest, was wir schon geschafft haben und welche Schwierigkeiten wir bereits mit Erfolg überstanden haben. Wir machen uns klar, dass dieser Weg über die Felsen, dass diese Arbeit der Veränderung ein wichtiger und unverzichtbarer Teil unserer Existenz ist, ja, dass diese Tätigkeit unser Leben ausmacht und prägt, auf diese Weise vollzieht sich unser Lebenslauf! Was wir nun vor uns haben, ist kein einmaliger Ausflug, keine exotische, besondere Unternehmung, sondern das ist Schritt um Schritt der Ausdruck unserer Lebensenergie, die sich in den Veränderungsprozessen äußert. Wenn wir denken, dass es sich bei dem Aufstieg nur um ein besonderes Abenteuer handelt, könnten wir ihn auch verweigern, uns bequemeren Wegen zuwenden und sagen: „Ich bin doch nicht blöd, dass ich diese Arbeit auf mich nehme."

Aber keine Sorge: Diese Frage, ob wir nun hinaufklettern sollen oder nicht, stellt sich meistens in dieser Art nicht. Es ist unsere ureigenste Lebensenergie, die wir auch als Lebensmut bezeichnen, die uns ohne Zögern losmarschieren lässt. Wir wollen vorankommen, wir wollen unsere Ziele erreichen, wir brauchen die Herausforderungen und sind bestrebt, sie zu überwinden. Mit diesem Lebensmut hat uns Gott serienmäßig ausgerüstet, und er hat noch eine gehörige Portion Urvertrauen dazu geschenkt, damit wir optimistisch und siegesgewiss an Herausforderungen herangehen können.

Vorangehen und nicht stehen bleiben

Unsere Ausrüstung ist also komplett: Wir können den Aufstieg schaffen. Wir haben alles dabei, was wir brauchen, um auch kritische Wegstrecken zu überwinden. Wir sind stark genug, um die Schwerkraft, die uns unten halten möchte, zu überwinden, und wir haben auch den starken Willen, unsere Kräfte einzusetzen, um zum Ziel zu gelangen.

Veränderungen, Wachstum und Vorankommen-Wollen gehören zum Wesen des Menschen dazu. Ungesund wäre es, wenn die herunterziehende Schwerkraft die positiven Lebensenergien überwiegen würde. Leider erleben wir genau das in unseren Gemeinden! Das Bleiben, das Beharren, das Sich-Niederlassen und die Unbeweglichkeit prägen zu einem großen Maß dort die Lebensvollzüge. Meist bestimmen nicht die Freude über eine bevorstehende Herausforderung und der Wagemut der Abenteurer die Atmosphäre. Man befindet sich am Fuß der Steilwand der Arbeit und verweigert den Aufstieg. Man richtet sich gern dort unten ein. Man sitzt und beharrt – und tatsächlich sind Sitzungen ein überwiegender Ausdruck des Gemeindelebens. Wir sitzen uns zu Tode, statt loszugehen. Das ist keine gesunde Haltung, das entspricht nicht den Plänen Gottes, der uns alle mit einer gesunden Abenteuerlust ausgestattet hat.

Nicht verwalten, sondern gestalten ist die Aufgabe der Gemeinde. Nicht im Alten beharren, sondern immer wieder ins Leben hinein aufbrechen gehört zu ihrem Wesen! Jesus macht das deutlich: „Was sucht ihr den Lebenden bei den Toten?", werden die Frauen am Grab Jesu gefragt (Lukas 24,5). Öfter als die Aufforderung zum Bleiben verlangt Jesus von seinen Jüngern, dass sie gehen. „Hingehen" ist das entscheidende Wesensmerkmal einer Gemeinde, die mit einem Auftrag in die Welt hinein gesandt ist. Dafür wurde sie mit dem Heiligen Geist ausgerüstet – nicht zur eigenen frommen Erbauung am Fuß der Steilwand. Die Gemeinde hat also alles, was sie braucht, um die Herausforderungen und Schwierigkeiten bewältigen zu können.

Wir sehen: So wie Veränderungen zum Leben jedes Menschen gehören und so wie jeder Mensch von Natur aus mit allem ausgestattet wurde, um Veränderungen bestehen zu können, so gehören Veränderungen zum Wesen der Gemeinde.

Der Mut und die Zuversicht des Einzelnen, der sagt: „Auf, los, wir schaffen es!", wirken sich auf die Gruppe derer aus, die sich zusammengefunden hat, um den Auftrag Jesu auszuführen. So kamen die Kundschafter nach ihrer Expedition zum Volk Israel mit ganz gegensätzlichen Meldungen zurück. Während die einen, die Mehrzahl, nur die Hindernisse sahen, versuchten Josua und Kaleb Mut zu machen, dass sie die Eroberung des neuen Landes im Vertrauen auf Gottes Verheißungen schon schaffen werden (4. Mose 13,30 und 4. Mose 14,5-9).

Genauso sollen sich die Erfahrungen, die die „Brückengruppe" als „Spurgruppe" oder Pioniertrupp macht, die Sicherheit, die sie gewinnt, umsetzen in Vertrauen der ganzen Gemeinde: „Wir schaffen es miteinander! Wir gehen alle los!" Niemand bleibt aus Angst, dass er es nicht schaffen wird, zurück. Denn wir stehen einander bei, wenn es schwierig wird.

So wirkt sich der Glaube des Einzelnen auf die Gemeinde aus. Wie der Einzelne wächst und sich verändert, so wächst und verändert sich auch die Gemeinde insgesamt. Es ist allerdings ein wenig Demut nötig, einem Einzelnen das Recht zu geben, den Beginn einer Veränderung einer ganzen Gemeinde anzustoßen. Aber dadurch wird aus einer alten Gemeinde mit mutlosen Menschen eine neue Gemeinde mit Gemeindemitgliedern, die wagemutig losziehen. So wird durch einzelne dynamische Menschen, die Veränderung am eigenen Leib erfahren haben, eine dynamische, starke Gemeinde. Wo einer anfängt, mutig loszugehen, und andere dazukommen, da ist bald die ganze Gemeinde dabei und neuer Wein kommt in neue Schläuche. Wo einer bereit ist, sich den Wachstumsprozessen Gottes auszusetzen und sich durch den Heiligen Geist zu einem neuen Gefäß umgestalten lässt, infiziert das schnell andere. Zuletzt ist die ganze Gemeinde ein neues Gefäß, das bereit ist, immer und immer wieder das neue Leben Gottes aufzunehmen, um daraus Lebensenergie für ihren Auftrag zu bekommen.

Aus der Gemeindeberatung

Oft sind es gerade die Menschen in einer Gemeinde, die mich zu einer Beratung einladen, die den Mut nicht verloren haben. Sie halten gegen den Trend und die vorherrschende Frustration daran fest, dass Veränderung möglich und der gegenwärtige Zustand noch nicht das Letzte ist. Meistens sind es Menschen, die durch eigene schwere Krisen gegangen sind und darin Stärke und Mut gewonnen haben. Mit ihrer Zuversichtlichkeit und ihrer Hoffnung stecken sie andere an. Dabei ist ihr Zutrauen an eine gute Zukunft nicht gespielter Zweckoptimismus, ihr Mut ist echt und dadurch wecken sie auch bei anderen neuen Mut und Zuversicht. Um diese Menschen sammeln sich oft weitere Vorankämpfer. Wo es diese Menschen in einer Gemeinde gibt, brauche ich als Gemeindeberater nicht zu fürchten, dass sie die Krisen und Schwierigkeiten nicht bewältigen könnten. Diese Menschen sind wie Josua und Kaleb: Sie sehen nicht die Riesen, die den Weg verbauen, sondern sie stellen sich auf die Verheißungen Gottes ein und rechnen mit seinen Möglichkeiten. Sie brauchen allerdings einen langen Atem und oft die Unterstützung von außen, um nicht mit der Furcht und der Resignation der Mehrheit mitgerissen zu werden.

Modeile des Neuen

Es gibt nun unterschiedliche Formen, wie sich das Neue in einer Gemeinde Bahn brechen kann. Es lohnt sich, wenn wir uns das an dieser Stelle einmal konkret überlegen und dabei klar machen: Es gibt verschiedene Arbeitstechniken, um die Steilwand der Arbeit zu bewältigen.

So wie der eine sofort losstürmt, weil er den steilen Aufstieg bald hinter sich haben möchte, so lässt es der andere eher bedächtiger angehen. Der eine verlässt sich auf Steighilfen, Seile und Haken, ein anderer bevorzugt das sichere Team und den kundigen Bergführer. Erstens: Das Neue entsteht, während das Alte abnimmt. Das ist die günstigste und harmonischste Form der Veränderung. In dem Maß, wie das Alte zurückgeht, kann das Neue wachsen.

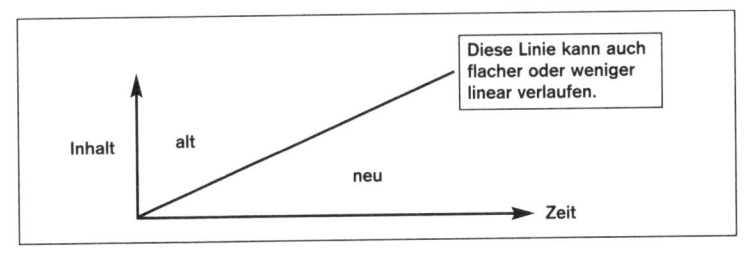

[Diagramm: Inhalt/Zeit mit ansteigender Linie von alt zu neu; Hinweis: "Diese Linie kann auch flacher oder weniger linear verlaufen."]

Zweitens: Das Alte hört schlagartig auf, das Neue setzt sofort ein. Zum Beispiel kann das durch eine akut eintretende Situation wie eine überraschende Geldkrise oder ein Pastorenwechsel geschehen. Das Alte und das Neue können sich kräftig miteinander verzahnen. Es wird selten so eindeutig sein, dass das Alte völlig aufhört und das Neue sofort und vollständig da ist. Die Linie zwischen Alt und Neu steht oft für Probleme und Krisen.

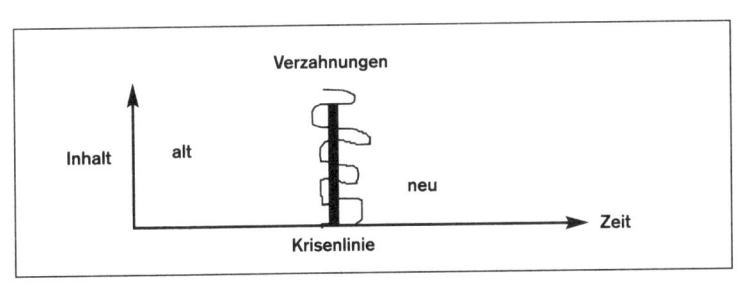

[Diagramm: Inhalt/Zeit mit Verzahnungen zwischen alt und neu an der Krisenlinie]

Drittens: Das Neue läuft parallel zum Alten. Bei diesem Modell existiert das Alte und das Neue in einer Gemeinde noch lange nebeneinanderher. Es bilden sich dann Parallelstrukturen: Beide haben jeweils ihre eigenen Bereiche. Hier besteht aber die Gefahr, dass irgendwann die beiden Bereiche auseinander brechen.

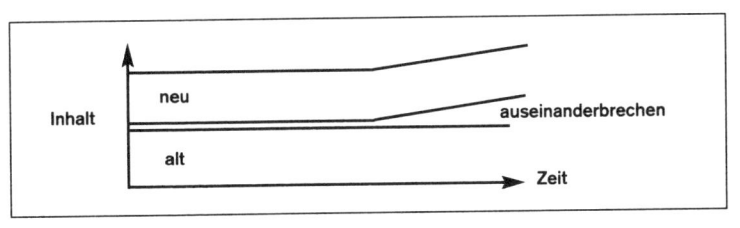

[Diagramm: Inhalt/Zeit mit parallelen Linien neu und alt, die auseinanderbrechen]

Viertens: Einzelne Bereiche werden erneuert. Es wird nicht alles in der Gemeinde neu, sondern nur einzelne Bereiche. Je zentraler diese neuen Bereiche sind, desto spitzer ragt das Neue in das Alte hinein.

Dort liegen dann vor allem Konfliktbereiche. Konflikte treten dort auf, wo das Alte oder das Neue in den jeweils anderen Bereich hineinragt.

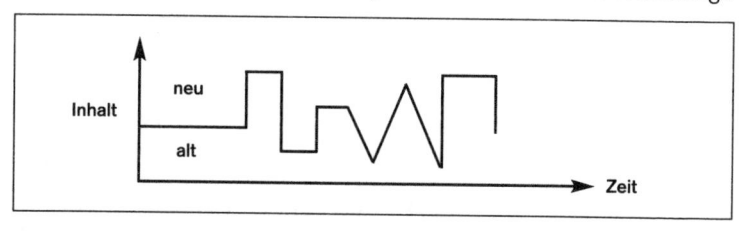

16. Fort-Schritt: Veränderung gestalten

Die eigentliche Arbeit der Veränderung ist, den Wandel vom Alten zum Neuen zu gestalten. Es müssen verschiedene Methoden und Techniken angewandt werden. Ganz differenziert müssen die Veränderer auf die jeweilige Situation eingehen und je nachdem eigene Strategien entwickeln. Es gibt weder ein Rezept, das für jede Situation anwendbar wäre, noch gibt es ein einheitliches Modell, das stets passen würde. Es sind vor allem die Strategen gefragt, den jeweils richtigen Weg zu wählen. Auch hier ist das Team nötig, um sich aus unterschiedlichen Blickwinkeln heraus zu beraten: Welches ist die beste Möglichkeit, um zum Ziel zu gelangen?

Man steht also, um im Bild von unserer Steilwand zu bleiben, vor dem nächsten Wegabschnitt und überlegt sich die beste Route über die Felsen, prüft jeden Tritt und jeden Griff, damit keiner an einer gefährlichen Stelle hängen bleibt. Unter Umständen sichert man sich gegenseitig ab, seilt sich an, schlägt Haken in das Gestein, um sich festzumachen und jedes Risiko und alle unnötigen Gefahren auszuschließen.

So wie es unterschiedliche Modelle gibt, wie das Neue aufbricht, lassen sich auch verschiedene Strategien der Veränderung feststellen.

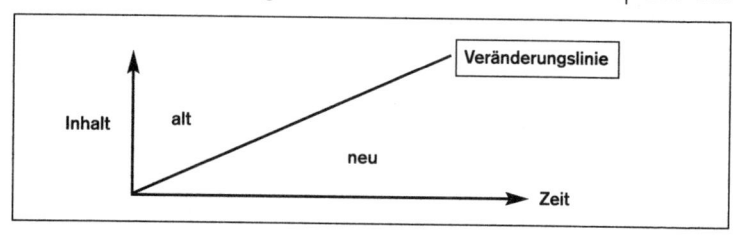

Erstens: Veränderung als Entwicklung. Das ist der längste Aufstieg, der aber am wenigsten Kraft kostet. Man braucht nur viel Geduld und einen langen Atem. Der Veränderungsprozess wird in harmonischer Weise vollzogen. Man ist miteinander im Gespräch und plant die Veränderungen Zug um Zug. Schrittweise gelangt man so in gegenseitiger Übereinstimmung von Alt und Neu zur Veränderung.

Wie „steil" man die Veränderungskurve gestaltet, hängt von einer gegenseitigen Vereinbarung ab. Oberster Grundsatz ist, dass möglichst alle mitkommen können. Man wählt deshalb ein Tempo, das sich auch den Langsamen und Fußkranken anpasst. Entsprechend „flach" ist dann auch die Veränderungslinie und umso länger dauert der Veränderungsprozess.

Zweitens: Integrative Veränderungsstrategie: Bei diesem strategischen Konzept will die Veränderung, von einer Teilgruppe der Gemeinde ausgehend, immer mehr Bereiche in der Gemeinde miteinbeziehen. Eine kleine Gruppe versteht sich als Veränderungszelle, die stückweise die ganze Gemeinde mit ihrem Anliegen anstecken und umgestalten will. Die Geschichte am Schluss des Buches (Seite 157ff.) ist ein Beispiel für solch eine Strategie.

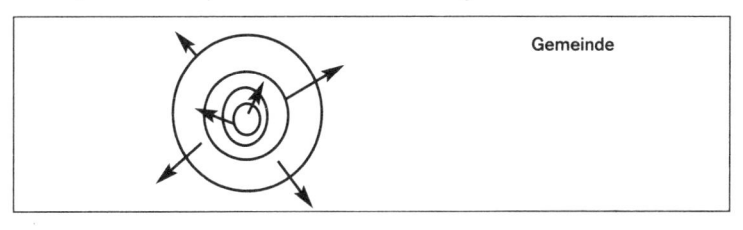

Hier wird nicht so viel geplant, sondern die Verhältnisse werden geschickt ausgenützt, um mit der Veränderung effektiv anzusetzen. Die Veränderungsgruppe überlegt sich, wie sie – taktisch geschickt – ihr Anliegen in die Gemeinde hineintragen und das Neue zur Entfaltung bringen kann.

Im Bild von unserer Steilwand heißt „taktieren": Steile Wege und bequeme Abschnitte wechseln sich ab. Man steigt wie auf Stufen hinauf, macht immer wieder Verschnaufpausen, fordert dann aber auch zu Kletterpartien heraus, motiviert die Mutlosen und hilft ihnen voran, indem man sie stützt, sichert und ihnen voran hilft. Das Bild dazu sieht folgendermaßen aus:

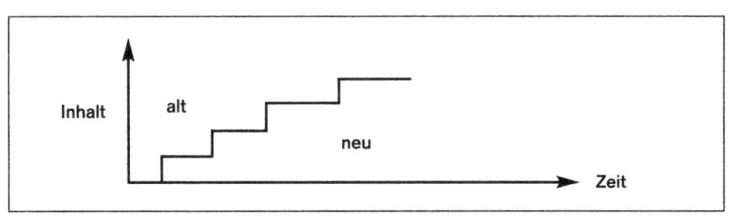

Bitte verwechseln Sie Taktieren nicht mit Manipulieren! Das Anliegen der Veränderung wird offen, aber geschickt, der Situation entsprechend eingebracht. Die Gruppe lebt selbst das Neue und zeigt damit, dass es funktioniert. Sie strahlt ganz bewusst etwas von dem aus, was ihr wichtig ist. Sie ermutigt andere zum Mitmachen und fordert sie heraus, das Bisherige aufzugeben.

Drittens: Veränderung als soziale Aktion. Bei dieser Strategie wird die Veränderung von außen durchgeführt und die Lage schlagartig verändert. Das geht nur, indem Druck eingesetzt und Macht ausgeübt wird. Die Gemeinde wird mit einem klaren Entweder-oder konfrontiert: Sie muss sich entscheiden. Teilbereiche der Gemeinde werden beendet, damit sie auf neue Weise, ungestört vom Alten, mit neuen Mitarbeitern und unter anderen Umständen wieder beginnen können.

Der Einsatz von Machtmitteln in der Veränderung ist nicht unproblematisch. Es passiert häufig, dass dabei Beziehungen zerstört werden, Vertrauen verloren geht und sich Menschen zurückziehen oder ganz den Kontakt abbrechen. Dieser Schritt muss begründbar und nachvollziehbar sein. Am ehesten einzusehen sind solche Gewaltmaßnahmen für die Gemeinde, wenn sie unter einem äußeren Druck geschehen: „Wir müssen jetzt zu diesen Mitteln greifen, weil wir von den Umständen dazu gezwungen werden." Diese Umstände sind beispielsweise: dramatischer Rückgang der Finanzmittel, Mangel an Mitarbeitern, Mitgliederschwund oder eine Konflikt- und Krisensituation.

Wieder bezogen auf unser Bild von der Steilwand bedeutet das: Eine Steilwand wird bezwungen, indem die ganze Bergsteigergruppe am Seil ein paar Meter nach oben gezogen wird. Der Weg ist an einer Stelle abgebrochen – vielleicht durch einen Bergrutsch – und es ist deutlich: Hier geht es nicht weiter. Man muss an einer anderen Stelle ganz neu einsetzen. Dieser Punkt ist nur durch sehr bestimmte und autoritäre Maßnahmen zu erreichen. Wenn nicht zu solchen Mitteln gegriffen wird, bleibt die Gruppe hängen, rutscht ab oder stürzt in die Tiefe. Durch das rigorose Krisenmanagement und den Eingriff in die Selbstbestimmung der Gruppe wird eine größere Gefahr abgewendet.

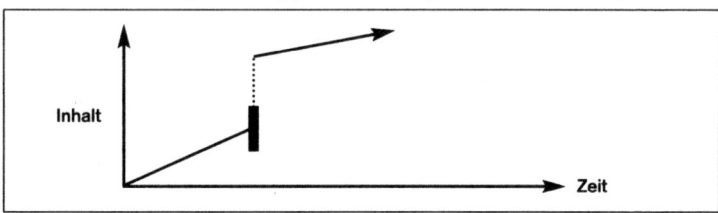

Aus der Gemeindeberatung

In einer Gemeinde gibt es seit Jahren einen Lobpreisgottesdienst, der allerdings in der letzten Zeit immer weniger besucht wurde. Einige Mitarbeiter signalisieren bereits, dass sie aussteigen und etwas Neues beginnen möchten, andere bestehen aber darauf, dass man sich jetzt nicht „vom Feind" zurückdrängen lässt und wegen dieser Flaute aufgibt. Bevor es tatsächlich zum Streit kommt – und damit auch neue Projekte gefährdet wären – beschließt die Leitung, dass der Lobpreisgottesdienst ein halbes Jahr ausgesetzt werden soll, um in der Zeit in Ruhe und ohne Druck das weitere Vorgehen zu bedenken. In dieser Pause wird ein anderes Gottesdienstprojekt entwickelt, mit dem man nach diesen Wochen neu starten kann.

Vorschläge für den 15. und 16. Schritt

Für den Einzelnen

Machen Sie sich immer wieder Ihre Stärken klar! Erinnern Sie sich an die Situationen, die Sie bereits erfolgreich bestanden haben. Bauen Sie diese Stärken aus und motivieren Sie sich selbst, indem Sie sich immer wieder selbst deutlich machen, was Sie können. Wo liegen Ihre Stärken?

Checkliste: Meine Stärken

- ☐ Ich bin ausdauernd.
- ☐ Ich bin schnell.
- ☐ Ich habe eine rasche Auffassungsgabe.
- ☐ Ich kann leicht andere motivieren.
- ☐ Ich weiß immer gleich, was zu tun ist.
- ☐ Ich bin belastbar, mich haut nichts so schnell um.
- ☐ Ich bin anpassungsfähig, ich komme mit jeder Situation zurecht.
- ☐ Ich bin ehrgeizig: Wenn ich mir ein Ziel gesetzt habe, erreiche ich es auch.
- ☐ Ich kann mich gut in andere einfühlen.
- ☐ Ich habe keine Angst.
- ☐ Ich begebe mich gern in Auseinandersetzungen, Schwierigkeiten sind für mich Herausforderungen.
- ☐ ....
- ☐ ....

Kreuzen Sie mindestens drei Stärken von Ihnen an und fügen Sie mindestens eine weitere hinzu, die Ihnen entspricht!

Experimentieren Sie! Probieren Sie ganz unterschiedliche Situationen aus. Wagen Sie auch ungewöhnliche Wege. Experimentieren heißt, aus der Box der Gewohnheiten heraustreten, ungeduldig ausprobieren, rasch aus Fehlern lernen und das, was sich bewährt, festhalten und gegebenenfalls multiplizieren. Riskieren Sie Fehler, ohne leichtsinnig zu sein. Oft ist die Lage nicht so schwierig, wie es zunächst aussieht. Wenn Sie sich mit Mut und Zuversicht an Probleme heranwagen, verlieren sie ihr bedrohliches Aussehen. Sie schaffen es!

Entwickeln Sie Teamfähigkeit! Extreme Aufstiege und die Arbeit an der Steilwand erfordern ein gutes Zusammenspiel der Bergsteiger. Sie müssen sich aufeinander verlassen können. Jeder soll wissen, wo sein Platz im Team ist und was er beiträgt, damit der Aufstieg gelingt. Nicht jeder muss alles können und alles selbst dabei haben, aber man braucht eine klare Aufteilung, wer für was zuständig ist und wann man dran ist. Teamfähigkeit muss eingeübt werden. Man sollte sich kennen. Das braucht Zeit und eine gehörige Portion Offenheit. Machen Sie Erfahrungen mit anderen, riskieren Sie Gemeinschaft, wagen Sie sich mit anderen zusammen auch in schwierige Situationen, um das Zusammenspiel im Team zu trainieren.

Für die Gruppe

Werten Sie die Erfahrungen, die Sie miteinander machen, gemeinsam aus. Reden Sie über Ihre Erlebnisse, zeigen Sie einander Ihre Gefühle. Sie müssen nicht nur den „Coolen" voreinander spielen, sondern Sie können auch einander Anteil geben, wo Sie Angst hatten, wo Ihnen das Herz in die Hose gerutscht ist und wo Sie nicht weiter wussten. Das schließt zusammen! Sie müssen nicht Helden sein, sondern normale Menschen, die in ihrer Schwäche zusammenhalten und deshalb stark sind.

Reden Sie miteinander über das, was Sie erleben und was Sie beschäftigt. Ihr Leben ist voller Ereignisse und voller Geschichten, die sich lohnen, sie einander zu erzählen.

Haben Sie schon einmal Gespräche in einer einsamen Berghütte belauscht, wenn die Wanderer abends zusammensitzen und fast jeden Meter des Weges, der hinter ihnen liegt, noch einmal in den Erzählungen durchleben? Jede Einzelheit – und sei sie noch so klein –

bekommt ihre Bedeutung. Durch diesen Austausch wächst die Gruppe zusammen und ist für die nächste Wegstrecke vorbereitet.

Scheuen Sie sich nicht vor Handlungen, die das Gemeinschaftsgefühl verstärken. Zum Beispiel, indem man gemeinsam isst – so wie man bei einer Wanderung seinen Proviant miteinander teilt. Genießen Sie gemeinsam die Ausblicke ins Tal – auch das gemeinsame Schweigen verbindet. Feiern Sie, wenn Sie eine schwierige Etappe geschafft haben. Singen Sie miteinander fröhliche Lieder, rufen Sie Ihren Jubel hinab ins Tal. Das gemeinsame Singen verbindet sehr tief.

Kriechen Sie gemeinsam irgendwo unter, wenn ein Gewitter aufzieht. Auch das sind sehr dichte Momente, die zu den unvergesslichen Erfahrungen gehören: Wie man miteinander unter zwei Regenponchos dürftig geschützt unter einem Felsblock zusammengekauert, aber trotzdem fröhlich und sich Witze erzählend abwartet, bis der Regen vorbei ist, und anschließend triefnass, aber zuversichtlich seinen Weg fortsetzt.

Beten Sie miteinander in schwierigen Situationen. Auch wenn das gemeinsame Gebet für viele ungewohnt ist und man sich dazu überwinden muss. Es stärkt das Vertrauen untereinander und zu Gott, wenn man in den Momenten, in denen man nicht mehr weiter weiß, miteinander zu Gott kommt und um seine Hilfe bittet.

Feiern Sie miteinander das Abendmahl. Es sollte nicht nur dann sein, wenn es Ihnen gut geht und Sie das Ziel erreicht haben. Nein, das Abendmahl hat gerade auch in einer bedrängenden Situation seinen Platz. Sie sind dann Jesus sehr nahe, genauso wie die Jünger am Abend vor Jesu Tod, als er ihnen Brot und Wein gereicht hat. Für sie war dieser letzte Abend mit Jesus zusammen kein unbeschwertes Festmahl, sondern ein Zusammensein unter dem Schatten drohenden Unheils und gewaltiger Umbrüche. Aber dieser Abend hat sie noch einmal ganz fest miteinander und mit Jesus verbunden. Es war klar: Sie gehören zusammen, egal was kommen sollte!

Aus der Gemeindeberatung

Ich merke, dass dort, wo Menschen ihr Leben und ihren Alltag miteinander teilen, starke Teams entstehen, die belastungsfähig für schwierige Veränderungssituationen sind. Das gemeinsame Essen scheint eine wichtige Rolle zu spielen: Da erlebe ich zum Beispiel eine Gruppe in einer Gemeinde, die in einem problematischen Umbruch ist. Sie trifft sich einmal in der Woche zu einem gemeinsamen Abendessen in einer Wohnung. Sie tauschen sich über ihren Alltag aus, geben sich Anteil an ihren Nöten, Sorgen und freudigen Erfahrungen. Dadurch lernen sie sich kennen und spüren: Wir gehören zusammen! Immer wieder einmal feiern sie auch in dieser Runde das Abendmahl miteinander und erleben dabei: Jesus gehört zu uns! Dadurch sind sie stark und stabil, so dass sie den schwierigen Umständen standhalten können.

Rückschritt 14: Aufgeben

Wenn Sie vor der Felswand der Arbeit stehen und daran hoch schauen, dann kann Ihnen vor dem Bevorstehenden so Angst werden, dass Sie aufgeben. Aber wie bereits gesagt: ein Zurück durch die Wildnis der Orientierungslosigkeit gibt es auch nicht mehr. Es bleibt nur noch die Möglichkeit, dass Sie sich dann am Fuß dieses Berges niederlassen und dort Ihr Lager aufschlagen, um hier zu bleiben. An dieser Stelle sind viele Hütten und Zelte von denen zu finden, die nicht mehr weiter wollten. Sie haben sich zu kleinen Dörfern zusammengeschlossen. Das sind die Gemeinschaften derer, die über das jammern, was hinter ihnen liegt, und über das jammern, was vor ihnen liegt. Weil ihr Zusammensein vor allem aus Jammern und Klagen besteht, haben sie den Ort, an dem sie sich nun befinden, das Jammertal genannt. Um nicht zugeben zu müssen, dass sie eigentlich ihren Weg abgebrochen haben, bezeichnen sie die ganze Welt als Jammertal. Dann können sie sich in diesem Zustand getrost einrichten. Es ist ja nirgendwo besser. Sie haben sich von dem gemeinsamen Weg in die Zukunft verabschiedet und ihre eigene kleine Gemeinschaft aufgemacht oder innerhalb der Gemeinde eine alternative „Subkultur" begründet, die ihre Identität in negativen Abgrenzungen begründet. Sie sind gegen alles und jedes, haben alle Möglichkeiten ausprobiert, sind abgebrüht und winken ab, wenn man ihnen helfen möchte: „Das funktioniert sowieso nicht!" Diese Orte sind nicht aufbauend. Gemeinden, die sich im Jammertal befinden, sind keine ermutigenden Gemeinschaften, von denen Kraft ausgeht. Sie sind nicht „Städte auf dem Berg" (Matthäus 5,14), sondern Hüttendörfer im Elend.

Rückschritt 15: Hängen bleiben

Andere haben sich mutig an den Aufstieg gewagt. Aber sie sind dann an einer schwierigen Stelle hängen geblieben. Nun können sie weder vor noch zurück. Ihr Fehler war, dass sie sich allein auf den Weg gemacht haben. Oder sie haben den Blick in die Tiefe riskiert und sind so erschrocken, dass sie allen Mut verloren haben. Ihre Kräfte sind erlahmt, weil sie sich ständig vor Augen gemalt haben, was alles noch an Schwierigkeiten vor ihnen liegt.

Es gibt Leute, die sich auch in dieser Situation einrichten, ihr Biwak aufschlagen und diesen unbequemen Platz über den Abgründen als den Platz ansehen, den Gott ihnen zugeteilt hat. Sie geben sich zufrieden mit dem Ausblick und mit dem Weg, den sie geschafft haben, aber sie haben dabei ihr Ziel nicht erreicht.

Richtig wäre es, wenn sie in dieser Situation um Hilfe rufen und nicht aufhören zu schreien, bis sie aus der „Bergnot" gerettet werden. Sie müssen ihren Stolz überwinden und zugeben, dass sie sich verrannt haben. Aber das fällt schwer und ist in unserer Gesellschaft, in der jeder perfekt und fehlerlos sein muss, nicht üblich. Man hofft, man könnte sich selbst aus der misslichen Situation retten, dabei wird die Lage doch nur immer aussichtsloser.

Es ist keine Schande zuzugeben, dass man sich verstiegen hat, dass man nun festsitzt und Hilfe braucht. Es gibt einige Hilfstrupps, die sich gern auf den Weg machen, um weiterzuhelfen: Seelsorge-Initiativen, Berater und Mentoren sind vorhanden. Keiner muss die schwierigen Stellen an der Steilwand der Arbeit selbst bewältigen. Kein Einzelner und keine Gemeinde muss sich ohne Hilfe von außen an die Arbeit machen. Aber man muss erkennen, dass man Hilfe braucht, und auch darum bitten. Dann ist es selbstverständlich, dass wir uns gegenseitig jede erdenkliche Unterstützung gewähren, damit jeder und jede das Ziel erreicht.

17. Fort-Schritt: Widerstand überwinden

Wenn Sie an der Steilwand der Arbeit hängen, befinden Sie sich in einer exponierten Position. Sie sind von weitem zu sehen, Ihr Weg bleibt nicht länger verborgen. In der Gemeinde ist nun ersichtlich, welche Pläne Sie haben, und dass Sie für das Anliegen der Veränderung eintreten. Jeder weiß, an was Sie arbeiten. Das macht Sie angreifbar. Wer sich mit Strategien zur Veränderung befasst, bezieht Position. Er weiß, was er will, und hat Schritte entwickelt, wie er sein Ziel erreicht – das provoziert Widerstand.

Mit dem Widerstand in Veränderungsprozessen wollen wir uns nun befassen. Das ist keine angenehme Sache: Vor den Augen der

Öffentlichkeit mit Ablehnung, Spott oder krasser Aggression konfrontiert zu werden, ist schmerzhaft. Je mehr wir unseren Standpunkt beziehen und auf der notwendigen Veränderung beharren, umso stärker wird auch die Gegenkraft. Der Wind bläst uns immer schärfer um die Nase und der Veränderungsprozess eskaliert zum Machtkampf: Wer hat mehr Recht?

Wer sein Anliegen mit großem Nachdruck vertritt nach der Formel (siehe Friedemann Schulz von Thun, Miteinander reden 3, Das innere Team, Reinbek bei Hamburg, 1998, S. 177): Dominanz und Penetranz ist gleich Macht (D+P=M), muss sich nicht wundern, wenn auch die Gegenseite so verfährt und eine Gegenmacht aufbaut (D+P=GM). Wenn Sie bei Widerstand nur den eigenen Druck auf die Gegenseite verstärken, führt es dazu, dass beide Seiten dann ihre Kraftanstrengungen erhöhen und dabei nur viel Kraft verloren geht, ohne dass sich etwas bewegt.

Besser ist es einzusehen, dass man selbst nicht fehlerlos ist und sich täuschen kann. Damit wird Raum geschaffen, um sich auf einer argumentativen Ebene neu zu begegnen. Sie zeigen dem Gegner damit, dass Sie bereit sind, auf ihn zu hören und auf seine Argumente einzugehen. Sie sind nicht nur auf Ihre Position festgelegt, sondern räumen Andersdenkenden einen Spielraum ein, in dem man sich bewegen und miteinander nach neuen Kompromissen suchen kann. Das muss nicht bedeuten, dass Sie auf Ihr Anliegen verzichten. Aber Sie gestehen zu, dass es unterschiedliche Wege zum Ziel gibt und dass auch das Ziel aus verschiedenen Spielarten besteht. Veränderung kann auf vielfältige Weise geschehen. Wichtiger ist, dass der Veränderungsprozess überhaupt in Gang kommt. Deshalb beißen Sie sich nicht am Widerstand fest, sonst sind Sie nicht mehr beweglich, sondern nur noch auf den Gegner fixiert.

Gewähren Sie Ihrem Gegenüber die Freiheit, die Sie selbst für sich in Anspruch nehmen möchten. Veränderung darf nicht zu Lasten der Freiheit des anderen gehen. Sie können niemanden zu diesem Prozess zwingen. Ihre Freiheit zur Veränderung ist dort begrenzt, wo die Würde des Nächsten verletzt wird. Wer Veränderung will, muss immer auch den anderen, den Gegner, im Auge haben und zur Rücksicht bereit sein. Diese Verantwortung füreinander ist für Wanderer, die sich am Berg in schwierigen Situationen befinden, überlebenswichtig. Die Schwachen werden in die Mitte genommen. Sie haben mehr Rechte als die Starken. Jeder muss aufpassen, dass er den anderen nicht leichtsinnig in Gefahr bringt.

Wenn Ihnen das schwer fällt, versetzen Sie sich einfach in die Haut des anderen:
- Wie geht es ihm?
- Warum ist er unsicher?
- Was bedroht ihn?

Vielleicht finden Sie dann auch einen Weg, der für Sie und ihn begehbar und möglich ist.

Gegner der Veränderung

Angst und Abwehr sind die natürlichen Mechanismen zum Schutz des angegriffenen, eigenen Paradigmas. Werte, Einstellungen, Interessen und Bedürfnisse, die die Grundbausteine jeder Persönlichkeit bilden, sind bedroht, weil sie in Frage gestellt werden! Da ist es sehr verständlich, dass man sich seiner Haut wehren möchte und um das Überleben seiner eigenen Identität kämpft, weil man das Gefühl hat, man würde sich sonst selbst verlieren und hätte zuletzt nichts Eigenes mehr in der Hand. Man würde gezwungen, ein ganz anderer zu werden. Das kann man aber nicht zulassen!

Die Lage entspannt sich, wenn deutlich wird, dass sich nicht die Person selbst verändern muss, sondern die Gemeinde in ihren Abläufen und Vollzügen erneuert werden soll. Natürlich hängt das oft eng miteinander zusammen, vor allem dann, wenn die eigenen Werte von traditionellen Prämissen bestimmt sind, die Einstellung eher konservativ ist, der Schwerpunkt des Interesses auf Beständigkeit liegt und vor allem Ruhe und Harmonie gesucht wird. Es bedeutet ein schwieriges Stück Überzeugungsarbeit, dem anderen zu zeigen, dass Traditionen nur ihren Wert haben, wenn sie auch morgen noch gültig sind. Das sind sie nur, wenn sie sich als veränderungsfähig erweisen und sich an neue Gegebenheiten anpassen können. Es geht nicht darum, grundlegende Werte auszutauschen, sondern nur darum, jenen alten Werten einen neuen Platz einzuräumen und zu erkennen, dass nichts so beständig ist wie Veränderungen ...

Anders verhält es sich beim Widerstand, der daher rührt, dass man fürchtet, in Zukunft auf Macht und Einfluss verzichten zu müssen. Da Veränderungsbemühungen zum Beispiel die Autorität eines kirchlichen Amtes in Frage stellen, fürchtet der Amtsinhaber nun einen Machtverlust, wenn er sich auf solche Anliegen einlässt. Vielleicht hilft es hier, wenn Sie miteinander ein neues Verständnis von Leitung entwickeln und sich deutlich machen, dass auch in Zukunft Leitung nötig sein wird, nur dass sie ein anderes Gesicht als vorher haben wird. Veränderungsprozesse in Gemeinden werden sich stark mit der Frage beschäftigen müssen, wie Leitung in Zukunft gehandhabt werden soll. An dieser Stelle haben wir noch einiges an gründlicher Arbeit zu tun!

Des Weiteren gibt es Blockaden und Widerstände, die von einem Defizit an Informationen herrühren. Man hat nur einige allgemeine Aussagen gehört und ist nun verunsichert. Der Eindruck entsteht, dass alles verändert werden soll, und das kann sich keiner so recht vorstellen. Die Wünsche und Anliegen erscheinen unkonkret, nebulös und machen Angst. Hier ist eine gründliche Informationspolitik nötig, um die Widerstände zu überwinden, zum Beispiel indem mündlich und schriftlich dargestellt wird, was man konkret erreichen will – und warum die Veränderung nötig ist.

Einige Gemeindemitglieder sind gegen eine Veränderung, weil sie befürchten, dass dann die Gemeinde nicht mehr der Ort der Sicherheit ist, der ihnen Geborgenheit gibt. Das sind oft solche Menschen, die in ihrer Grundstruktur unsicher sind und die die Gemeinde als Zufluchtsort brauchen. Das ist auch gut so, die Gemeinde muss ein Hort für diese Menschen sein. Wenn wir sie verunsichern oder ihnen ihren Schutz rauben, gilt uns das Wort Jesu (Matthäus 18,6): „Wer aber einen dieser Kleinen, die an mich glauben, zum Abfall verführt, für den wäre es besser, dass ein Mühlstein an seinen Hals gehängt und er ersäuft würde im Meer, wo es am tiefsten ist."

Gerade in Veränderungszeiten müssen wir solche Menschen in ihren Bedürfnissen sehr ernst nehmen und ihnen Schutzräume belassen, in denen sie sich sicher fühlen können. Vielleicht gibt es Menschen, die sich ganz besonders um sie kümmern, wenn die Gemeinde im Zuge des Veränderungsprozesses ins Chaos gerät, dass sie unbehelligt durch diese Zeit kommen, ja nicht einmal groß davon berührt werden.

Der stärkste Widerstand gegen Veränderungen kommt aber von Gemeindemitgliedern, die auf Ordnung Wert legen und für die Neuerungen nur Unordnung und Durcheinander bedeutet. Es gibt „Ordnungs-Typen", zu deren Persönlichkeit wohlgeordnete Abläufe gehören. Sie sind in der Gemeinde ebenso wichtig wie die initiativen Erneuerer mit ihren irrsinnigen Ideen, da sie immer wieder dafür sorgen, dass die Sachen in Ordnung und an ihrem Platz sind. Sie sind es, die nach einer Veranstaltung unermüdlich aufräumen, wenn die anderen schon längst wieder zu Hause sind.

Aber diese Menschen müssen verstehen, dass Ordnung nur das halbe Leben ist, und die andere Hälfte aus Bewegung besteht. Ordnung ohne Leben verkommt zur Friedhofsruhe – genauso wie Lebendigkeit ohne Ordnung zu einem gewaltigen Durcheinander entartet. „Ordnungs-Typen" und Veränderer gehören zusammen: Sie brauchen einander. So unterschiedliche Geschwister müssen sich allerdings intensiv umeinander bemühen, wenn sie miteinander zurechtkommen wollen!

Argumente gegen Veränderung

Damit Sie sich darauf einstellen können, liefere ich Ihnen hier die wichtigsten Argumente gegen Veränderung:
- „Solange der Betrieb läuft, ist eine Veränderung unmöglich! Wie soll der Umbau auf hoher See denn möglich sein? Da müssen wir zuerst einmal in den Hafen einlaufen."
- „Wenn Veränderung, dann richtig! Nur in einem Teil etwas zu verändern, ist nur eine halbe Sache. Wenn wir nicht alles verändern können, dann machen wir besser gar nichts."
- „Unser oberstes Prinzip ist es, dass wir es allen recht machen wollen. Es ist aber nur eine kleine Minderheit, die Veränderung möchte. Da hätten dann so viele einen Nachteil, dass wir es lieber gar nicht machen."
- „In unserer Welt ist so viel in Bewegung, alles verändert sich und wird neu, da muss es in unserer Gemeinde nicht auch so sein. Bleiben wir doch lieber beim Bewährten. Man muss auch nicht bei jedem Trend mitmachen."
- „Wir haben Verantwortung vor Gott und den Menschen für das, was wir tun. Da müssen wir schon sehr genau prüfen, ob wir etwas tun sollen. Gott muss es uns ganz klar zeigen, wenn sich hier etwas verändern soll."
- „Wir sind als Gemeinde dazu aufgefordert, Frieden zu halten. So geben Sie jetzt endlich Ruhe mit Ihrem ständigen Nörgeln an den Zuständen in unserer Gemeinde. Es ist nur deshalb alles so schlecht, weil Sie es schlecht machen."
- „Und was ist, wenn wir etwas verändern und es ist nicht besser? Wie stehen wir dann da? Dann sind wir blamiert und alle lachen über uns."
- „Ihr Vorhaben ist zu schwierig, das funktioniert vielleicht woanders, aber nicht bei uns."

- „Was Sie wollen, ist unrealistisch, das hat gar keinen Bezug zur Wirklichkeit. Sie müssen klein anfangen. Wir haben damals, als wir als Gemeinde anfingen, zuerst die WCs im Gemeindehaus geputzt. Backen Sie doch zuerst einmal kleine Brötchen, bevor Sie nach den Sternen greifen."
- „So schlimm ist es doch nicht, oder? Sie tun ja so, als ob alles schlecht wäre, nun machen Sie mal halblang."

Finden Sie Gegenargumente gegen obige Einwände. Begründen Sie, warum Veränderung trotzdem dran ist.

Machen Sie sich und den Gegnern von Veränderungen deutlich:
- In einer Gemeinde muss es Raum für neue Wege und Experimente geben.
- Eine Gemeinde lebt davon, dass sich jeder einbringt.
- Fehler zu machen, ist erlaubt.
- Wir vertrauen einander und Gott, dass er unter uns seine Gemeinde baut.
- Wir sind eine große Lerngemeinschaft.
- Jeder hat Verantwortung für das Ganze.
- Vernetzung ist besser als Hierarchie.
- Wir müssen immer wieder aufeinander zugehen.
- Wir vergeben uns siebzig mal sieben mal (Matthäus 18,22).
- Eigene Initiativen werden gefördert.
- Wir akzeptieren einander und hören uns zu.
- Wir sind offen für Trends, Tendenzen und Strömungen in unserer Gesellschaft.
- Eine Gemeinde lebt trotz ihrer Widersprüche, denn Gegensätze gehören dazu.
- Wir halten die Spannung der Vielfalt aus.
- Wir müssen nicht alles selbst im Griff haben.

Die Umsetzung von jedem Punkt, der hier aufgelistet ist, bedeutet eine herausfordernde Anstrengung. Reden Sie mit Ihren Gegnern darüber, tauschen Sie sich in der Gemeinde darüber aus: „Wie siehst du das?" Entwickeln Sie gemeinsame Postulate für Ihre Gemeinde, die für Sie gelten und den Veränderungsprozess fördern. Jede Aussage in der obigen Aufstellung ist ein Baustein, der zum Gelingen des Veränderungsprozesses beiträgt.

Der Pastor als Trainer

Problematisch wird es vor allem dann, wenn der Pastor gegen die Veränderungen steht, wenn er selbst zu den Widerständlern gehört. Der Widerstand des Pastors kann die Veränderung weitgehend blockieren und Ihr Vorhaben zu einer Nebensache in der Gemeinde machen. Hier besteht die vorrangige Veränderungsarbeit darin, sich selbst, der Gemeinde und dem Pastor deutlich zu machen, dass in den Kirchen der Reformation nicht der Pastor die entscheidende Stelle hat (auch nicht der Dekan oder der Bischof), sondern die Gemeinde das bestimmende Organ ist. Die Gemeinde prüft die Lehre, sie entscheidet über ihren Weg. Martin Luther: „Hier siehest du ganz klar, wer das Recht hat, über die Lehre zu urteilen: Bischof, Papst, Gelehrte und jedermann hat die Vollmacht zu lehren, aber die Schafe sollen urteilen, ob sie die Stimme Christi oder die Stimme der Fremden Stimme lehren." Und im Blick auf 1. Thessalonicher 5,21: „Prüfet alles, aber das gute behaltet!", sagt Luther: „Siehe, hier will er, dass keine Lehre und keine Behauptung festgehalten wird, es sei denn, dass sie von der Gemeinde, die es hört geprüft und für gut erkannt werde" (Martin Luther, Dass eine christliche Versammlung oder Gemeinde Recht und Macht habe, alle Lehre zu beurteilen und Lehrer zu berufen, ein- und abzusetzen, Grund und Ursache aus der Schrift, 1523).

Aufgabe des Pastors ist es, Trainer seiner Gemeinde zu sein, zu koordinieren, statt zu kontrollieren, die Kräfte zu sammeln, statt selbst Macht auszuüben. Ein neues Verständnis der Aufgaben eines Pastors ist nötig. Daran müssen wir arbeiten: Der Pastor als Coach, der seine Spieler trainiert und auf den großen Einsatz vorbereitet, dann aber auf der Trainerbank Platz nimmt und anfeuert. Das Spiel macht die Gemeinde. Der Pastor motiviert und sorgt für eine gute – geistliche – Kondition und freut sich, wenn seine Mannschaft den Siegespreis bekommt. Das ist dann auch sein Erfolg. Er bevollmächtigt seine Mitarbeiter und zeigt jedem Gemeindemitglied den Platz, wo es sich auf optimale Weise einbringen und zum Aufbau der ganzen Gemeinde beitragen kann.

Vorschläge für den 17. Schritt

Realitätsüberprüfung für das Gespräch mit Gemeindemitgliedern, die gegen Veränderung sind:

- Malen Sie sich miteinander aus: Was ist das Schlimmste, was passieren kann?

- Überlegen Sie sich: Wie hoch ist die Wahrscheinlichkeit, dass genau das eintritt?
- Machen Sie einen Plan für alle Eventualitäten. Kommen Sie vom „Was ist aber, wenn ..." (diese Überlegungen bringen keinen Fortschritt) zum: „Wenn das passiert, dann ..."
- Machen Sie sich klar, wo Veränderungen in der Vergangenheit erfolgreich waren, aber argumentieren Sie nicht, sondern nehmen Sie Gefühle wie Angst oder Unsicherheit ernst. Vereinbaren Sie den nächsten Schritt und bleiben Sie miteinander im Gespräch.

Die einfache Formel für den Umgang mit Widerständen heißt: Fördernde Kräfte stärken und hemmende abbauen (Jan Hendriks, Gemeinde von morgen gestalten, Gütersloh, 1996, S. 48 und 147). Sie stärken die fördernden Kräfte, indem Sie die Widerstände ernst nehmen, und Sie bauen die Hemmnisse ab, indem Sie den positiven Sinn der Veränderungen verdeutlichen. Dadurch schaffen Sie Vertrauen und damit eine wichtige Grundlage für Veränderungen. Halten Sie sich immer vor Augen: Es ist für Ihr Anliegen der Veränderung von größter Bedeutung, die kritische Mehrheit zu gewinnen. Diese Arbeit lohnt sich!

Konflikte durchstehen

Die Auseinandersetzung mit den Kritikern der Veränderung ist eine sehr fruchtbare und wichtige Sache und bringt den Prozess insgesamt ein entscheidendes Stück weiter. Auch wenn dadurch Konflikte entstehen! Konflikte sind an sich nichts Negatives. (Ich habe an anderer Stelle darüber geschrieben: Stockmayer, Nur keinen Streit vermeiden – Ein Konflikttraining für Christen, C&P Verlagsgesellschaft, Emmelsbüll, 1999 und Stockmayer, Selig sind die Friedensstifter, Konflikttraining für christliche Führungskräfte, Verlag für Kultur und Wissenschaft, Bonn 2004.) Wenn wir richtig streiten, ist das bezogen auf die Veränderung nur förderlich. Wenn Konflikte allerdings nicht sinnvoll ausgetragen werden, kommt es zu einer tief gehenden Auseinandersetzung. Die Fronten verhärten sich oder die Lage eskaliert. Eskalation bedeutet: Die Umstände werden unkontrollierbar, die Auseinandersetzungen laufen aus dem Ruder, etwas kommt ins Rutschen und entwickelt eine eigene Dynamik, die nicht mehr aufzuhalten ist. Wenn etwas ins Rollen kommt, geht es immer bergab! Um wieder zur Steilwand der Arbeit zu kommen: Sie hängen an der Felswand und eine Steinlawine donnert über Sie hinweg. Das ist höchst gefährlich und führt zu Verletzungen, Abstürzen und Rückschlägen. Sie müssen unter Umständen wieder viel weiter unten neu ansetzen. Oder die unvermittelte Entladung eines Konfliktes bewirkt einen schweren Schock, eine tiefe Ohnmacht oder führt zu einer Erstarrung, die einen Veränderungsprozess empfindlich aufhält oder auf Jahre „einfriert".

Trotzdem: Wenn Sie die Auseinandersetzung verweigern, trifft Sie der Konflikt an einer wahrscheinlich noch viel ungünstigeren Stelle. Gehen Sie darauf ein, bemühen Sie sich – so viel an Ihnen liegt – um eine gute Konfliktklärung. Sie müssen dabei nicht unbedingt zu ganz grundsätzlichen Fragestellungen kommen und alles neu bearbeiten, aber notwendig ist, die Dinge zu bewältigen, die für die nächsten Schritte von Bedeutung sind. Nehmen Sie jede Mühe auf sich, die Ihnen hilft, jetzt voranzukommen. Vermeiden Sie Nebenkampfplätze, die Sie von Ihrem Ziel nur abbringen wollen. Lassen Sie sich nicht in eine passive Opferrolle drängen, indem Sie alles, was schlecht läuft, auf sich nehmen, aber greifen Sie in die Konfliktbereiche ein, die dazu dienen, dass Hindernisse auf dem Weg der Veränderung weggeräumt werden.

Gehen Sie den Konflikten dort nicht aus dem Weg, wo Sie kämpfen sollten. Sie müssen sonst vielleicht weite Umwege machen, die nur Ihre Kräfte rauben. Je selbstbewusster und klarer Sie sich einer Auseinandersetzung stellen, desto leichter fällt Sie Ihnen. Sie wissen: Hinter diesem Hindernis liegt Ihr Ziel und das möchten Sie doch erreichen.

Und wichtig: Ganz schwierige Hindernisse, die großen Felsbrocken auf dem Weg, überwinden Sie nicht mit starker Kraft, sondern nur mit Liebe. Gehen Sie liebevoll, vergebend und freundlich mit den Menschen um, die sich Ihnen in den Weg stellen. Vergelten Sie nicht ihren Widerstand damit, dass Sie ihnen nun ebenfalls Steine in den Weg legen, sondern sorgen Sie dafür, dass es ihnen gut geht. Wenn Sie auf diesem Weg Ihrem Gegner Gutes tun, kommt das letztlich Ihnen selbst zugute und Sie erreichen Ihr Ziel schneller.

Kritik, die Sie erfahren, führt dazu, dass Sie Ihren Standort überprüfen müssen. Das wiederum hilft Ihnen zu erkennen, ob Sie auf falschem Weg sind. Kritik und Konflikte sind notwendig, damit Sie Korrekturen vornehmen können, wo sie angebracht sind. Sie bewahren Sie davor, in die Irre zu gehen oder sich in Nebensächlichkeiten zu verrennen. Wo sich eine falsche Haltung eingeschlichen hat oder Sie Ihr Ziel aus den Augen verloren haben, werden Sie zu einem Richtungswechsel veranlasst – sofern Sie die Wahrheit in den Angriffen des anderen erkennen können. Versuchen Sie deshalb, dieses Körnchen Wahrheit in den Vorwürfen des anderen zu entdecken. Es ist wertvoller als ein Goldkörnchen, das Sie vielleicht irgendwo zwischen den Felsen entdecken könnten.

Liebe und Wahrheit helfen Ihnen, den Gipfel des Erfolgs zu erreichen. Mit diesen Eigenschaften erhalten Sie den langen Atem, der Sie durchhalten lässt, bis Sie ganz oben angekommen sind. Wenn Sie den Menschen, die Ihnen Übles antun und Sie am Weitergehen hindern wollen, immer wieder aufs Neue vergeben – auch das bedeutet ein hartes Stück Arbeit –, dann klettern Sie an dieser Steilwand mit leichtem Gepäck weiter. Unversöhnlichkeit macht nachtragend und Sie schleppen zuletzt riesige Lasten mit sich herum. So erreichen Sie den Gipfel nicht – oder nur sehr mühsam. Die Last der Vorwürfe und die Bitterkeit des Ärgers lähmen Ihre Kräfte, drücken Sie nieder und machen Ihnen den Weg nach oben fast unmöglich. Wenn Sie Ihren Widersachern vergeben und versöhnt weitergehen, dann ist es Ihnen „leicht ums Herz" und auch die schwierigste Kletterpartie wird für Sie wie zu einem Spaziergang.

Hindernisse, die den Veränderungsprozess erschweren

Auf dem Weg nach oben gibt es zusätzliche Faktoren, die den Weg unnötig belasten oder die Sie durch ihre Schwierigkeiten ermüden.

- Zeitdruck: Sie müssen die Veränderung bis zu einem bestimmten Termin vollzogen haben.
- Keinen Überblick über die gesamte Wegstrecke haben, sondern nur den kleinen, schwierigen Abschnitt sehen, an dem Sie sich gerade befinden. Dadurch haben Sie das Gefühl, es gehe nicht voran.
- Von der Fülle der Probleme erschlagen werden: Es ist so viel, der Weg ist so weit.
- Sie konzentrieren sich nur noch auf die Veränderungsbereiche und verlieren andere Teile der Gemeinde aus dem Auge.
- Sie überfordern sich selbst – der Weg begeistert so sehr, dass Sie die eigenen Grenzen nicht mehr wahrnehmen.
- Die Konzentration auf den Weg führt dazu, dass Sie die äußeren Umstände, in denen Sie sich befinden, nicht mehr erkennen können (ein Gewitter zieht herauf, Sie haben einen Mitwanderer verloren – und merken das gar nicht).

- Die Mitwanderer werden angetrieben, bis sie meutern, weil sie nicht mehr können.
- Sie müssen unterwegs übernachten, weil Sie die Tagesetappe nicht erreicht haben (die Pläne waren unrealistisch, das Gelände schwieriger als gedacht, einige Mitwanderer kamen nicht so schnell voran).
- Sie sind nicht bereit umzudrehen, obwohl Sie merken, dass es so nicht weitergeht und landen dickköpfig in der Sackgasse.
- Der Weg ist so schön und begeisternd, dass Sie das Ziel gar nicht mehr erreichen wollen („Hauptsache wir sind unterwegs!").
- Nur noch das Ziel sehen und nicht mehr die Mitwanderer führt zu einem autoritären Gehabe.
- Die Mitwanderer mit unlauteren Mitteln antreiben (Belohnungen, Drohungen).

Überlegen Sie sich (miteinander) wie Sie diese Faktoren ausschalten können. Suchen sie nach Erleichterungen für Ihren Weg! Gibt es Hilfsmittel, die Sie zu Ihrer Unterstützung einsetzen können?

Rückschritt 16: Bei Widerstand aufgeben

Lassen Sie sich nicht dazu verleiten, klein beizugeben und zurückzugehen. Es gehört viel Mut und Kraft dazu, den Aufstieg an der Steilwand der Arbeit zu schaffen und gleichzeitig gegen Widerstände zu kämpfen. Wenn eine Steinschlaglawine über Sie hinwegdonnert, liegt es nahe aufzugeben und in das sichere Tal zurückzukehren. Anstatt dass die Widerstände Ihre Kraftreserven mobilisieren und Sie noch mehr anspornen, drehen Sie resigniert um. Stellen Sie sich rechtzeitig darauf ein und schützen Sie sich dagegen. Lassen Sie nicht alles so nahe an sich herankommen: Tragen Sie regendichte Kleidung, damit Sie nicht nass werden, schützen Sie Ihren Kopf mit einem Helm, damit Sie nicht alle Schläge aushalten müssen, setzen Sie eine Sonnenbrille auf, damit Sie nicht die ganze Zeit dem unbarmherzigen Sonnenlicht ausgesetzt sind. Tragen Sie die Waffenrüstung Gottes (Epheser 6,10-17) und stellen Sie sich unter seinen Schutz – dann kann Ihnen kaum etwas passieren.

Aus der Gemeindeberatung

In den Gemeinden treffe ich immer wieder auf Menschen, die sich schnell angegriffen fühlen. Sie beziehen alles Mögliche auf sich und reagieren mit heftiger Abwehr oder aggressivem Angriff. Sie verkomplizieren den Beratungsvorgang, weil Sie sehr sensibel behandelt werden müssen. Für sie bedeutet es eine Hilfe, wenn sie erkennen können, dass es nicht gegen sie persönlich geht, sie müssen nicht alles auf sich beziehen! Damit sie nicht in die Flucht geschlagen werden oder sich in der Abwehr von Angriffen verausgaben, müssen sich solche Menschen die Taktik der drei Affen zulegen: nichts hören, nichts sehen, nichts sagen – sonst kommen sie nicht voran.

Rückschritt 17: Gefahren nicht ernst nehmen

In große Gefahr begibt sich, wer ohne die nötige Erfahrung leichtsinnig und mit ungenügender Ausrüstung ins Gebirge geht. Seien Sie nicht leichtsinnig und unvorsichtig! Sie unternehmen keinen Spaziergang auf einer Strandpromenade. Stellen Sie sich auf gefährliche Stellen ein.

Achten Sie darauf, dass auch der nahe Erfolg nicht Ihre Wachsamkeit trübt. Die schlimmsten Unfälle passieren kurz vor dem Ziel. Sie sind dann in einem Zustand zwischen Hochgefühl und Müdigkeit, das ist eine gefährliche Mischung. Sie lassen dann eher die gewohnte Vorsicht außer Acht und werden zu übermütig. Ihre Bedachtsamkeit und Aufmerksamkeit sind getrübt. In dieser Situation machen Sie zum Beispiel Äußerungen, die Ihnen nachher Leid tun und für die Sie sich entschuldigen müssen. Im Vorgefühl des nahen Erfolges gehen Sie nicht mehr gründlich vor, achten Sie nicht mehr im gebotenen Maß auf sich selbst und Ihre Weggenossen. Achtung: In diesen Momenten könnten Sie den ganzen bisherigen Weg leichtfertig aufs Spiel setzen.

Machen Sie deshalb genügend Pausen, auch wenn Sie kurz vor dem Ziel sind. Sammeln Sie wieder neu Ihre Kräfte. Setzen Sie sich mit Ihren Mitstreitern zusammen und gehen Sie jeden Schritt ganz bewusst in einer sorgfältigen Abstimmung mit der ganzen Gruppe. Feiern Sie keine zu frühen Siegesfeiern. Sie müssen erst ganz oben sein, dann haben Sie es geschafft!

Aus der Gemeindeberatung

In der Endphase einer längeren Gemeindeberatung kommt manchmal ein Hochgefühl auf (auch bei mir selbst). Man hat hart miteinander gerungen und kommt nun ans Ziel: Die Arbeit hat sich gelohnt. In dieser Stimmung kurz vor dem Abschluss einer Verhandlung ist manchmal ein Teilnehmer (oder ich selbst) unvorsichtig und bringt eine Äußerung, die alles, was erarbeitet wurde, in Frage stellt. Es scheint, man müsste wieder von vorn anfangen. Das war aber gar nicht so beabsichtigt, die unvorsichtige Äußerung war spontan, im Bewusstsein des nahen Endes getan worden, sie war das Anzeichen einer beginnenden Entspannung. Aber da man noch nicht „durch" ist, wird diese Aussage noch unter dem Vorzeichen der Auseinandersetzung gehört. Die Reaktion darauf: „Ja, wenn du das so siehst, dann haben wir doch keine gemeinsame Basis!" Mühsam muss der Schaden wieder behoben werden.

7. Wegstrecke: Der Gipfel des Erfolgs

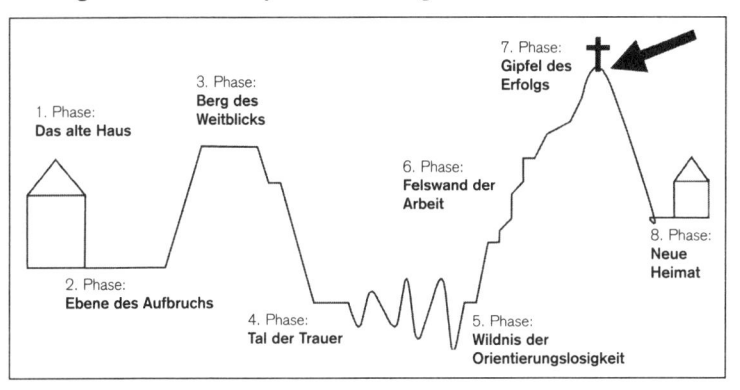

```
1. Phase:           3. Phase:              7. Phase:
Das alte Haus       Berg des               Gipfel des
                    Weitblicks             Erfolgs

                              6. Phase:
                              Felswand der
                              Arbeit
                                                    8. Phase:
                                                    Neue
                                                    Heimat
2. Phase:
Ebene des Aufbruchs
                    4. Phase:      5. Phase:
                    Tal der Trauer Wildnis der
                                   Orientierungslosigkeit
```

Sie haben es geschafft! Sie sind „oben" angelangt. Sie haben den Gipfel des Erfolgs mit Geduld und Ausdauer erreicht! Dieser Moment bezeichnet den Höhepunkt des Veränderungsweges. Jetzt ist offensichtlich, dass sich alle Mühen und Anstrengungen gelohnt haben. Sie schauen zurück auf den weiten Weg, den Sie gekommen sind, und Sie können erkennen, dass sich viel verändert hat, seitdem Sie vor einiger Zeit aufgebrochen sind.

Erfolg bedeutet: Sie sehen jetzt, dass es richtig war, diesen Weg eingeschlagen zu haben. Trotz mancher Umwege und schwieriger Wegstrecken haben Sie die Richtung gehalten und sind dort angekommen, wo Sie hinwollten. Für die Veränderungsprozesse in der Gemeinde heißt das: Es ist etwas in Ihrer Gemeinde neu geworden, Ihr Anliegen konnte sich durchsetzen und Sie sehen, dass es erste Früchte trägt. Sie fühlen sich wohler in Ihrer Gemeinde und haben den Eindruck, dass Ihre Gemeinde „erfolgreicher" ist. Die Atmosphäre ist gut, das Gemeindeleben vitaler, fröhlicher, selbstbewusster geworden, neue Menschen stoßen zur Gemeinde. Die Gottesdienste und Veranstaltungen werden mit Begeisterung besucht, die Gemeindemitglieder leben ihren Glauben mit Hingabe und Leidenschaft und wachsen in der Erkenntnis Gottes. Die Veränderung schloss beide Bereiche ein: Die äußere Form der Gemeinde hat sich geändert, neue Formen und Strukturen haben sich entwickelt, aber auch die innere Gestalt wurde vielfältiger, das Zusammenleben der Gemeindemitglieder vertiefte sich und neue Freude hat die Gemeinschaft ergriffen.

18. Fort-Schritt: Ausruhen

Nachdem Sie nun den Gipfel erreicht haben, können Sie ausruhen – es gibt keinen besseren Rastplatz als diesen Ort. Setzen Sie sich unter das Gipfelkreuz und schauen Sie in die Runde. Die Ruhe und Zufriedenheit, die nun einkehrt, gibt auch Gelegenheit, über diesen Platz unter dem Gipfelkreuz nachzudenken.

Erinnern Sie sich an den, der am Kreuz hing und dort zuletzt gerufen hat: „Es ist vollbracht!" Diese Aussage Jesu gehört zu unserem Weg der Veränderung. Wir können seinen Ausruf auch auf uns beziehen. Er bezeichnet den eigentlichen Erfolg unserer Bemühungen. Damit ist uns bewusst, dass letztlich nicht wir den Sieg errungen haben, obwohl wir uns bis aufs Letzte verausgabt haben, sondern dass das Neue durch Jesus geschaffen wurde, lange bevor wir unseren Weg begonnen haben.

Jesus kam in diese Welt, um einer alten, müden Welt, die am Ende war, das neue Leben Gottes zu bringen. Die Erneuerung war sein wichtigstes Anliegen! Er hatte den Auftrag von Gott, seinem Vater, die Menschen in ihrem Kern zu verändern, sie als Veränderte zu einer neuen Gemeinschaft zusammenzustellen, zu einem Volk zu sammeln, das ihm gehört, um sie dann mit einem neuen Auftrag in die alte Welt zu entlassen. Erneuerte Menschen sollten genauso wie er an dem Prozess der Veränderung teilhaben und Neues bewirken. Dafür wurden sie ausgerüstet.

Wenn wir uns diese Gedankengänge hier an diesem Ort klar machen, dann sehen wir auch, dass das Anliegen der Veränderung ein Grundanliegen des Wirkens Jesu ist. Er war in jeder Phase unseres Weges dabei und markiert nun mit seinem „Es ist vollbracht!" den Höhepunkt unserer Bemühungen. Jesus ist der Anfang und das Ziel dieses Weges. Er kam in das Alte, um es zu verändern. Er brachte das Neue – und er hat es auch geschafft, die zementierten Umstände grundsätzlich und fundamental zu durchbrechen. Der Ausruf am Kreuz ist höchster Triumph, auch wenn es zunächst so aussieht, als sei Jesus mit seinem Veränderungsvorhaben gescheitert. Denn drei Tage später wird es sichtbar: Das Neue hat begonnen, kein Hindernis – nicht einmal der Tod – kann es aufhalten. Mit Ostern, der Auferstehung Jesu, beginnt die neue Zukunft Gottes für uns und alle Menschen!

Die neue Gemeinde

Was ist nun konkret das Neue, das mit Jesus angefangen hat? Wie sieht die neue Gemeinde aus? An erster Stelle ist die neue, veränderte Gemeinde eine Gemeinschaft unter dem Kreuz Jesu. Jesus ist ihre Mitte. Es ist eine Gemeinschaft, die zutiefst von Jesus in allen ihren Vollzügen und Auswirkungen geprägt und gestaltet wird. Die neue Gemeinde ist eine stark christologische Gemeinde. Jesus ist wie eine Quelle in ihrer Mitte, aus der alle miteinander unendlich und grenzenlos schöpfen können: Nämlich die Liebe Gottes fließt durch ihn in die Gemeinde und von ihr in die Welt.

Die neue Gemeinde versammelt sich um den auferstandenen Herrn, freut sich über die Auferstehung und lebt das neue Leben jenseits der Todesschatten des alten Adams. Sie ist eine vitale, lebendige Gemeinde in einem ganz tiefen Sinn: Jesus hat ihr neues Leben geschenkt, das nicht von alten Zuständen zerstört oder behindert werden kann.

Die neue Gemeinde ist eine sichere Gemeinde. Sie weiß, dass sie mit Jesus schon das Neue hat, die Zukunft hat für sie schon begonnen. So lebt sie im Alten selbstbewusst das Neue. Sie ist stark, weil Jesus ihre Stärke ist. Sie ist unüberwindbar, weil Jesus alles überwunden hat. Das gibt ihr eine große Souveränität und Sicherheit. Ihre Identität ist in Jesus gegründet und deshalb unzerstörbar. Das prägt die Gemeinde und wirkt sich in allem aus, was sie tut. Sie muss nicht mühsam um ihr Überleben kämpfen, sie muss nicht immer wieder um eine wackelige Identität ringen, sondern sie lebt mit einem Selbstbewusstsein, das sich auf den auferstandenen und lebendigen Jesus gründet.

Die neue Gemeinde ist eine versöhnte Gemeinschaft. Sie weiß, dass ihr vergeben ist. Jesus hat alle Schuld auf sich genommen, die Lasten und Belastungen sind fortgeschafft. Sie muss nicht ständig das Alte mit sich herumschleppen. Für jeden Einzelnen in der Gemeinde gilt: Dir ist vergeben! Diese Zusage darf er immer wieder aufs Neue in Anspruch nehmen. Die neue Gemeinde ist deshalb von einer echten Fröhlichkeit geprägt. Nicht Jammer über die eigenen Unzulänglichkeiten herrscht vor, sondern die Freude über das Geschenk des Neuanfangs. Weil Gott vergibt, können die Glieder der neuen Gemeinde offen und frei miteinander umgehen. Weil Gott nicht nachtragend ist, müssen sie sich auch nichts nachtragen. Sie können sich ehrlich begegnen und in eine Kommunikation miteinander treten, die frei von Zweideutigkeiten, versteckten Anspielungen und Vorwürfen ist. Sie können Konflikte gemeinsam austragen und miteinander um den richtigen Weg ringen, weil sie wissen, dass durch gegenseitige Vergebung und Versöhnung der Weg nach vorn immer wieder neu geöffnet ist. Weil ihnen viel vergeben ist, können sie viel vergeben.

Die neue Gemeinde lebt gleichzeitig Einheit und Vielfalt. Weil die Gemeinde weiß, dass Jesus das Bindeglied zwischen allen Gliedern ist, kann sie Unterschiede zulassen. Jeder darf seine Eigenart leben, keiner fühlt sich dadurch angegriffen, dass der andere ganz anders ist. Soziale und menschliche Unterschiede sind durch den Heiligen Geist aufgehoben. Menschen, mit denen man sonst nichts zu tun hätte – oder zu tun haben wollte – sind Geschwister geworden. Man kann sich in tiefer Weise in einer großen Freiheit begegnen und sich über die Vielfalt im Reich Gottes freuen. Der andere muss nicht so sein wie ich: Wir können uns vielmehr in unseren Unterschieden ergänzen und voneinander lernen.

Die neue Gemeinde teilt miteinander. Es gibt nichts, was nur dem Einzelnen gehört. Wenn einer sieht, dass ein Glied leidet, dann leidet er mit. Jeder ist von der Not und den Problemen der anderen betroffen. Keiner lebt für sich allein und schaut nur darauf, dass es ihm gut geht. Alle Lasten werden gemeinsam getragen. Weil der Gemeinde durch Jesus viel geschenkt wurde, kann sie an Bedürftige und Notleidende austeilen. Genauso werden Erkenntnisse und Erfahrungen miteinander geteilt: Man fördert sich gegenseitig und setzt alles daran, dass jeder vorankommt. Die gegenseitige Ermutigung und das aufbauende Lob ist eine grundlegende Wesensäußerung der neuen Gemeinde!

Die neue Gemeinde bezieht Stellung. Sie versteckt sich nicht vor den Problemen unserer Gesellschaft, sondern mischt sich ein. Weil der Tod und die Auferstehung Jesu nicht ein unwichtiges Geschehen am Rande war, sondern die entscheidende Heils-Tatsache für die ganze Welt, hält sie damit nicht hinter dem Berg. Jesus ist für die alte

Welt gestorben, damit sie neu werden kann. Die veränderte Gemeinde trägt das neue Leben in die Welt hinein. Sie tut das in vielfältigen Formen der Verkündigung und Evangelisation. Sie tut es aber auch in diversen Angeboten von Hilfeleistungen, diakonischen und sozialen Projekten und politischer Einflussnahme. Die neue Gemeinde setzt ihre Sicherheit aufs Spiel, weil sie weiß, dass ihre Grundlage in Jesus Christus nicht geraubt werden kann.

Die neue Gemeinde ist eine Gemeinde der Liebe. Liebe ist der vorherrschende Ausdruck der Gemeinschaft. Liebe prägt den Umgang miteinander und wird in den kleinen Dingen des Alltags konkret. Durch die gelebte Liebe verwandelt sich die Gemeinde von einem theoretischen Konstrukt zu einer realen Gemeinschaft mit Hand und Fuß: Man geht aufeinander zu, besucht sich, dient einander, kümmert sich umeinander und hält auch in schwierigen Situationen aneinander fest. In Liebe wird der andere akzeptiert, auch wenn man ihn nicht versteht. Niemand spielt sich in den Vordergrund und achtet darauf, dass er besonders gut dasteht, sondern man baut sich gegenseitig auf. Niemand ist genötigt, sich selbst gegen andere durchzusetzen, sondern man gibt auch dann nach, wenn man sich im Recht fühlt. Es ist keine künstliche Liebe, die die Gemeinde prägt, sondern die Liebe Jesu, die immer wieder neu empfangen und weitergegeben wird. Diese Liebe lebt von Überraschungen: Sie gewinnt das Herz des anderen, indem sie ihm ohne Vorleistung und ohne Grund etwas Gutes tut. Sie überwindet seine Reserviertheit, indem sie ihm dort hilft, wo er schwach ist, statt ihn auszunutzen oder zurechtzuweisen. Diese Liebe drückt sich in einer grundsätzlichen Wertschätzung des anderen aus und zeigt dem anderen, wie wichtig er ist.

Die neue Gemeinde ist aufbauend. Eine solche Gemeinde ist ein Stück Himmel auf Erden. Hier sind die gnadenlosen Regeln unserer Konkurrenzgesellschaft aufgehoben, hier herrschen andere Gesetze. Die enorme Spannung einer Gesellschaft, in der nur die Selbstdarstellung des Einzelnen zählt und jeder zusehen muss, wie er – notfalls zu Lasten der anderen – selbst durchkommt, fällt ab. Man kann sich entspannt begegnen. Jeder kann seine Maske ablegen, die ihm das Spiel „mehr Schein als Sein" aufnötigt und kann sein wahres Gesicht zeigen. Hier wird nicht verurteilt oder verspottet, sondern Vertrauen aufgebaut. Dadurch wirkt diese Gemeinschaft heilend und befreiend. Die eigentliche Persönlichkeit des Einzelnen wird freigelegt, die wahren Werte und Fähigkeiten eines Menschen können sich entfalten, weil jeder ermutigt wird, die Gaben einzusetzen, die ihm Gott gegeben hat.

Die neue Gemeinde kämpft gegen Ungerechtigkeit. Eine Gemeinde, die so lebt, ist ein deutliches Zeichen des Widerspruchs in unserer Welt. Sie ist eine Alternative zu allen Sachzwängen, denen wir uns hilflos ausgeliefert vorkommen. Diese neue Gemeinde muss gar nicht so viel verkündigen und reden. Weil sie anders ist, ist sie ein Stachel im Fleisch einer alten Gesellschaft. Weil sie Anders-Sein lebt, hat sie auch das Recht, ihren Finger auf Ungerechtigkeit zu legen und der Gesellschaft mahnend und warnend einen Spiegel vorzuhalten.

Die neue Gemeinde beginnt in unserem Innersten. Sie hat mit unserem Verhalten und mit unseren Beziehungen zu tun. Diese neue Gemeinde beginnt „innen" und setzt sich nach „außen" fort. Noch besser: Sie beginnt am Kreuz Jesu und breitet sich in die Welt hinein aus. Die neue Gemeinde ist nicht in erster Linie ein Produkt unserer Anstrengungen und unserer Umbaumaßnahmen, sondern sie wird als Geschenk von Jesus in Empfang genommen. Wenn wir uns das klar machen, kehrt Ruhe ein. Wir dürfen tatsächlich einmal alle unsere Aktivitäten zur Seite legen und nur als Empfangende vor Jesu stehen. Die Arbeit ist getan, nun können wir ausruhen und genießen.

Die neue Gemeinde ist ein Ort der Ruhe inmitten einer hektischen Welt, in der Leistung und Erfolg zählen. Hier muss ich einmal nichts machen. Hier kann ich einfach so sein, wie ich bin. In der neuen Gemeinde spielt deshalb der Sonntag eine große Rolle. Er wird als Tag der Gottesruhe gefeiert. In dieser Ruhe kommt das Schöpfungswerk Gottes zu seiner Vollendung. Ein zufriedenes Schweigen und eine erfrischende Stille prägen den Sonntag. Die eigenen Aktivitäten haben im vollkommenen Werk Gottes ihre Erfüllung gefunden. Der Sonntag wird als Tag der Gemeinde miteinander begangen, die Gemeindemitglieder tauchen gemeinsam in den Frieden Gottes ein. Der Gottesdienstraum ist wie ein Zelt, in dem Gott begegnet werden kann. Hier ist die Heiligkeit Gottes gegenwärtig zu erfahren. In Ehrfurcht und Demut betreten die Gemeindemitglieder diesen Ort. Sie sind ganz offen, Gott gegenüberzutreten, um mit ihm zu reden, auf ihn zu hören und seinen Segen zu empfangen. Alle eigenen Aktivitäten haben dort keinen Platz. Das drückt sich auch in der Gestaltung der Gottesdienste aus.

Neue Gemeinden sind Orte der Heiligkeit Gottes! Die unfassbare Größe Gottes wird – zumindest zu einem Teil – erfahren und gefeiert. Gott ist unverfügbar, er teilt aus und die Gemeinde steht mit leeren Händen vor ihm.

Die neue Gemeinde ist deshalb eine anbetende Gemeinde. Nicht die Formen und unterschiedlichen Stilrichtungen der Anbetung sind entscheidend, sondern die Hingabe der Gläubigen. Nicht der Einzelne steht vor Gott in eigener frommer Erbauung, sondern die Gemeinde feiert gemeinsam die Größe ihres Herrn. Die Erfahrung des gegenwärtigen Gottes ist ein gemeinsames und verbindendes Erlebnis. Jeder wird beschenkt, gemeinsam sind sie die Gemeinschaft der Empfangenden. Anschließend tauscht man sich aus – wie an Weihnachten –, was jeder von Gott bekommen hat, und staunt über die Fülle und den Reichtum seiner Geschenke. Wer denkt, dass er nichts bekommen hat oder nicht in dem Maß beschenkt wurde, wie er es eigentlich braucht, kann das sagen und stellt sich in die Mitte, damit die anderen für ihn beten.

Die neue Gemeinde ist eine fürbittende Gemeinde. Sie möchte Gott dazu bewegen, dass er seinen Reichtum vor allem auch dort austeilt, wo besonderer Bedarf ist. Die ganze Gemeinde macht Probleme zu ihren Anliegen und bringt sie vor Gott. Der Einzelne ist mit seinen Bedürfnissen nicht allein. Das konkrete fürbittende Gebet ist ein fester Bestandteil des Gottesdienstes, damit sich die Gemeinde um die schwachen und bedürftigen Gemeindemitglieder stellen kann. Wer leidet, Schmerzen hat und krank ist, kommt in die Mitte, damit sich die Gemeinde um ihn stellen, für ihn beten und ihn in ganz besonderer Weise segnen kann. Niemand ist allein mit seinen Nöten, alles ist Sache der gesamten Gemeinde. Sie trägt die Lasten mit, bringt sie vor Gott und teilt die Ratlosigkeit und Verzweiflung, wenn Gebete nicht erhört werden. Dazu gehören Klagen und Zweifel genauso wie Freude und Jubel über Heilung, Befreiung und Gebetserhörungen.

Die neue Gemeinde ist eine feiernde Gemeinde. Sie versteht es, ihrer Freude Ausdruck zu verleihen. Ein Fest ist die Feier der befreiten und erlösten Kinder Gottes, ein Anteil an zukünftiger Herrlichkeit. Hier findet der Friede Gottes seinen Höhepunkt. Jubel und Freude über das Neue, das Gott schenkt, und tiefer Dank über die Gemeinschaft, die Gott unter uns schafft, geben dem Ausdruck. Die Gemeinde feiert den neuen Anfang. Sie feiert den Erfolg Gottes, der sich in ihrer Mitte gegen das durchgesetzt hat, was Gottes Leben hindert. Sie feiert fröhlich und ausgelassen, dass sie die Mühsale und Anstrengungen des Weges der Veränderungen geschafft hat und endlich dort angekommen ist, wo es sich gut und trefflich leben lässt: unter dem Kreuz Jesu.

Vorschlag für den 18. Schritt: Gott mit einem Fest feiern

Deshalb ist der Ort auf dem Gipfel des Erfolgs auch ein Ort der Freude und des Feierns. Feiern Sie miteinander, dass Sie es geschafft haben, und feiern Sie dankbar, dass Gott Ihnen dabei geholfen hat.

Gestalten Sie einen Dankgottesdienst, in dem Sie Gott einen Gedenkstein aufrichten. Holen Sie die verschiedenen Phasen Ihres Weges noch einmal in Ihr Gedächtnis zurück und danken Sie Gott für seine Hilfe. Halten Sie fest, was Sie an den jeweiligen Meilensteinen gelernt haben. Als das Volk Israel den Jordan trockenen Fußes durchquert hatte, der die Grenze zum neuen Land markierte, brachten alle Ältesten einen Stein aus dem Bachbett mit. Diese Steine wurden zu einem großen Denkmal als Zeichen dafür aufgeschichtet, dass sie den Durchzug durch den Jordan und das verheißene Land mit Gottes Hilfe erreicht hatten. Dieses Denkmal war ein ständiger Hinweis für den Weg durch die Wüste, ein Beweis ihrer Herkunft und eine Erinnerung an die Vergangenheit (Josua 4). An dieser Stelle hielt Johannes der Täufer seine Bußpredigt und er taufte dort im Jordan die Menschen. Er brachte sie dadurch wieder in Verbindung zu dem damaligen Neuanfang. Er erinnerte an den Weg durch die Wüste und forderte dazu auf, diese Schritte in das neue Land heute noch einmal ganz bewusst zu vollziehen (siehe Gerhard Lohfink, Braucht Gott die Kirche?, Herder Verlag, Freiburg, 1998, S. 87f.).

Sie sind jetzt angekommen, der Weg liegt hinter Ihnen.

- Dokumentieren Sie den Veränderungsprozess. Malen Sie ein Bild Ihres Weges oder verfassen Sie einen kleinen Bericht. Gestalten Sie ein Kunstwerk, das den Weg vom Alten zum Neuen ausdrückt. Verwahren Sie die Hinweise und Dokumente so, dass sie immer wieder an diesen Weg erinnert werden.
- Feiern Sie ein fröhliches Fest mit guter Bewirtung, bei dem Sie sich die Geschichten des Weges noch einmal erzählen – und nun darüber herzhaft lachen – können!
- Hören Sie miteinander auf Gott und fragen Sie ihn nach seinem Auftrag für Sie an dem neuen Ort. Finden Sie vor Gott heraus, wie Sie Ihre Erfahrungen einsetzen können.
- Fragen Sie Gott nach seinen Verheißungen für den neuen Ort, der nun unmittelbar vor Ihnen liegt. (Sie wissen ja: Der neue Ort liegt etwas unterhalb des Gipfels des Erfolgs – der Gipfel markiert sozusagen die Eingangspforte zum neuen Land.)

- Gibt es ein Bibelwort Gottes für das neue Land?
- Wenn Sie eine Verheißung Gottes entdeckt haben, halten Sie sie fest und gehen Sie mit dem aktuellen Wort Gottes weiter. Dieses Wort Gottes entwickelt seine Kraft, wenn Sie es einsetzen. Nehmen Sie es als Motto und Leitlinie für die Zeit, die vor Ihnen liegt, in dieser Verheißung steckt Gottes Aufbau-Programm.

Rückschritt 18: Bleiben oder weiterhetzen

Unsere Erfolge bergen die Gefahr in sich, dass wir sie festhalten wollen. Ständig wiederholen wir die Erfolge der Vergangenheit. Wir stecken sie uns als Orden und Ehrenzeichen an die Brust und gehen anderen damit auf die Nerven.

Wir feiern unsere Erfolge, müssen dann aber auch bereit sein weiterzugehen. Wir dürfen bei ihnen nicht stehen bleiben. Wir können die Höhepunkte unseres Lebens nicht festhalten und konservieren, sonst ist das Neue von heute sofort wieder das Alte von gestern. Wir müssen diese kostbaren Momente loslassen, damit wir frei für die nächsten Schritte sind. Auch die schönste Feier findet ein Ende und es geht weiter.

Eine andere, gegensätzliche Gefahr besteht natürlich auch darin, dass wir uns nicht die Ruhe gönnen, sondern gleich weiterhetzen. Wir haben das Gefühl, der Erfolg sei noch nicht komplett, es fehle noch etwas und wir müssten noch weiter. Ein vorwärtstreibender Perfektionismus hindert uns daran, unsere Erfolge zu genießen, weil wir denken, wir könnten nur zufrieden sein, wenn alles vollkommen sei. Auf diese Weise werden wir nie den Gipfel des Erfolges erreichen und zur Ruhe kommen, sondern immer unterhalb bleiben und uns im Kreis bewegen. In dem Bemühen, noch weiterzukommen und noch mehr Erfolg zu haben, treten wir über den Felsen hinaus, auf dem das Gipfelkreuz steht, und stürzen ab.

Der Gipfel des Erfolgs ist nicht der Ort, an dem wir uns auf Dauer niederlassen können. Das Ziel liegt hinter dem Gipfel und um einiges unterhalb dieses Höhepunktes, der damit ein Höhe-Punkt bleibt. Wir müssen weitergehen und bereit sein, auch wieder die Niederungen des Alltags zu akzeptieren.

Die neue Gemeinde ist nicht perfekt. Sie wird nicht immer in diesem idealen und vollkommenen Sinn Gemeinde sein, wie wir es uns wünschen. Auch die neue Gemeinde ist und bleibt durchsetzt vom Alten. Das liegt daran, dass wir – jeder von uns – trotz des Veränderungsweges, den wir zurückgelegt haben, zu einem guten Stück weiterhin alte Menschen geblieben sind. Wir haben uns zwar durch die Erfahrungen verändert, aber doch nicht unsere alte Haut verlassen! Während Jesus allein das Neue in das Alte hineintransportiert, bringen wir alte Bestandteile in das Neue mit. Auch nach der Veränderung stehen neue und alte Anteile nebeneinander. Nur hat das Neue zu- und das Alte abgenommen. Wenn wir uns das nicht klar machen, leben wir in einer Idealwelt, die mit der Wirklichkeit nicht übereinstimmt. Wir bleiben immer unzufrieden auf der Suche nach der noch besseren Gemeinde.

Das Volk Israel hatte zwar nach dem Durchzug durch den Jordan das gelobte Land erreicht, aber damit nicht den Himmel auf Erden gewonnen, in dem es keine Probleme mehr gibt. Die Israeliten haben sich selbst mit ihren Grenzen und Beschränkungen in das neue Land mit hineingenommen. Deswegen gab es nach wie vor Schwierigkeiten, Verfehlungen und „alte Zustände". Mit dem Einzug in das neue Land begann eine neue Ära, aber auch eine mögliche neue Reihe von (alten) Problemen und Schwierigkeiten.

Nein, auf dem Gipfel des Erfolgs können Sie nicht bleiben! Seien Sie deshalb bereit weiterzugehen, um im Alltag einen Ort zu suchen, wo Sie das Neue leben und gestalten können. Einen Ort, wo Sie am Ziel sind, damit die Umsetzung des Neuen in den normalen Vollzügen des Lebens geschehen kann.

8. Wegstrecke: Die neue Heimat

Wenn wir an dem neuen Ort, der neuen Heimat, angelangt sind, dann sind wir wirklich am Ziel. Das ist der Ort, an dem wir uns für die nächste Zeit niederlassen wollen. Hier sind nicht mehr die Höhenflüge des

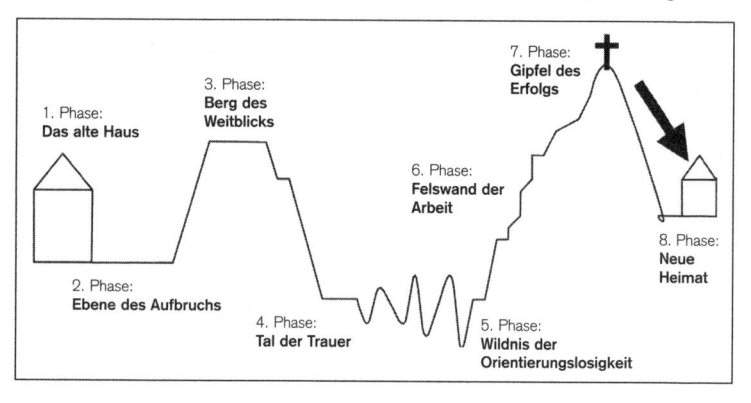

Erfolges bestimmend, sondern die kleinen und einfachen Details des Alltags prägen das Leben. Wir sind auf dem Boden der Realität angelangt, aber es ist eine neue Realität, die wir mit neuem Leben füllen. Hier wollen wir uns nun ansiedeln und sesshaft machen.

19. Fort-Schritt: Ankommen

Wenn wir an einem neuen Ort ankommen, erkunden wir normalerweise zuerst die Umgebung. Wir finden heraus, wo sich was befindet und welche Routen in Zukunft zu unseren alltäglichen Wegen werden. Wir überlegen uns neue Abläufe, die zu der neuen Situation passen. Wir beginnen, uns einzurichten und an die neue Umgebung zu gewöhnen. Das braucht normalerweise viel Zeit. Neue Kontakte müssen geknüpft werden, der neugierige Blick über den Gartenzaun zeigt uns, wer mit uns die neue Heimat bewohnt. Neue Beziehungen werden begonnen und man ist deshalb grundsätzlich offen für neue, andere Menschen. Sehr wach nimmt man alles wahr und die Bereitschaft, sich auf Unbekanntes einzulassen, ist sehr hoch.

Sie legen den Rucksack ab, packen aus, was Sie mitgebracht haben, und wechseln die Bekleidung. Die Wanderschuhe kommen in den Schrank und Sie ziehen wieder Pantoffeln an. Ein Zeichen dafür: Sie sind daheim. Eine neue Phase mit neuen, anderen Bedingungen als die der Wanderschaft hat begonnen.

Durch den Weg der Veränderung, den Sie nun hinter sich haben, sind Sie anders geworden. Sie sind nicht mehr in jeder Hinsicht der, der Sie einmal waren. Der Veränderungsprozess ist nicht nur ein Ortswechsel, sondern auch ein Wechsel des Verhaltens. Sie haben eine „Veränderungsmentalität" gewonnen. Sie leben in einer anderen Freiheit als vorher. Eine innere Unabhängigkeit führt dazu, nicht mehr ausschließlich auf die Umstände zu starren und sich an Dingen und Bedingungen festzuhalten. Sie sind nun flexibler und haben die Erfahrung gemacht, dass Sie schwierige, ungeordnete Situationen bewältigen können wie zum Beispiel das Chaos und die Wildnis der Orientierungslosigkeit. Sie haben Ihre Kräfte an der Steilwand der Arbeit gespürt und wissen, wie stark Sie sind.

Die gewonnenen Erkenntnisse und die durchgestandenen Situationen sind ein Schatz, der das Leben in der neuen Heimat prägt und dazu beiträgt, dass Sie sich ganz bewusst niederlassen, ohne den weiten Horizont zu verlieren, dass Sie sich sesshaft machen und trotzdem in einer inneren Beweglichkeit und Lebendigkeit bleiben.

Es ist wie am Schluss der fantastischen Geschichte „Herr der Ringe" als die Gefährten heimkehren. Sie sind wieder zu Hause, aber sie haben sich verändert. Sie sind nicht mehr die gleichen, die vor vielen Zeiten losgezogen waren. Abenteuerliche Erlebnisse haben sie geprägt und diese Erfahrung sondert sie ab von denen, die immer zu Hause geblieben sind und sich nie den gefährlichen Herausforderungen in schwierigen Situationen stellen mussten. Sie haben deshalb Mühe, sich wieder in das normale Leben einzugliedern – nein, mehr noch: Es gelingt ihnen nicht mehr, sich an die ewig gleichen Abläufe anzupassen. Sie sind daheim – und trotzdem Fremde.

Rückschritt 19: Unterwegs bleiben

Die „Veränderungsmentalität" darf nicht heißen, nun immer unterwegs sein zu wollen. Sie ist nur der Ausdruck einer neuen Haltung, die das Verhalten in der neuen Heimat prägt. Sich nicht niederzulassen, gleichsam als Wanderer zwischen den Welten das Ankommen zu verweigern, würde bedeuten, zu einem Nomaden oder zu einem Vagabunden zu werden. Ein Veränderungsprozess braucht einen Abschluss, denn ständige Veränderungen führen dazu, dass wir bald nicht mehr wissen, wer wir sind. Der Weg braucht ein Ziel, er ist nicht das Ziel – wie oft behauptet wird – und er bekommt seinen Wert nur dadurch, dass das Ziel erreicht werden kann und neue Stabilität und Sicherheit in unser Leben einziehen. Wer nicht ankommen und nur noch unterwegs sein will, steht in der Gefahr, die alte Heimat nur auf den Weg zu verlagern, das Vergangene wie in einem großen Wohnmobil weiter mit sich herumzufahren und nie wirklich das Neue zu erreichen, weil er es gar nicht erreichen will.

Das Unterwegs-Sein wird dann zum Lebensprinzip gemacht und nicht die Veränderungen. Man täuscht durch die Bewegung, in der man sich befindet, eine Veränderung vor, aber man ändert nur äußerlich den Standort und bleibt innerlich der Gleiche.

Das scheint mir in unserer so sehr mobilen Gesellschaft ein häufiger Vorgang zu sein: Durch schnelle und häufige Wechsel – Orte, Beziehungen, Gemeinde – hat man das Gefühl, in hohem Maß in Bewegung zu sein. Man muss sich nicht auseinander setzen, weil man sich gar nicht auf etwas einlässt. Man scheut Gewohnheiten, Traditionen und vertraute Abläufe, aus der Angst heraus, man könnte etwas verpassen, woanders könnte es besser und interessanter sein. Aber so kommt man nie an und hat deshalb letztlich keine Heimat. Man ist gar nicht im Hier und Jetzt, sondern ständig mit seinen Wünschen, Plänen und Vorstellungen an anderen Orten und bleibt unzufrieden, weil man immer nur einen kleinen Bruchteil der gegenwärtigen Situation erfährt und erlebt.

Nur wer sich auf Verbindlichkeiten einlässt, bekommt Verbindung zu sich und zu seiner Umwelt. Nur wer Beziehungen lebt, lernt sich und andere kennen. Nur wer sich an einem Ort festmacht, kann in die Tiefe wachsen, auch wenn die Gemeinde noch so unvollkommen ist.

Eine Gemeinde lässt sich nicht dadurch erleben, dass Sie ein paar Mal ihre Gottesdienste besuchen. Gemeinde erschließt sich nur, wenn Sie sich ganz auf sie einlassen und sich bereit erklären, sie als Ihre neue Heimat anzunehmen.

Zum Ankommen gehört der Entschluss: Hier will ich bleiben, hier mache ich mich fest! Nichts ist schädlicher für eine Gemeinde als viele Gemeindemitglieder, die nicht genau wissen, ob sie nun dazugehören oder nicht.

Vorschlag zum 19. Schritt

Treffen Sie eine eindeutige Entscheidung. Nehmen Sie diesen neuen Ort als Geschenk Gottes an, danken Sie ihm dafür und erklären Sie vor Gott – und vielleicht auch vor Menschen: „Hier will ich bleiben, hier mache ich mich fest. Diese Gemeinde ist meine neue Heimat, hier will ich das leben, was ich gelernt habe. Hier bringe ich mich ein mit dem, was ich habe und kann!" Sollten Sie merken, dass auch in dieser Gemeinde nicht alles perfekt ist, und im Stillen denken: „Irgendwo anders könnte es besser sein", sagen Sie trotzdem Ja zu dem neuen Platz. Nur so wird dieser Ort für Sie wirklich zu einer Heimat. Eine perfekte Gemeinde werden Sie nirgends finden, denn den idealen neuen Standort gibt es nicht! Wenn Sie das erwarten, werden Sie selbst immer unzufrieden sein und andere mit Ihren Forderungen ärgern. Sie werden immer auf der Suche sein und nie irgendwo ankommen.

20. Fort-Schritt: Festmachen und Absichern

Das Neue braucht eine neue Form, damit es sich konkret und praktisch auswirken kann. Mit Richard Rohr haben wir bereits vom Mythos gesprochen, der für den Beginn des Neuen den Wurzelgrund bedeutet. Durch den gemeinsamen Weg der Veränderung haben wir in unserem Veränderungsteam oder in unserer „Brückengruppe" die wichtigen Voraussetzungen geschaffen, auf denen wir weiterbauen können. Das sind die Gemeinsamkeiten, die uns verbinden, und daraus ist Gemeinschaft gewachsen. An der Steilwand der Arbeit haben wir uns in einem weiteren Schritt Grundsätze erarbeitet, in denen wir festgelegt haben, was wir tun müssen, um zu dem Ziel zu kommen, das wir uns gesteckt haben. Wir haben festgelegt, nach welchen Maximen wir handeln wollen und welche Werte die Grundlagen für unsere Entscheidung bilden.

Nun wird es noch konkreter: Am neuen Ort angelangt, geht es nun um Mittel, die wir einsetzen wollen und können, und um Programme, die wir verwirklichen wollen. Die Räume des neuen Hauses sollen mit neuem Leben gefüllt werden. Was tun wir, damit die Veränderung konkret verwirklicht wird? Welche Veranstaltungen, Unternehmungen und Aktivitäten sind Ausdruck des Neuen?

Dazu müssen Strukturen geschaffen werden, die das Neue in geordnete und geregelte Bahnen lenken. Strukturen sind nötig, um in einer Organisation festzulegen, wie über Beziehungen und Abläufe bestimmte Ziele, die für alle wichtig sind, erreicht werden können. Strukturen haben den Zweck, Beziehungen zu regeln und Kommunikations- und Entscheidungsabläufe zu beschreiben, damit die Organisation leben und sich auf ein bestimmtes Ziel hin fortentwickeln kann. Strukturen müssen also zweckmäßig sein und dürfen nicht um ihrer selbst willen da sein. Zweckmäßig sind sie, wenn sie dem Leben dienen und nicht im Gegenteil das Leben verhindern.

Dazu müssen Sie Antworten auf folgende Fragen finden:
- Welche Form muss das Neue gewinnen, damit es Bestand hat?
- Welche organisatorischen Abläufe sind nötig?
- Wie kann das Neue zu einer lebendigen „Institution" werden?
- Wie können wir neue Traditionen schaffen?

Dazu gehört dann auch:
- Wer leitet diesen neuen Bereich?
- Wer garantiert damit die richtige Umsetzung unserer Vorhaben?
- Wer ist für welchen Bereich verantwortlich und wie wird diese Verantwortlichkeit ausgeübt?
- Welchen Ausdruck findet die Verbindlichkeit – wer gehört dazu und wer nicht?

Alle diese Fragen müssen geklärt werden, damit der Veränderungsprozess nicht in einem unkonkreten Nebel stecken bleibt. Gleichzeitig bedarf der jetzige Moment einer großen Wachsamkeit! Zu schnell sind sonst neue Abläufe eingeführt und werden zu einer starren Form. In kürzester Zeit sind Traditionen geschaffen, die unbeweglich etwas weiterführen, von dem man rasch vergisst, warum sie überhaupt begonnen wurden. Das Organisatorische bekommt – vor allem bei uns in Deutschland – unversehens ein so großes Gewicht, dass es das Leben erstickt und nur noch Verwaltung und festgelegte Regeln im Vordergrund stehen.

Neue, bewegliche Strukturen

Wir müssen also Formen finden, die nicht nur festlegen, sondern eine ständige Beweglichkeit ermöglichen. Das geht nur, indem wir kleine, überschaubare Einheiten bilden, die mit hoher Eigenständigkeit und autonomer Kompetenz ausgestattet sind. Das neue Haus bekommt viele verschiedene Räume, die jeweils selbst verwaltet werden. Ein „Hausbeirat" bündelt die verschiedenen Anliegen, bringt sie in eine Beziehung zueinander und richtet sie auf das gemeinsame Ziel hin aus. Die Gestaltung des Lebens in den Räumen bleibt den einzelnen Gruppen überlassen. Wer einen Vorschlag auf den Tisch legt, darf ihn auch verwirklichen, wenn er Unterstützer findet und bereit ist, selbst dafür die Verantwortung zu übernehmen.

Ein weiterer wichtiger Aspekt einer beweglichen Form sind kurze Zeiträume. In einem absehbaren Zeitabschnitt werden die Aktivitäten überprüft. Jeder Bereich muss Gründe darlegen, warum diese Sache weitergeführt werden soll. Einzelne Projekte werden von vornherein nur für eine befristete Zeit gestartet, damit sich keine Eigendynamik entwickeln kann, die für den Erhalt eines Projekts auch dann noch sorgt, wenn es sich schon längst überlebt hat.

Die Form orientiert sich an den Bedürfnissen der Gemeinde und den Notwendigkeiten der Gesellschaft. Die Verantwortlichen haben ein offenes Ohr für die Entwicklungen und richten sich nach einem „Markt", der sich ständig verändert. Da man in der Gemeinde den Menschen dienen will, steht der Mensch mit seinen Anliegen im Mittelpunkt: Was braucht er heute? Was ist für den normalen Alltag erforderlich? Wie können wir die Menschen heute mit ihren Fragen und Problemen erreichen? Wer so fragt und dabei offen ist, bleibt flexibel. Wenn es sich eine Gemeinde zum Ziel gesetzt hat, die Mitte der Gesellschaft zu erreichen und sie mit dem Evangelium zu durchdringen, ist sie immer wieder neu genötigt aufzubrechen. Sie bleibt nicht im Bestehenden verhaftet!

Der Aufbruch bekommt in einer solchen Gemeinde einen höheren Stellenwert als das Erhalten des Bestehenden. Eine Gemeinde, die auf dieser Grundlage steht, kann loslassen, Gemeindemitglieder immer wieder für einen neuen Dienst bevollmächtigen und in die Welt hinaus senden. Die Grundübereinstimmung der Gemeindemitglieder zur Veränderung setzt enorme Kräfte frei und fördert eine motivierende Eigeninitiative. Für sie ist es zum Beispiel nichts Ungewöhnliches, dass Gruppen aus der Gemeinde neue missionarische Zellen bilden, die zu einer Gemeindepflanzung führen.

Aus der Gemeindeberatung

Eine Gemeinde, die gerade eine schwierige Zeit hinter sich gebracht hatte, beschloss zunächst, alle Projekte und Initiativen nur für ein Jahr zu starten. Nach diesem Jahr sollte jede Gruppe ihre Arbeit in einer Gemeindeversammlung vorstellen. Mitarbeiter wurden auch nur für ein Jahr verpflichtet. Nach diesem Zeitraum wurde dieses Prinzip beibehalten: im Herbst wurde jeweils für das kommende Jahr geplant. Am Ende des Kirchenjahres wurden noch einmal die Projekte des vergangenen Jahres betrachtet und die Mitarbeiter, die sich nun ein Jahr lang eingesetzt hatten, feierlich und mit Dank verabschiedet. Am ersten Advent wurden die Vorhaben für das nächste Jahr vorgestellt, die neuen Mitarbeiter dafür eingesetzt und für ihre Aufgabe gesegnet. Natürlich konnten sich Gemeindemitglieder mehrere Jahre hintereinander verpflichten und Initiativen konnten länger dauern als ein Jahr, aber das weitere Vorgehen wurde in jedem einzelnen Fall im Herbst neu geprüft und entschieden.

Vorschlag zum 20. Schritt: Eine neue Struktur ausprägen

Die neue, bewegliche Struktur prägt einen ganz bestimmten Verhaltensstil, der sich wieder auf die Form auswirkt. Die neue Beweglichkeit macht sich ganz unterschiedlich bemerkbar: Der Schwerpunkt des Gemeindelebens liegt auf kurzfristigen, spontanen oder auch sorgfältig geplanten gemeinsamen Aktionen.

Gehen: Man geht zu den Menschen, anstatt sie einzuladen und – vergeblich – auf sie zu warten. Immer wieder machen sich unterschiedliche Teams auf, um die Mitglieder der Gemeinde in ihren Häusern aufzusuchen. Einzelne Teams werden im Gottesdienst ausgesandt, andere machen sich ganz spontan auf den Weg, dem Ruf

Gottes folgend. Die Gemeinde ist unterwegs! Viele treffen sich an den Straßenecken, ein dichtes Netz von Kontakten und Beziehungen durchzieht und festigt die Gemeinde.

Beten: Gebetsversammlungen finden nicht mehr nur im Gemeindehaus oder in der Kirche statt: Man betet, während man in Bewegung ist. Betend wird die Gemeinde durchstreift. Gebetsmeetings finden vor sozialen Brennpunkten (Rathaus, Jugendcafé) statt. Das Gebet wird dadurch aktueller, brennender, direkter. Betend in Kontakt treten zu dem Geschehen, Menschen nach ihren Anliegen fragen und sie mit ins Gebet einbringen, dadurch wird das Gebet lebendiger und interessierter und ist es keine Sache mehr, die im verschlossenen Kämmerchen stattfindet, sondern die ihren Platz im Alltag dieser Welt hat.

Reden: Man redet nicht nur miteinander, sondern arbeitet auch zusammen. Gespräche und Arbeit lassen sich auf gute Weise verbinden. Wie herrlich lässt es sich über die Predigt des Sonntags diskutieren, wenn man die Hecke auf dem Gemeindegrundstück schneidet. Man lernt sich dabei viel besser von verschiedenen Seiten kennen. Auch seelsorgerliche Gespräche sind möglich, während man die Jugendräume mit frischer Farbe versorgt oder miteinander nach dem Gemeindefest das Geschirr abwäscht. Die Gespräche sind dann nicht mehr nur abstrakt und theoretisch abgehoben, sondern bekommen einen persönlichen Bezug.

Essen: Noch intensiver werden Begegnungen, wenn sie mit einem gemeinsamen Essen verbunden werden. Dabei gibt es die ganz ursprüngliche Form von Gemeinde neu zu entdecken: Die Gemeinde trifft sich zum Gespräch und Austausch über persönliche und aktuelle Fragen. Gemeinsam wird das Essen vorbereitet. Man steht in der Küche, schneidet Zwiebeln und deckt den Tisch. Man isst, begegnet sich fröhlich und unbeschwert und wird von der Tischgemeinschaft zu einer gottesdienstlichen Gemeinde, die Gott anbetet, sich über der Bibel austauscht und miteinander das Abendmahl feiert. Die Gemeinde vollzieht sich in einer ganzheitlichen, familiären Struktur und ist dadurch in einem hohen Maß lebendig und beweglich!

Leben: Das intensive Miteinander wirkt sich auch auf die Treffen aller Gremien in der Gemeinden aus: Die Sitzungen werden kürzer, weil Entscheidungen im kleinen Kreis oder in der persönlichen Begegnung schon vorgeklärt wurden. Man rüttelt nicht an Türen, die verschlossen sind, und versucht nicht, sie mühsam aufzubrechen, sondern geht durch die Türen, die bereits offen sind. Sitzungen haben ein klares Ende – man will ja schließlich noch zum gemütlichen Teil kommen und „Familie leben". Entscheidungen werden mutig und ohne Zögern getroffen, weil sie auch ohne Ängste wieder revidiert werden können. Nichts wird zementiert und für alle Zeiten festgelegt – unter Umständen werden Entscheidungen und Projekte nach einer bestimmten Zeit neu überprüft, auch so wirkt sich eine bewegliche Struktur aus. Sitzungen und Zusammenkünfte in der Gemeinde sind von persönlichen Erlebnissen, Berichten, Liedern und Gebeten geprägt, so werden sie lebendig. Unterbrechungen sind möglich, damit man wieder zueinander findet. Wenn man spürt, dass man in Erstarrung gerät und unbeweglich wird, steht man auf und bewegt sich gemeinsam. Man macht sich damit immer wieder neu klar: Als Gemeinde sind wir eine „Bewegung" und keine starre „Sitzungs-Ordnung". Gemeinde lebt zuerst in Beziehungen und nicht als Institution. Leben hat Vorrang vor Organisation und Regeln.

Neue, bewegliche Menschen

Deshalb: Mehr noch als die neue, äußere Form – so wichtig sie ist – ist der neue Inhalt, das neue Verhalten der Menschen, die sich hier niederlassen, gestaltend. Es geht nun nicht darum, möglichst schnell zum Alltag zurückzukehren, sondern mehr noch darum, das zu pflegen und zu bewahren, was sie auf dem Weg der Veränderung gewonnen haben. Das Leben in der neuen Heimat ist geprägt von einer neuen Haltung, ist durchdrungen von einer Mentalität der Veränderung.

Veränderer sind ...

- interessiert: Da sich die neue Heimat nicht an einem Ort außerhalb der Welt befindet, sondern mitten in ihr, sind Veränderer interessiert und wach für alles, was um sie herum vor sich geht. Sie nehmen Anteil an ihrer Umgebung, bringen sich mit ihren Vorstellungen und Erfahrungen ein. Sie ziehen sich nicht in ihr Privatleben zurück, sondern sind aktive, offene und höchst interessierte Nachbarn.
- offen für Überraschungen: Die Veränderer sind in unbekannte Bereiche vorgedrungen. Sie waren genötigt, sich immer wieder auf ganz neue und andere Umstände und Situationen einzulassen. Das hat sie geprägt. Sie haben keine Sorge vor dem, was sich überraschend auftut. Sie haben keine Angst vor dem Abenteuer,

das hinter der nächsten Ecke lauert. Da sie mit Überraschungen umgehen können, sind sie Spezialisten für alle möglichen und unmöglichen Events geworden, die gern andere überraschen und mit spontanen Einfällen in Bewegung halten.
- leidensbereit: Die Veränderer sind durch Leidenssituationen hindurchgegangen. Sie haben schwierige Wegstrecken durchgestanden und miteinander durchlitten. Sie gehen dem Leid nicht mehr aus dem Weg. Sie wissen, dass sie es miteinander bewältigen können. Sie sind mutig geworden, ungewöhnliche Wege zu gehen und unkonventionelle Entscheidungen zu treffen, auch wenn sie zu ihren eigenen Lasten gehen. Sie fürchten sich nicht vor Widerspruch und Widerstand. Deshalb können mutig eingreifen, wenn sie feststellen, dass in der Gesellschaft Dinge schief laufen. Sie haben gelernt, mit Schwierigkeiten umzugehen, und sind dadurch belastbar und stark geworden.
- gemeinschaftsfähig: Der Weg der Veränderung hat gezeigt, dass man aufeinander angewiesen ist. Die Veränderer haben gelernt, wie wichtig Seilschaften sind und wie man Beziehungen knüpft, die haltbar sind. Sie sind dadurch keine Einzelgänger mehr: Sie sind kooperationsbereit und kompromissfähig. Sie müssen sich nicht mehr selbst durchsetzen, weil sie erfahren haben, dass ein gemeinsamer Entschluss besser ist als ein einsam ertrotzter Weg. Durch Krisen und Schwierigkeiten hindurch haben sie zu sich selbst gefunden und müssen sich deshalb nicht mehr ständig selbst verteidigen und darstellen. Sie können auch nachgeben und dem anderen mehr Recht einräumen als sich selbst. Sie strahlen Ruhe und Sicherheit aus. Sie sind zu Friedensboten in einer extrem gewaltbereiten Welt geworden. Der gemeinsame Weg hat sie zu einer Gemeinschaft zusammengeschmiedet, in der man sich mit seinen Schwächen und Stärken kennt und trotzdem aneinander festhält, auch wenn man sich auf die Nerven geht. Sie haben gesehen, wie überlebensnotwendig es ist, miteinander zu teilen. Deshalb geben sie gern von dem, was sie haben, und profitieren voneinander.
- aktiv und gelassen: Die Veränderer sind zupackend, wo es nötig ist. Sie schieben nichts auf die lange Bank, weil sie auf ihrem Weg gelernt haben, Entscheidungen zu treffen – jeder Schritt bedeutete ja eine neue Entscheidung. Durch die Erfahrungen, die sie gemacht haben, sind sie hilfsbereit und motivierend. Sie strahlen Zuversicht aus: „Wir haben es geschafft, dann kannst du es auch schaffen!" Sie sind bereit zum Handeln, weil sie erfahren haben,

dass sie nur das mutige Vorangehen weiterbringt, auch wenn die nächste Wegstrecke nicht immer klar ist. Sie stehen nicht jammernd vor Schwierigkeiten und fliehen nicht vor der Dunkelheit, sondern gehen in sie hinein, weil sie herausfinden wollen, was dahinter liegt. Dadurch geht eine große Gelassenheit und Ruhe von ihnen aus. Sie sind nicht ständig auf der Flucht vor den Konfrontationen des Alltags.

- hörbereit: Die Veränderer haben gemerkt, wie wichtig die Meinung des anderen ist und wie nötig seine Ergänzungen sind. Deshalb haben sie gelernt, aufeinander zu hören. Sie tauschen sich so lange aus, bis sie sich verstehen. Missverständnisse werden gleich ausgeräumt, weil sie sonst dazu führen, dass man sich verirrt und aneinander vorbeigeht. Die Veränderer sind in einem hohen Maß an den Erfahrungen anderer Gruppen interessiert, die auf dem gleichen Weg sind. Sie informieren sich gern, teilen ihre Erfahrungen miteinander und verbinden sich zu tragfähigen Netzwerken. Sie haben erkannt: Wir sind gemeinsam unterwegs! Wo Veränderer Leitung ausüben, tun sie das auf bittende und dienende Weise. Sie herrschen nicht über andere, sondern fördern sich gegenseitig, weil sie wollen, dass alle gemeinsam das Ziel erreichen. Sie haben besonders die Schwachen und Bedürftigen im Blick und kümmern sich um sie.

- ansteckend: Von denen, die den Weg der Veränderung hinter sich haben, geht etwas Faszinierendes aus. Sie strahlen Weite und Unabhängigkeit aus. Sie haben Kraft an der Steilwand der Arbeit gewonnen. Sie sind trainiert, leben in der Gelassenheit des Sieges Jesu am Kreuz, haben die Tiefen der Trauer durchschritten, ihre eigenen Pläne und Ziele durch die Pläne und Ziele Gottes durchkreuzen und zerbrechen lassen und haben ihren Weg durch die Wildnis der Orientierungslosigkeit gebahnt. Dadurch sind sie selbst andere, neue Menschen geworden. Das Neue geht von ihnen aus, das Neue ist zu ihrem Eigenen geworden, dadurch sind sie zu Hoffnungsträgern und Ermutigern in einer Welt der Resignation und Perspektivenlosigkeit geworden.

Gemeinde leben

Durch den Weg der Veränderung ist Neues entstanden. In einem unglaublich kreativen Neuschöpfungsprozess war es Gott, der das Alte umgestaltet und den Weg in die Zukunft geöffnet hat. Durch ihn ist das Neue nichts Statisches, sondern etwas Dynamisches – ebenso dynamisch wie das Leben selbst, vergleichbar mit dem ursprünglichen Schöpfungshandeln Gottes, der durch sein Wort aus dem Nichts die Welt erschuf und in einer tief durchdachten Weise das Chaos ordnete.

So bringen die Veränderungsprozesse, in denen wir stehen, neues Leben hervor: Wo die Gemeinde vor dem Nichts steht, gibt es nun neue Perspektiven. Wo der Glaube zu versiegen drohte (wie eine Quelle in großer Hitze), bricht neue Hoffnung auf. Wo das Gemeindeleben tot und vertrocknet war, entsteht eine neue, vitale Gemeinde.

Diese Kreativität Gottes, die neues Leben erzeugt, sein Schöpfungshandeln ist nötig, um die Krisen der Visionslosigkeit zu überwinden. Diese kreative Energie wird aber häufig durch fertige Rezepte, festgelegte Methoden und komplette Systeme verhindert, die keinen Spielraum mehr lassen, die nur in Regeln und vorgedachten Abläufen angewandt und verwaltet werden.

So kann ein Buch über Veränderungsprozesse in Gemeinden auch kein „Fertighaus" für die neue Heimat liefern. Wir haben mit dem Veränderungsweg begonnen, indem wir durch die Räume des alten Hauses gegangen sind. Dabei haben wir uns ausführlich mit dem auseinander gesetzt, was alt ist. Das neue Haus dagegen kann ich nicht so perfekt beschreiben. Ich kann meine Träume und Vorstellungen nennen und Baupläne vorlegen. Das neue Haus muss erst noch gebaut werden und die Baustelle ist die Sache von allen! Es ist nicht meine Aufgabe als Gemeindeberater, für eine Gemeinde das Neue aus dem Hut zu zaubern, um es schlüsselfertig zu übergeben. Jede Gemeinde muss ihre Baustelle beginnen. Jede und jeder muss selbst an den neuen Ort gelangen und ihn erobern. Das Neue wird immer wieder anders sein, weil es den jeweiligen Umständen, den beteiligten Menschen und der Gemeinde insgesamt entspricht.

Aber ich mache Ihnen Mut, das Neue zu leben und die neue Gemeinde mit neuem Leben zu erfüllen. Gemeinde kann nur gelebt werden. Gemeinde ist kein theoretisches Gebilde, sondern die konkrete Wirklichkeit Gottes. Gemeinde muss gestaltet werden, miteinander und mit der unergründlich kraftvollen Kreativität Gottes, die immer wieder neue Formen und Ausprägungen bereithält, die nicht auf eine Linie festgelegt ist, sondern sich – eben wie das Leben selbst – in bunter Vielfalt entfaltet!

Eine lebendige Gemeinde pulsiert, verändert sich, atmet, schreit, lacht, isst miteinander, ruht sich aus (nur in bestimmten Zeiten – nicht immer!), äußert sich, denkt nach, gestaltet und schafft immer wieder – sprühend vor Leben – Neues. Gemeinde ist lebendig wie ein Leib, wie ein Körper! Kein lebendiger Leib bleibt bei sich und funktioniert nur nach innen, sondern er steht auf, tritt in Kontakt, handelt und bewegt sich. Genauso produziert die Gemeinde, die der Leib Christi ist, soziale Beziehungen, schafft Kontakte und führt zu Begegnungen. Gemeinde ist lebendig. Dieses Leben wirkt sich aus, dieses Leben ruft neues Leben hervor!

In unserem technisierten Zeitalter haben wir damit unsere Schwierigkeiten. In einer virtualisierten, künstlichen, von Marktmechanismen kontrollierten Welt müssen wir neu lernen, wie soziale Beziehungen gelebt werden und wie Gemeinschaft möglich ist. Wir müssen Gemeinsinn statt Individualismus und Egoismus entwickeln. Diese grundlegenden Werte einer echten, lebendigen Gemeinschaft prägen den neuen Ort. Er ist dadurch der Ort einer vorweggenommenen Zukunft, der Ewigkeit Gottes. Wie die Gemeinde, die so miteinander lebt, wird unsere Zukunft aussehen müssen, wenn wir überleben wollen!

Drei entscheidende Faktoren bestimmen die neue Gemeinde: Verbindlichkeit, Kommunikation und zielgerichtetes Handeln. Dazu möchte ich zum Abschuss noch ein paar Vorschläge machen.

Verbindlichkeit

Damit meine ich eine Verbindlichkeit, die festlegt, aber nicht einengt. Sie bildet den Rahmen, in dem sich Leben entfalten kann. Sie ist keine Forderung, sondern ein Angebot. Sie gibt Sicherheit, weil man weiß, dass man sich aufeinander verlassen kann. Eine bewegliche, einsatzfähige Truppe, die zusammenhält und sich auch in unbekanntes Terrain vorwagen kann, wird durch Verbindlichkeit geprägt.

Vorschlag

Bilden Sie kleine, selbstständige Zellen. Versprechen Sie sich gegenseitig, aneinander festhalten zu wollen. Treffen Sie eine eindeutige Entscheidung füreinander. Das kann zur Gründung eines Vereins innerhalb der Gemeinde oder eines Hauskreises führen, der sich wie eine kleine, selbstständige Gemeinde zusammenschließt.

Ein verbindlicher Zusammenschluss umfasst vielleicht einen bestimmten Teil oder Arbeitsbereich einer Gemeinde und wird sich zielgerichtet auf ein bestimmtes Projekt oder eine Aufgabe konzentrieren. Verbindliches Leben kann sich aber auch auf die ganze Gemeinde erstrecken. Jedes einzelne Gemeindemitglied erklärt dann – öffentlich? – in regelmäßigen Abständen? – den Entschluss, zu dieser Gemeinde zu gehören in einer gemeinsamen Vereinbarung: „Wir wollen eine Gemeinde sein!" Oder mehrere Gemeinden, Zellen oder Hauskreise schließen sich – zum Beispiel in einer bestimmten Region – verbindlich zu einem Netzwerk oder zu einem Verband zusammen.

Kommunikation

Die Verbindlichkeit führt zu einem Zusammengehörigkeitsgefühl. Es wächst ein Wir-Bewusstsein. Man hält aneinander fest und bleibt im Gespräch. Man kennt sich und tauscht sich über seine Erfahrungen und Fragen aus. Hier findet das neue Leben seine Konkretion im Alltag. Man wertet miteinander aus: „Was hat sich verändert? Was muss sich noch verändern?", hinterfragt sich selbst kritisch und überprüft immer wieder die eigene Position – vielleicht auch in einem guten Wettbewerb mit anderen Gruppen: Wo stehen wir? Sind wir weitergekommen?

Das Gespräch spielt dabei die entscheidende Rolle. Es ist aber nicht das Gespräch über irgendwelche Sachverhalte, das weiterbringt, sondern das ehrliche und reflektierende Gespräch über sich selbst. Je mehr eine Gemeinde diese Ebene der Offenheit und Ehrlichkeit erreicht, umso echter und wahrhaftiger wird sie.

In der Gemeindeberatung stelle ich an dieser Stelle einen großen Nachholbedarf fest: Man redet und diskutiert über alles Mögliche – nur nicht über sich selbst. Es fällt vielen Gemeindemitgliedern ungeheuer schwer, sich zu öffnen und voreinander ehrlich zu sein. Wo das aber geschieht, wird Gemeinde sehr dicht und als befreiend erlebt. Wir sind vielfach noch zu sehr einzelne Individuen und keine Gemeinschaft, aber aus einzelnen Menschen kann eine Gemeinde werden, wenn sie sich einander öffnen!

Wir müssen in unseren Gemeinden Kommunikationskünstler werden! Wir müssen uns auf dem Laufenden halten, wir müssen das Gespräch pflegen, austauschen und über alles informieren, was läuft.

Vorschlag

Alles, was dem Informationsfluss dient, sollte genutzt werden, damit alle Gemeindemitglieder Bescheid wissen:

- Wichtige Informationen können im Gottesdienst weitergeben werden.
- Gruppen und Projekte stellen sich mit ihren Schwierigkeiten und Bedürfnissen im Gottesdienst vor.
- Persönliche Anliegen werden im Gottesdienst mitgeteilt.
- Im Gespräch nach dem Gottesdienst vor der Kirchentür oder bei einer Tasse Kaffee kann man sich persönlich begegnen.
- In einer Gemeindeversammlung werden schwerwiegende Entscheidungen miteinander bedacht und alle wichtigen Argumente ausgetauscht.
- Plakate, Stellwände und Ausstellungen geben eine gute Gelegenheit, über Vorhaben zu informieren, Arbeitsbereiche vorzustellen oder Entwicklungen zu dokumentieren (zum Beispiel Spendenbarometer).
- „Mailings" und Gemeindebriefe bringen alle auf den gleichen Informationsstand, sollten aber aktuell und aussagekräftig sein und nicht nur oberflächliche Floskeln verbreiten.

Zielgerichtetes Handeln

Wir müssen uns in unseren Gemeinden ein Verhalten angewöhnen, das nicht nur die Interessen des Einzelnen, sondern die der ganzen Gemeinschaft im Blick hat, aber auch über die Gemeinde hinausgeht. Das heißt die Zeit des Kreisens ums sich selbst ist vorbei! Das Verhalten in der Gemeinde soll dem Nächsten dienen, ihn fördern und weiterbringen, Gemeinschaft aufbauen und erhalten, damit sie in der Lage ist, einmütig und stark in dieser Welt zu agieren und ihre Verantwortung wahrzunehmen, die ihr Gott gegeben hat. Die Gemeinde hat einen Auftrag und eine Sendung, darauf spitzt sich alles zu. Die Gemeinde ist kein Selbstzweck. Alles, was in der Gemeinde geschieht, dient der Ausführung dieses Auftrags. Fragen Sie Gott nach der Berufung und der konkreten Aufgabe Ihrer Gemeinde – daraus ersehen Sie Ihren Auftrag! Es geht ja letztlich nicht um die Gemeinde an sich, sondern um die Nachfolge Jesu. Er hat uns zum Aufbruch motiviert, er hat uns begleitet auf allen Wegstrecken und geholfen, schwierige Phasen zu bewältigen. Er ist mit uns hier angekommen. Die Gemeinde am neuen Ort schart sich um ihn, er ist ihre Mitte. Von ihm empfängt sie Leben und Kraft. Durch ihn ist das neue Haus wohnlich und sicher. Jesus ist es, der nun seine Gemeinde an ihre Aufgabe schickt, er gibt ihr seine Anweisungen, was sie für ihn tun kann.

Zielgerichtetes Handeln in der Gemeinde gibt Antwort auf folgende Fragen:
- Wo sind gesellschaftliche Herausforderungen an unserem Ort?
- Wo sind Not leidende Menschen, die wir unterstützen sollen?
- Welches klärende und ordnende Wort durch Christen ist nötig?
- Welche Menschen in unserer Umgebung wollen wir mit dem befreienden Wort Gottes erreichen?

Wenn wir als selbstbewusste und zielgerichtete Gemeinde mit Jesus Christus als Mitte miteinander leben und liebevolle miteinander umgehen, dann ist die neue Heimat ein attraktiver Ort. Wir leben als neue Gemeinschaft inmitten einer alten Welt. Wir sind als Gemeinde ein Anziehungspunkt für Menschen, die sich nach dem Neuen sehnen. Wir wirken als Botschafter einer neuen Welt, die uns Gott verheißen hat. Wir tragen dazu bei, dass sich die Zukunft Gottes schon heute zu einem guten Stück verwirklicht.

Gleichzeitig weist die Gemeinde über sich hinaus auf Gottes Ewigkeit. Sie wartet auf sein Kommen und hält das Bewusstsein wach, dass alles, was wir in dieser Welt erleben und tun, etwas Vorläufiges ist: Das Endgültige steht noch aus.

In diesem Bewusstsein einer zukünftigen Herrlichkeit füllen wir als Gemeinde heute die „neue Heimat" mit dem Leben, das Gott uns schenkt. Wir wirken über unsere Gemeinschaft hinaus in unsere Umgebung. Etwas Neues hat begonnen, das sich fortsetzt, Wellen schlägt und vieles miteinbezieht und mitverändert.

Am Ziel unseres Weges angelangt, bringen wir den frischen Wind hierher, der uns durchgeblasen hat. Auch, wenn diese neue Heimat in der Wüste liegen sollte, verwandeln wir sie in fruchtbares Land. Hier ist der Platz, den Gott für uns vorbereitet und für die nächste Zeit zugewiesen hat – wer weiß wie lange! Dort, wo wir uns nach dem Weg der Veränderung niederlassen, bricht Neues auf. Dadurch wird dieser Ort zu einem Ausgangspunkt für weitere Aufbrüche.

Rückschritt 20: Nicht sichern

Wenn wir nicht bereit sind, das, was wir gewonnen haben, festzuhalten und festzumachen, geht es verloren. Alle Überlegungen über Veränderungsprozesse führen letztlich zu nichts, wenn wir uns nicht einige konkrete Vorhaben fest vornehmen:
- Das will ich tun!
- Das haben wir uns vorgenommen!

Nehmen Sie sich jetzt am Ende dieses Buches Zeit, ganz konkret drei bis fünf Vorhaben zu notieren, um sie festzuhalten:
- Was habe ich aus diesem Weg der Veränderung gelernt?
- Was will ich in Zukunft verändern?
- Wie will ich das tun?
- Wie können wir das gemeinsam tun?

Überprüfen Sie diese Liste in regelmäßigen – nicht zu langen – Abständen auf die erfolgte Umsetzung. Ergänzen Sie die Liste bei Bedarf, so bleiben Sie auf dem Weg der Veränderung. Und vor allem: Bleiben Sie im Gespräch mit den anderen Mitgliedern Ihrer Gemeinde!

Ich wünsche Ihnen Gottes Segen und seine Kraft in der Verwirklichung Ihrer Vorhaben.

II. Fallbeispiel: Wenn das Weizenkorn nicht in die Erde fällt ...

1. Wie alles begann

Der Winter hatte in diesem Jahr früh eingesetzt. Obwohl es erst November war, erstarrte die ganze Natur im Frost und hatte sich durch den gefrorenen Reif eine weiße Jacke angezogen. Die Welt wurde seltsam klein, die Details waren zugedeckt und nur die groben Silhouetten umso kräftiger zu sehen.

Frieder war allein. Wie gewohnt nahm er seinen üblichen Weg durch den Wald den kleinen Hügel hinauf. Dort oben befand sich sein bevorzugter Platz. Er hatte einen weiten Blick und konnte seine Gedanken spazieren gehen lassen. Er genoss es, unter dem unendlichen Himmel zu stehen und in die Ferne zu schauen. Das war für ihn ein Stück Urlaub mitten im Getriebe des anstrengenden Alltags. Er war gern allein hier oben, allein mit seinem Gott. Hier konnte er beten, hier fühlte er sich seinem himmlischen Vater sehr nahe. Das tat ihm gut.

Aber heute war es anders. Der Boden gefror hart unter seinen Füßen, die Kälte kroch durch die dicke Kleidung, die Einsamkeit machte ihm seltsam Angst und er hatte das Gefühl, dass Gott sehr weit entfernt wäre. Was war nur los? Die gewohnte Ruhe, die er hier immer so geliebt hatte, wollte sich nicht einstellen, im Gegenteil: Er wurde immer unruhiger. Wenn nicht hier, wo dann gab es einen Ort des Friedens und der Geborgenheit?

Da wurde Frieder klar, was ihn bedrückte. Er sah das ganze weite Land, so weit sein Auge reichte, unter der wattigen Decke, schwarzweiß gezeichnet, nur in groben Umrissen. Das entsprach ja genau der Situation seiner Kirche! In Nebel eingehüllt, ohne Farbe, eine Silhouette ohne Details, ohne spielerische Anmut. Der Boden hart gefroren in Kälte und Einsamkeit, die alles erstarren lässt.

Frieder hatte in der letzten Zeit unter dem Zustand in seiner Gemeinde gelitten. Es war ihm alles so hoffnungslos vorgekommen: Die kleine Schar im Gottesdienst, die immer weniger wurde, die müde Predigt des Pfarrers, das mühsame Organisieren von Aktivitäten, die Menschen, denen der Glaube an Gott immer weniger bedeutete. Das machte ihm zu schaffen und nun packte ihn das Gefühl der Leere. Wie ein Schneesturm kam es über ihn, ein innerer Wintereinbruch ließ ihn erschauern. Am liebsten hätte er laut geschrieen und die Not in den verhangenen Wolkenhimmel gerufen. Aber irgendetwas ließ ihn zögern.

Er blickte sich um, ob andere Menschen in der Nähe waren. Keine Menschenseele war zu sehen, aber etwas anderes kam in sein Blickfeld. An der großen Linde, die die Kuppe des Berges zierte, waren schon dicke Knospen unter dem Eis des gefrorenen Regens deutlich sichtbar, Vorboten des kommenden Frühlings, von dem sonst noch nichts zu erkennen war. Also war doch nicht alles aus, bereitete sich unter der Decke des Winterschlafes das neue Leben bereits vor. Es gab Hoffnungszeichen, dass der Frost nicht Agonie bedeutete, sondern nur einen vorübergehenden Zustand darstellte. Nach dem Winter kam das Frühjahr, das war sicher, und damit würde alles neu zum Leben erwachen und sich schöner zeigen als jemals zuvor: frisch, strahlend, unversehrt. Galt das auch seiner Kirche? Gab es auch für sie dieses neue Erwachen, den neuen Anfang nach der Zeit der Starre?

Frieder kam wieder ins Gedächtnis, wie er hier vor einigen Wochen einen Bauern beobachtet hatte, der die Wintersaat in den Boden brachte. Von diesen Samenkörnern war jetzt nichts mehr zu sehen und trotzdem hatte der Landwirt seine Arbeit nicht umsonst getan. Die Saatkörner waren im Boden eingeschlossen und bereiteten sich in ihrem dunklen Grab auf das Keimen im Frühjahr vor. Frieder schoss der Bibelvers in den Kopf: „Das Weizenkorn muss in die Erde fallen und sterben. Wenn es aber stirbt, bringt es viel Frucht" (Johannes 12,24).

Erlebte er gerade dieses Sterben in der Kirche? Musste vielleicht das Alte sterben, damit Neues entstehen konnte? Hatte Jesus das nicht mit seinem Leben, mit seinem Sterben vorgemacht? Wenn das aber so wäre, dann bedeutete das Sterben, das er in seiner Gemeinde erlebte, etwas Gutes. Dann waren die Erstarrung und der Winterschlaf nötig, damit etwas Neues beginnen konnte ...

Der Wunsch nach dem kommenden Frühling wurde in Frieder übermächtig. Seine Gedanken und Vorstellungen eilten dem Moment des Erwachens entgegen: Was wird das Neue sein, wann wird es aufbrechen? Wie gern hätte er eine Antwort auf diese drängenden Fragen gehabt. Und – der zweite Gedanke erschreckte ihn – war er nicht selbst ein Saatkorn? Betraf dieses Eingepflanztwerden und Sterbenmüssen auch ihn selbst? Bedeutete das nicht, dass er selbst bereit sein musste, sich vom Vergangenen zu verabschieden, auch wenn das Neue noch nicht in Sicht war, und es in Kauf zu nehmen, eine Zeit lang nicht zu wissen, ob es zu einem Neuanfang kommen würde oder nicht? Und es offen zu lassen, ob sich das Leben gegen die Leblosigkeit und den Tod durchsetzen würde? Musste er nicht selbst alle Erwartungen, Hoffnungen und Wünsche aufgeben? War es seine Aufgabe, in seine Kirche hinein zu sterben, in ihr aufzugehen und seine Vorstellungen und Erwartungen zu opfern, damit etwas neu wurde? Ein Kälteschauer weckte Frieder aus diesen schweren Gedanken, er fror. Hatte er geträumt – oder waren diese Überlegungen Gottes Atemhauch? Konnte Gott so kalt und fordernd sein? Mühsam schüttelte Frieder den Frost aus seinen Gedanken und Gliedern und mit müden Schritten stapfte er heimwärts.

Am nächsten Tag riefen die Glocken der kleinen Dorfkirche zum Gottesdienst. Es war Totensonntag. Schweren Herzens machte sich Frieder auf den Weg in die Kirche. Die Gedanken von seiner Wanderung am Vortag belasteten ihn noch, sie waren wie eine dichte Schneedecke auf seine Seele gefallen. Er wusste nicht, wie er mit diesen bedrängenden Gedanken umgehen sollte.

Am Gottesdienst nahmen viele schwarz gekleidete Menschen teil, es war totenstill im Kirchenraum. Es kam Frieder so vor, als sei auch noch die Heizung ausgefallen, so kalt war es. Keiner schaute den anderen an, jeder saß für sich allein in seiner Bank. Der Pfarrer predigte davon, dass der Tod im Blick auf die Ewigkeit Gottes nur ein kurzer Durchgang sei, der Tod sei nicht das Letzte. Zum Schluss wurden die Verstorbenen des vergangenen Jahres verlesen. „Sterben wir, so sterben wir dem Herren, leben wir, so leben wir dem Herrn ..." Die ganze Gemeinde sprach diese Worte mit.

Da brach es sich in Frieder Bahn, wie wenn ein Eisbrecher sich durch seine Seele gepflügt hätte: Ich will aber leben! Er hatte dabei sogar so laut gestöhnt, dass die Banknachbarn sich besorgt nach ihm umdrehten. Ja, er wollte dieses Leben Gottes – und wenn das bedeutete, dass er sich einpflanzen lassen musste in den harten und trockenen Boden seiner Kirche, wenn dazu gehörte, dass er sich selbst verlor und sich hineingab in die Dunkelheit, dann wollte er das in Kauf nehmen. Es ging ja um das Leben und dafür wollte er alles einsetzen, damit das Leben sich Bahn brechen konnte. Er war bereit, sich zur Verfügung zu stellen, damit ein neuer Anfang in seiner Gemeinde möglich werden würde. Er hatte allerdings eine große und dringende Bitte an Gott: „Ich bin bereit, mich ganz einzusetzen und auf mich selbst zu verzichten, wenn du mir und uns allen neues Leben schenkst. Ich bin bereit, den Winter mit seiner leblosen Starre anzunehmen, wenn du mir versprichst, dass du den Frühling in deiner Kirche anbrechen lässt."

Wie benommen verließ Frieder den Gottesdienst. Er war nicht fähig, auf die besorgten Anfragen von Gemeindemitgliedern zu reagieren, die wissen wollten, ob es ihm nicht gut gehe. Was sollte er auch sagen? Etwa, dass es ihm gut gehe, obwohl es ihm sehr schlecht ging? Dann würden ihn die anderen ja erst recht für verrückt halten. Aber so war es: Er fühlte sich frei und leicht, obwohl er die Schmerzen des Verzichts verspürte, obwohl er am eigenen Leib erfuhr, wie es einem Weizenkorn zumute sein mochte, das in der Erde seine bisherige Form aufgab.

Deshalb blieb Frieder nicht vor der Kirche stehen, wie er es sonst tat, um mit diesem und jenem noch zu reden und um sich über die Predigt auszutauschen. Dazu war er heute nicht in der Lage. Er hatte alles aus seiner Hand gegeben, nun wollte er sich ausstrecken nach dem Neuen, nun war er gespannt, wie sich der Keimling des neuen Lebens zeigen würde.

2. Im Hauskreis

In den kommenden Wochen war Frieder sehr schweigsam. Er war sehr mit sich selbst beschäftigt und versuchte herauszufinden, was er tun sollte. Er war sich bewusst, dass er abwarten musste, und gerade das Nichtstun fiel ihm schwer. Am liebsten hätte er sich mit seinen Freunden ausgetauscht, aber er musste diesen Weg zunächst allein gehen. Außerdem hatte er auch gar keine Gelegenheit, jemanden von seinen grüblerischen Gedanken zu erzählen, da alle Welt sich aufmachte, das Weihnachtsfest zu feiern. Er wollte anderen die Vorfreude nicht verderben und er sah, wie die Menschen in seiner Umgebung damit zu tun hatten, auf den Zug der Freude aufzuspringen.

In diesem vorweihnachtlichen Trubel machte Frieder eine wichtige Entdeckung. Dinge, an denen er vorher sehr gehangen hatte, waren ihm plötzlich nicht mehr so wichtig. Früher hatte er großen Wert darauf gelegt, dass die Adventszeit anständig gefeiert wurde, und er hatte alles getan, dass auch er die Weihnachtsfreude nicht verpasste. Aber das war für ihn nun nicht mehr so wichtig. Auf die äußere Form kam es letztendlich nicht an. Gefühle, die von außen gemacht wurden, kamen ihm jetzt schal und falsch vor. Er suchte das neue Leben, er wollte einen wirklichen Anfang und nicht das gewöhnliche „Alle Jahre wieder ..."

Noch etwas anderes bemerkte Frieder: Er sah auf einmal all diejenigen, denen es genauso ging wie ihm selbst. Er stellte fest, dass es viele gab, an denen die Weihnachtsfreude vorbeizog, und die im Gegenteil, je mehr es auf das große Fest zuging, umso trübsinniger und verzweifelter wurden. Er sah hinter die Fassade der vordergründigen Fröhlichkeit und dort entdeckte er einen großen Berg an Elend und Not. Freilich hatte er früher auch gerade in dieser Zeit immer besonders an die Notleidenden gedacht und auch einiges für sie gespendet. Aber vor dem Hintergrund seines eigenen Verzichts erschien ihm die Weihnachtsseligkeit noch unwirklicher und wurde für ihn der Gegensatz zwischen der Erstarrung und Kälte der Herzen und dem Weihnachtskerzenschein noch krasser deutlich.

Vor allem in seiner Gemeinde fiel ihm das schockierend auf. Es kam ihm vor, als würde die Leblosigkeit mit grünen Tannenzweigen zugedeckt, als würde die Erstarrung mit Krippenspielen übertönt und als wollte man die sibirische Kälte mit ein paar Kerzen in Sommerhitze verwandeln. Es dreht ihm fast den Magen um, als er das so feststellte. Aber er hielt es aus. Lästerliche Gedanken kamen Frieder in den Sinn. Mehrfach erschien es ihm, als würde die Gemeinde sich auf eine riesengroße Beerdigung vorbereiten, mit Kerzen, Kränzen und feierlichen Liedern, als sollte das wirkliche Leben in einer riesigen Zeremonie zu Grabe getragen werden.

Und mitten in diese Gedanken hinein wurde für Frieder Jesus geboren. Er stand am Weihnachtsfest vor der großen Krippe in seiner Kirche und schaute in das leere Stroh, denn man hatte sich aus Gründen der Pietät entschlossen, keine Puppe hineinzulegen. Dabei wurde Frieder klar, dass Jesus geboren wurde, aber dass er nicht zu fassen und zu vereinnahmen war. Mit Jesus war das Leben gekommen. Auch dieses neue Leben war nicht so zu greifen, dass es zum eigenen Besitz werden könnte. Das Leben begann im Verborgenen, unerkannt, nicht beachtet, nur für wenige verstehbar. Frieder war klar: Das neue Leben fängt dort an, wo niemand damit rechnet. Es beginnt ganz klein und schwach und ohne den Anspruch, dass nun plötzlich alles ganz anders sein muss. Das tröstete ihn und machte ihn froh.

Als nach dem Erscheinungsfest sein Hauskreis wieder zusammenkam, war Frieder so weit, dass er den anderen von seinen Gedanken erzählen konnte, als sie ihn besorgt nach seinem Befinden fragten. Seine Freunde hatten schon mitbekommen, dass ihn irgendetwas beschäftigte. Frieder dachte, es sei jetzt ein guter Zeitpunkt, davon zu erzählen: „Ich habe Jesus erfahren als ein Ausdruck des neuen Lebens und nun bin ich gerade dabei, das Sterben zu buchstabieren." Die Reaktion der Zuhörer war Unverständnis, sie waren verwirrt und es brauchte geraume Zeit, bis Frieder alles in einer chronologischen Reihenfolge berichten und auf den Zustand der Kirche beziehen konnte. „Nein, nein", wehrte er heftig ab, als Heike ihm unterstellte, er wolle nun noch frömmer werden als vorher, „das ist es nicht, es geht nicht um mich! Es geht auch nicht darum, dass ich persönlich Erneuerung nötig habe, obwohl das sicher so ist – mir ist wichtig geworden, dass sich das Neue, das mit Jesus begonnen hat, nun auch so durchsetzt, wie eben der Frühling durchbricht, der alles zum Leben erweckt und sichtbar für alle Menschen Veränderung schafft." Als Frieder in die ratlosen Gesichter der anderen Hauskreisteilnehmer blickte, die ihn verständnislos anschauten, rief Frieder voller Leidenschaft aus: „Es geht mir um das neue Leben Gottes für unsere Gemeinde. Das Neue geschieht, wenn wir bereit sind, mit dem Alten zu sterben. Alles Alte in uns und um uns muss sterben, damit das Neue anfangen kann."

Danach war es ein Weilchen still im Raum. Jeder musste das Gehörte verdauen und den eigenen Standpunkt dazu finden. Heike begann: „Ich bin dazu bereit", sagte sie einfach. Torsten ergänzte, dass er auch schon solche Gedanken gehabt hätte. Auch Susanne und Jochen nickten heftig und zustimmend. Helmut, der als praktisch veranlagter Mensch die Gruppe gelegentlich leitete, sorgte für Ernüchterung, als er fragte: „Und was bedeutet das nun konkret für uns?" Keiner wusste so recht eine Antwort. Nur Werner, der immer zu einem Spaß aufgelegt war, machte den nicht sehr ernst gemeinten Vorschlag: „Wir können ja einen großen Sarg besorgen, darin unsere Gemeinde beerdigen und dann warten wir, bis sie mit einem großen Erdbeben wieder aufersteht." Aber niemandem war zum Lachen zumute, jeder merkte: Jetzt sind wir gefragt. Susanne sprach es aus: „Bisher haben wir nur über unsere Gemeinde geredet, immer wieder gemeckert, wenn uns etwas nicht passte, und gute Ratschläge für Veränderungen gehabt. Jetzt sind wir selbst gefordert, etwas zu tun. Es geht darum, dass wir aufhören, um uns selbst zu kreisen, damit in der Gemeinde etwas Neues geschehen kann."

„Wir machen eine Gebetsrunde", schlug Helmut vor, „und wollen darauf hören, was Gott von uns möchte." Es wurde eine lange und sehr stille Gebetszeit.

3. Augen auf!

Das Ergebnis dieses Hauskreisabends war, dass alle noch viel wacher und aufmerksamer wahrnehmen wollten, was sich in ihrer Gemeinde tat. Es war ihnen nach der Gebetsrunde vorgekommen, als würden sie wie aus einem langen Schlaf erwachen, sich die Augen reiben und auf einmal verwundert ihre Umgebung betrachten. Hatten sie bisher tatsächlich so wenig wahrgenommen? Werner hatte sich statt an einen weiteren Witz in der Stille an den Bibelvers erinnert: „Wache auf, der du schläfst, stehe auf von den Toten ..." Er wusste zwar nicht, wo das steht, (Susanne hatte es für ihn schnell in der Bibel nachgeschlagen: Epheser 5,14), aber er zitierte diesen Vers dreimal mit bewegter Stimme. Heike sah in ihrer Vorstellung kleine Kerzen, die mitten in einer Eiswüste entzündet wurden und um die herum das Eis schmolz und grünes Gras zu sehen war. Torsten erklärte bewegt: „Wir sind diese Kerzen und Liebe ist es, die das Eis zum Schmelzen bringt." Als er das sagte, wurde den Anwesenden selbst ganz warm ums Herz. Nur Jochen gab zu bedenken, dass die Kerzen irgendwann einmal herabgebrannt seien und dann sei es wieder „zappenduster" – wie er sich drastisch ausdrückte. „Wir müssen ein großes Feuer entzünden, das bewirkt mehr und hält länger als ein paar Kerzenstumpen", schlug er vor.

Aber wie sollten sie das tun? „Sollen wir vielleicht die Kirche anzünden?", Werner hatte seinen lockeren Humor wiedergefunden. Schließlich machte Helmut den Vorschlag: „Lasst uns mit wachen und offenen Augen durch unsere Gemeinde gehen und alles festhalten, was wir sehen. Wenn wir uns in zwei Wochen wieder im Hauskreis treffen, dann tragen wir unsere Beobachtungen zusammen. Wir lassen uns dabei von Gott an die Stellen führen, die er uns zeigen möchte." Alle stimmten der Idee zu – es war doch gut, dass Helmut ab und zu die Leitung ihres Kreises übernahm.

Als sie sich nach vierzehn Tagen wieder trafen, hatte jeder eine große Menge an Informationen, teilweise schriftlich festgehalten, dabei. Alle waren auf die Eindrücke der anderen gespannt. Auch Sina, mit 17 Jahren die Jüngste in diesem Kreis, war diesmal dabei. Die anderen hatten sie über das Vorgefallene informiert.

Torsten begann die Berichtsrunde: „Ihr wisst ja, dass ich mit unserem Pfarrer nichts anfangen konnte. Ich hielt ihn für zu lahm und dachte, dass er sich nicht durchsetzen kann. Mir war schnell klar, dass mich dieser Punkt betrifft. Ich habe ein paar ältere

Gemeindemitglieder gefragt, was sie über unseren Pfarrer wissen, und dabei wurde deutlich, dass er mit großen Ideen in unserer Gemeinde angetreten ist, dass er hier aber fast nichts verwirklichen konnte. Das hat ihn sehr frustriert und seither setzt er sich nicht mehr engagiert ein. Ich rief ihn dann einfach an und bat ihn um einen Termin, den er mir ganz erstaunt auch zusagte. Dort fragte ich ihn einfach nur, wie es ihm geht. Zunächst wusste er gar nicht, was er antworten soll, dann erzählte er einfach. Ich kann euch sagen, der Mann hat es nicht leicht! Ich spürte so richtig seine Last, die er mit sich herumschleppt, dabei ist er mir sogar ein wenig sympathischer geworden."

Jochen war aufgefallen, dass es um die Kirche und im Gemeindehaus teilweise sehr unordentlich und unaufgeräumt aussah. Er versuchte, alles mit den Augen eines Fremden anzuschauen. Dabei bemerkte er, wie wenig einladend der Kirchenraum und das Gemeindehaus waren. Er hatte sogar eine Liste angefertigt mit allem, was in Ordnung zu bringen war. Eine ganze Menge kam zusammen: Auf den WCs mussten die Schmierereien beseitigt und die Hecke zwischen Gemeindehaus und Pfarrhaus geschnitten werden, auf dem Büchertisch im Foyer lagen nur alte Titel auf, im Schriftenständer stapelten sich die Gemeindebriefe aus vergangenen Monaten, die Kirchenbänke brauchten Kissen und der Kirchenraum einen freundlichen Anstrich ...

Susanne, die einen guten Draht zu den Müttern mit kleinen Kindern in der Gemeinde hatte, unterbrach die Aufzählung von Jochen: „Außerdem müssen wir dringend eine Lösung finden, dass auch Mütter mit kleinen Kindern am Gottesdienst teilnehmen können. Viele Frauen sind frustriert, weil sie das Gefühl haben, sie seien im Gottesdienst nicht erwünscht. Man könnte vielleicht eine Übertragung ins Gemeindehaus organisieren."

Heike hatte beobachtet, wie unbeteiligt die Gottesdienstbesucher in ihren Bänken saßen: „Wir müssten mehr Begegnungsmöglichkeiten schaffen, keiner hat Kontakt zum anderen. Die Gottesdienstbesucher sollten begrüßt und verabschiedet werden. Es muss freundlicher zugehen in unseren Gottesdiensten, eine herzliche Atmosphäre würde sicher viel verändern!"

Werner war klar geworden, warum es ihm in der Gemeinde zu langweilig war: „Es fehlen die Männer bei uns! Wenn mehr Männer kämen, wäre auch mehr los. Hier geht ja nichts ab, das reißt keinen Mann vom Hocker! Wir müssen nach dem Gottesdienst einen Männerstammtisch einrichten und ab und zu einen drauf machen, fröhlich feiern, damit Stimmung in die Bude kommt. Vielleicht sollte ich mich mal anbieten, eine Predigt mit knackigen Cartoons gewürzt zu halten. Das wäre mal was Neues!"

Sina nahm an Veranstaltungen der Jugendgruppen teil und berichtete ganz entsetzt, dass die Stimmung im Jugendbereich sehr destruktiv ist: „Fast jeder ist gegen die Kirche, schimpft über die Gemeinde und lacht über den Pfarrer. Die ganze Sache mit Gott, Glauben und Bibel wird nicht ernst genommen. Die Jugendgruppen sind nur eine willkommene Gelegenheit, sich zu treffen, damit hat sich's."

Helmut hatte die Sitzung des Kirchengemeinderats besucht und berichtete nun zusammenfassend: „Ich habe gesehen, wie schwierig es in unserem Leitungsgremium ist, Entscheidungen zu treffen. Da gibt es Leute, die sind einfach überfordert und wissen nicht, was sie sagen sollen. Dann gibt es andere, die wissen ganz genau, was sie wollen: Sie wollen sich mit allen Mitteln durchsetzen. Dann gibt es noch die, die ganz anderer Meinung sind. So wird endlos lange geredet, teilweise auch ganz persönlich gestritten, aber man kommt auf keinen grünen Zweig. Die blockieren sich gegenseitig und verlieren dabei das Wohl der ganzen Gemeinde immer mehr aus dem Blick."

Frieder hatte bisher geschwiegen, er machte einen sehr bedrückten Eindruck. Mit stockender Stimme erzählte er, dass er versucht habe, die Gemeinde mit den Augen Jesu zu sehen. Er hätte dabei die Menschen gesehen, wie sie Gutes tun wollten, es aber nicht könnten. Er hätte gesehen, wie müde und kaputt die meisten sind, ohne Hoffnung und Perspektive. Viele kämen wohl in den Gottesdienst, weil sie es so gewohnt sind, aber sie hätten keine Erwartungen. „Und ich habe gesehen, wie Jesu mit offenen Armen da stand, aber niemand ist zu ihm gegangen. Ich habe gesehen, wie liebevoll Jesus die Einzelnen angeschaut hat, aber sie haben es nicht wahrgenommen. Jeder war so mit sich selbst beschäftigt, mit seinen Problemen und Fragen, dass er gar nicht gesehen hat, wie nahe ihm Jesus war. Ich habe den Schmerz Jesu gespürt, der die Menschen gern beschenken wollte, aber sie haben nichts annehmen wollen. Es war zum Heulen!" Dabei standen Frieder Tränen in den Augen und er konnte ein Schluchzen nicht mehr unterdrücken. Auch den anderen saß ein Kloß im Hals und Tränen glitzerten in den Augenwinkeln.

4. Der geheime Anfang

Der Schmerz war dauerhaft und zog sich bei allen Mitgliedern des Hauskreises durch die kommenden zwei Wochen. Sie begannen, ihre Gemeinde mit den Augen Jesu zu sehen. Alles, was sie entdeckten und wo sie Fehler und Missstimmung beobachten konnten, brachten sie im Gebet gleich zu Jesus. So waren sie ständig im Gespräch mit Gott. Was sie wahrnahmen, sahen sie mit seinen Augen. Sie behielten nichts für sich, sondern berichteten es ihm. Auf diese Weise veränderte sich ihre Sicht der Dinge: Wo sie vorher nur Endstation sahen, kam nun die Hoffnung Gottes dazu. Wo sie menschliche Schwächen feststellten, war es Gottes Liebe, die die Situation in einem neuen Licht zeigte. Fehler und Schuld, die sie erkannten, verlangten nach der Vergebung durch Jesus. Was bisher fest und unbeweglich erschien, bekam nun eine ganz neue Dynamik. Durch den Blickwinkel Gottes sah alles ganz anders aus. Der Keimling neuer Möglichkeiten war unter der Verkrustung des kalten Winters zu erkennen.

Am Aschermittwoch traf sich der Hauskreis das nächste Mal. Alle hatten spontan den gleichen Impuls: In einer langen und ausführlichen Gebetsrunde baten sie Gott um Vergebung für ihre bisherige negative Sicht der Gemeinde. Sie brachten ihre Lieblosigkeit, ihren Richtgeist, ihre Überheblichkeit und ihren Stolz vor Gott und baten von Herzen, dass er ihnen verzeihen möge. Wieder flossen Tränen und jeder hatte den Wunsch, dass Gott sie doch zuallererst selbst verändern möge. Gemeinsam wünschten sie sich ein demütiges Herz, einen dienstbereiten Geist und willige Hände, damit sie aufbauen und nicht einreißen, Neues schaffen und fruchtbares Saatgut auswerfen könnten. Ein unbeteiligter Beobachter dieser Runde hätte sich wahrscheinlich die Augen gerieben und alles für übertrieben und zu gefühlvoll gehalten. Aber es war echt, und jeder in diesem Kreis spürte, wie Lasten abfielen, neue Hoffnung anbrach und damit auch tiefe Freude einkehrte. Sie konnten nicht anders, als fröhliche Lieder zu singen und Gott für das Neue zu danken, das damit begonnen hatte, dass sie das Alte zurücklassen wollten.

Wieder war es Helmut, der die Gruppe mit einer praktischen Frage auf den Teppich zurückholte: „Wie gehen wir nun weiter? Was machen wir jetzt?" Zunächst waren alle still und ratlos. Werner brach das Schweigen, indem er vorschlug: „Wir sollten zu jedem in der Gemeinde hingehen und ihn um Vergebung bitten für das, was wir über ihn gedacht haben." War das ernst gemeint? Das konnten sie doch unmöglich tun. Sie waren sich unsicher, was sie mit diesem Vorschlag machen sollten. Bis Jochen ganz entschieden sagte: „Nein, das kann ich nicht! Ich möchte lieber ganz behutsam und im Stillen mit dem Neuen beginnen. Es muss zunächst gar nicht jeder merken, dass sich etwas verändert hat." Natürlich, das war der zurückhaltende Jochen, aber auch die anderen atmeten erleichtert auf. Nein, sie wollten keine großen Aktionen. Heike meinte: „Wir nehmen uns vor, jetzt in der Passionszeit sieben Wochen lang ganz unauffällig den Menschen in unserer Gemeinde zu dienen. Wir tun dort Gutes, wo wir sehen, dass es nötig ist, wir helfen, wo wir können, wir verändern ganz einfach das, was möglich ist." Die anderen hielten diese Idee für gut. „Wir sind also eine Art frommer Geheimdienst, eine Gruppe von, na, so was wie ‚secret agents' in unserer Gemeinde, die im Untergrund ihr Unwesen treibt", stichelte Werner.

„Nein, wir handeln eher wie Engel, die auch nicht ohne weiteres zu erkennen sind, aber Gutes tun", erwiderte Susanne ganz ruhig. Da hatte Frieder spontan die Idee: „Dann sind wir eben secret angels, geheime Engel, so könnten wir uns doch nennen!" Das war es, das wollten sie sein! Die Gruppe der „Secret Angels" wurde in diesem Moment geboren: Eine kleine Truppe von hilfsbereiten menschlichen Engeln, die im Verborgenen anfangen wollte, die Gemeinde zu verändern.

Es wurde eine spannende und gefüllte Passionszeit. Für die Secret Angels war es alles andere als eine Leidenszeit, auch wenn sie beschäftigt waren und ihr geheimer Dienst viel Kreativität und Anstrengung bedeutete. Wer ein feines Gespür hatte, konnte bemerken, wie die Gemeinde ein leichter Frühlingshauch berührte. Vielleicht fragte sich auch tatsächlich mancher, warum er auf einmal lieber in den Gottesdienst ging und sich in der Gemeinde wohler fühlte als früher. Jemand vermutete, dass die Kirche einen neuen Innenanstrich bekommen hatte, aber das war es nicht. Heike begrüßte die Besucher des Gottesdienstes mit einem strahlenden Lächeln und sorgte dafür, dass jeder ein Gesangbuch hatte. Außerdem gab sie sich viel Mühe, an jedem Sonntag den Altar und die Kanzel mit einem frischen Blumengesteck zu schmücken. Dass die Predigten des Pfarrers munterer wurden, lag sicher daran, dass Torsten jede Gelegenheit nützte, um dem Pfarrer etwas Gutes zu tun, ihn zu loben und ermutigen. Er stellte bei einem Besuch im Pfarrhaus fest, dass die Dichtung am Waschbecken im WC porös war, so holte er einfach seinen Werkzeugkasten und behob den Schaden. Jochen verbrachte einen ganzen Samstag damit, das Gemeindehaus aufzuräumen. Er sortierte sämtliches Material in den Schränken neu und erstellte Inventarlisten. Zusammen mit Frieder brachte er den Büchertisch auf Vordermann, beschädigte Bücher wanderten in das Lesezimmer des Gemeindehauses und neue Bücher wurden bestellt. Er wählte dabei viele Titel, die Hoffnung symbolisierten und Wege in eine gute Zukunft zeigten. Auch der Schriftenständer wurde neu sortiert und auf den aktuellen Stand gebracht. An dem ersten warmen Frühlingstag schnitt er schließlich noch die Hecke zwischen Pfarr- und Gemeindehaus.

Susanne kümmerte sich intensiv um die Mütter mit kleinen Kindern. Sie bot an, dass sie während des Gottesdienstes im Gemeindehaus auf die Kleinen aufpasste. Das bedeutete für sie einen großen Verzicht, denn sie konnte nicht am Gottesdienst teilnehmen. Aber sie entdeckte dabei ihre Liebe zu diesen Kleinen, die sich gern und mit großem Vertrauen in ihre Obhut begaben.

Werner überlegte lange, was er machen sollte. Er hatte schon manchmal den Vorwurf gehört, er hätte zwar immer gute Vorschläge, wenn es aber darauf ankam, würde er kneifen. Er war sich deshalb nicht sicher, wie er einen neuen Versuch gestalten sollte. Aber er wollte doch so gern auch etwas in Bewegung setzen. Nach langem Zögern und viel Nachdenken machte er dem Pfarrer den Vorschlag, am Ostermontag einen Gottesdienst auf dem nahen Hügel zu feiern – als einen Gottesdienst im Grünen. Er würde alles organisieren – einschließlich Verstärkeranlage mit Generator – er, der Pfarrer, müsse nur die Predigt halten. Der Pfarrer war zunächst sehr zurückhaltend und eher ablehnend gegenüber dieser Idee. Nachdem er aber bemerkte, wie sich Werner bereits ganz konkrete Gedanken gemacht hatte, und dieser Vorstoß nicht einer Laune entsprungen war und als dann auch noch Helmut seine Unterstützung zusagte und sich bereit erklärte, die Liturgie zu übernehmen, gab der Pfarrer nach kurzer Rücksprache mit seinem Kirchengemeinderat nach. Der Open-Air-Gottesdienst konnte stattfinden.

Sina wollte die Herzen der Jugendlichen gewinnen und stellte deshalb viele kleine Geschenke her, kleine bunte Osternestchen, die sie dann im Jugendbereich versteckte. An jedes Geschenk heftete sie einen Zettel: „Ein Gruß von der Kirchengemeinde". Eigentlich sollten alle Jugendlichen, die in diese Räume kamen, ein solches Nestchen finden und sich darüber freuen. Sina war deshalb sehr enttäuscht, als sie mitbekam, dass die Bubenjungschar alle Geschenke gefunden und für sich vereinnahmt hatte. Sie waren die Ersten im Jugendraum gewesen und hatten sich einen Spaß daraus gemacht, alle Osternestchen zu finden. Aber diese Aktion sprach sich trotzdem im ganzen Jugendbereich herum und alle wunderten sich über die Aktion der Kirchengemeinde. „Sind wir der Gemeinde also doch nicht egal", stellte eine Jugendleiterin erstaunt fest.

Frieder nahm sich vor, dass er mehr Zeit für Kontakte und Gespräche in der Gemeinde einsetzen wollte. Überall, wo er nun auf Gemeindemitglieder traf, begann er ein Gespräch. Er stellte Fragen und versuchte, die Menschen kennen zu lernen. Er wollte, dass sie merkten, dass man sich für sie interessiert. Frieder hatte das Anliegen, die Freundlichkeit Gottes zu den Menschen zu bringen, indem er ihnen freundlich und aufmerksam begegnete. Er machte die Erfahrung, dass viele Menschen dankbar waren, als er einen Schritt auf sie zu tat, sie öffneten ihr Herz und Frieder bekam einen tiefen Einblick in so manche Sorge und Not.

5. Der Anfang zieht Kreise

Vor der Karwoche wurde Zwischenbilanz gezogen. Ja, es hatte sich einiges bewegt. Es war zwar noch nicht so offensichtlich, aber doch erkennbar, wenn man den gegenwärtigen Zustand der Gemeinde mit der Zeit davor verglich. Einiges war anders geworden. Dabei traten die Secret Angels gar nicht öffentlich in Erscheinung. Unauffällig bewirkten sie Hoffnung und Mut für eine größere Veränderung in der Gemeinde. Stand tatsächlich der Frühling vor der Tür? War die Zeit des dicken und unwirtlichen Winters vorbei? Der Gruppe war klar: Zuerst verändern wir uns selbst und von diesem Anfang aus zieht das Neue seine Kreise. Sollten sie nun den großen Schritt an die Öffentlichkeit wagen?

Die Secret Angels – wie sie sich nun immer öfter nannten – diskutierten lange und grundsätzlich darüber. Sie ahnten, dass der nächste Schritt mit Schwierigkeiten verbunden war. Bisher handelten sie auf eigene Faust, nun war es an der Zeit, andere Teile der Gemeinde in ihre Aktionen miteinzubeziehen. Das bedeutete, Menschen müssten motiviert werden, nun ihrerseits aktiv zu werden. Das konnte Widerstände und Streit hervorrufen – und das wollten sie doch gerade nicht! Aber konnten Veränderungen geschehen, ohne dass es zu Konflikten kam? Werner vertrat knallhart die Meinung: „Entweder alles wird anders oder wir gehen alle miteinander unter!" Er wollte alles auf eine Karte setzen und es machte ihm nichts aus zu provozieren. „Wir haben besser einen riesigen Zoff, als dass gar nichts passiert", war seine

Meinung. Die anderen sahen das nicht so. Sie waren eher für kleine, nachvollziehbare Schritte und wollten Veränderungen auf harmonische Weise. Torsten schlug vor, man sollte doch mal überlegen, wer für Veränderungen zu gewinnen wäre. „Wer in Frage kommt, den sprechen wir einfach an, laden ihn zu uns ein und erweitern unseren Kreis der Secret Angels", schlug er vor. Aber auch diese Möglichkeit fand keine Zustimmung der anderen. Susanne hatte Angst, dass sich die Gemeinde dadurch spalten und auf einmal ein tiefer Graben zwischen Veränderern und Bewahrern entstehen würde.

„Wir müssen gezielt auf den Kirchengemeinderat einwirken. Wenn sich hier etwas verändert, hat das schnelle Auswirkungen auf die Gemeinde. Sie muss vom Kopf her verändert werden." Das war Helmut, dem klare Leitungsstrukturen wichtig waren. Und tatsächlich, dieser Idee stimmten die anderen zu. Es schien auch der einfachste Weg zu sein. Man konnte die notwendigen Veränderungen einem Gremium aufladen, das dafür zuständig war, und getrost abwarten, was geschehen würde. Wenn nichts passierte, konnte man ja mit Kritik und geäußerter Enttäuschung ein wenig Druck machen.

Frieder fühlte sich nicht wohl bei diesen Überlegungen. „Es ist schon wichtig, dass wir den Pfarrer und das Leitungsgremium in unsere Pläne und Wünsche miteinbeziehen. Aber wir haben bisher einen anderen Weg beschritten. Wir wollen doch – wie Jesus – das Weizenkorn sein, das sich in den harten Gemeindeboden begibt und durch das eigene Sterben neues Wachstum auslöst. Wir dürfen unsere Verantwortung nicht abgeben", gab Frieder mit ernstem Gesicht zu bedenken. Werner winkte ab. Ihm war das zu theoretisch, zu abgehoben. Ungeduldig fragte er: „Und wie stellst du dir das vor?" Frieder schwieg und alle wussten, dass er betete. Wie von selbst taten sie es genauso. „Ich frage mich, wie Jesus das gemacht hat", unterbrach Frieder die Stille, „er hat sich selbst geopfert, er ist den unteren Weg gegangen, den Weg des Dienens, den sollten wir auch gehen. Er hat zum Beispiel seinen Jüngern die Füße und nicht den Kopf gewaschen, als er am letzten Abend mit ihnen zusammen war. Er hat zu ihnen gesagt: ‚Ich bin bei euch alle Tage' – nicht: ‚Jetzt strengt euch mal ein bisschen an, damit aus euch was Anständiges wird'"! „Ist ja gut ...", bei Werner sah man, dass es in ihm kochte, „sollen wir vielleicht auch den Leuten in unserer Gemeinde die Füße waschen?" „Ja, warum nicht!", sprachen alle durcheinander: „Das ist doch eine gute Idee, genauso machen wir es, das wäre doch mal eine bewegende Aktion!" „Nun mal langsam", Torsten versuchte in seiner sachlichen Art, die anderen zu beruhigen, „denkt ihr wirklich, da würden andere mitmachen? Jemand würde sich von uns die Füße waschen lassen, das kann ich mir nicht vorstellen, wenn ich da an unseren Pfarrer denke, habe ich Zweifel ..." Auch Heike hatte nun Bedenken: „Wie wäre es, wenn wir am Ostersonntagmorgen im Gottesdienst einige fröhliche Lieder singen, das wäre doch auch ein guter Schritt nach vorn, oder?"

Es wurde an diesem Abend noch viel erwogen und bedacht. Zum Schluss beschlossen sie, dass am Gründonnerstagabend dem Pfarrer und den Kirchengemeinderäten die Füße gewaschen und am Ostersonntag Auferstehungslieder in der Kirche gesungen werden sollten. Außerdem musste ja noch der Gottesdienst im Grünen am Ostermontag vorbereitet werden. Die Secret Angels hatten eine arbeitsreiche Karwoche vor sich.

6. Von Gründonnerstag bis Ostern

Am Gründonnerstagabend kamen die Secret Angels mit einem flauen Gefühl im Magen in den Gottesdienst. Frieder hatte eine schöne Emailleschüssel besorgt und Susanne einen großen Porzellankrug mitgebracht. In der Sakristei wurde der kleine Boiler auf handwarmes Wasser eingestellt. Susanne holte aus dem Gemeindehaus frische Handtücher. Den Kirchengemeinderäten und dem Pfarrer wurde kurz vor dem Gottesdienst mitgeteilt, dass sie doch bitte im Anschluss noch kurz hier im Kirchenraum bleiben sollten. Nur ein Gemeinderat, Herr Seyber, wollte ganz genau wissen warum. Als er erfuhr, um was es ging, schüttelte er voller Abscheu den Kopf. Das war für die Secret Angels kein ermutigendes Vorzeichen. Die Abendmahlsfeier im Gottesdienst verlief in einer eigenartigen Konzentration. Vor allem die Secret Angels hatten den Eindruck, dass Jesus ganz persönlich an diesem Abend gegenwärtig war und sich selbst austeilte.

Gleich nach dem letzten Lied goss Frieder Wasser in den Krug, begab sich in eine dunkle Ecke und forderte die anderen der Gruppe auf, den Pfarrer und die Kirchengemeinderäte dorthin zu bringen. Der Pfarrer sollte als Erster drankommen. Was niemand gedacht hatte: Er ließ sich gern und bereitwillig die Füße waschen. Man sah ihm an, dass ihn diese Handlung zutiefst berührte. Tränen glitzerten in seinen Augen. Dass er ein paar Löcher in seinen dicken Wollsocken hatte, tat der feierlichen Handlung keinen Abbruch. Die anderen Kirchengemeinderäte standen verlegen im Kreis und machten betretene Gesichter. Herr Fritz meldete sich sofort als Nächster. „Meine Füße haben es heute ganz besonders nötig", scherzte er, aber er wurde dann ganz ruhig, als Frieder ihm die Füße wusch und Helmut sie anschließend abtrocknete. Von den anderen ließ sich nur noch Herr Mahler die Füße waschen, er war der Älteste und schon seit vielen Perioden im Leitungsgremium. Immer wieder murmelte er: „Das habe ich ja noch nie erlebt, das ist ja wie bei Jesus ..." Die anderen ließen sich nicht dazu bewegen, ihre Schuhe und Strümpfe auszuziehen. Bei den Damen war es sowieso etwas schwierig und die restlichen Herren genierten sich. Aber sie waren dabei, und das war für sie bedeutend genug. Sie hatten erlebt: Uns wird gedient!

Am Karfreitagabend kam von Frieder ein telefonischer Rundruf an alle Secret Angels. „Ich habe heute Morgen nach dem Gottesdienst noch einmal mit dem Pfarrer geredet, der sehr offen und freundlich auf mich zugekommen ist, und uns noch einmal herzlich für unseren ‚Dienst im Namen Jesu' – wie er sagte – dankte. Wir sind dabei im Gespräch auf die Idee gekommen, man könne sich doch am Ostermorgen schon um 5 Uhr in der Kirche versammeln, um noch in der Nacht die Auferstehung zu feiern. Anschließend sind wir alle beim Pfarrer zum Frühstück eingeladen." Diese Nachricht schlug wie eine Bombe ein. Da war ja einiges in Gang geraten. Wohin würde das nur führen?

Am Ostersonntag sah man noch zu nachtdunkler Zeit einige Gestalten mit Taschenlampen ausgerüstet und in dicke Mäntel gehüllt – so früh war die Kirche nicht zu heizen – zur Kirche eilen. Es waren die Secret Angels auf ihrem geheimnisvollen Weg zum Grab Jesu. In der dunklen Kirche war im Chorraum ein Stuhlkreis aufgestellt, eine einzelne Kerze wies den Weg dorthin. Nachdem alle eingetroffen waren, wurde sie gelöscht. Die Finsternis, die die Gruppe nun umgab, war wie mit Händen zu fassen. Es schien die Finsternis zu sein, die bestand, bevor Gott die Welt erschuf, die Finsternis in Ägypten kurz vor dem Auszug aus der Sklaverei und die Finsternis, die sich nach dem Tod Jesu am Kreuz ereignete. Eine bedrohliche Finsternis, die Gottlosigkeit dieser Welt war in ihr zu spüren. Sie schauerten in dieser Kälte und Verlorenheit. Es kam ihnen so vor, als ob es die Situation der Menschen war, die verloren dem Untergang zustrebten. „Wir gingen alle in die Irre, wie Schafe, ein jeder sah auf seinen Weg. Aber der Herr warf unser aller Sünde auf ihn", zitierte Frieder aus Jesaja 53, und die anderen stimmten mit ein: „Fürwahr er trug unsere Krankheit und lud auf sich unsere Schmerzen ..." (Jesaja 53,4-5). Gemeinsam luden sie nun die Lasten dieser Welt auf die Schultern Jesu, sie klagten ihm das Leid von Menschen, die sie kannten, nannten Namen und Situationen, brachten alles, was ihnen einfiel, zu Jesus: Krankheit, Not, Verletzungen. Auch die Dunkelheit in der eigenen Gemeinde gaben sie Jesus.

Nach dieser langen Runde – die Dämmerung war unmerklich angebrochen und ein graues, leises Licht stahl sich in den Kirchenraum, so dass schon einige Umrisse zu erkennen waren – las der Pfarrer die ersten Worte der Bibel: „Am Anfang war das Wort ..." Als er zu der Stelle kam: „Und Gott sprach: Es werde Licht!", begann eine Amsel vor der Kirche mit wahrer Inbrunst ihr Morgenlied zu singen. Alle wussten, dass Gott trotz allen Augenscheins die Welt in seinen Händen hält und das Chaos ordnet und richtet. Ja, dazu hatte Gott Jesus geschickt, dass etwas Neues beginnen kann, dass wieder Ordnung in das Durcheinander kommt und die neue Schöpfung ihren Anfang nimmt.

Jetzt las Heike den Bericht des Ostermorgens aus dem Matthäusevangelium vor (Matthäus 28). Miteinander hörten sie „Er ist nicht hier, er ist auferstanden!" Eine große Freude ergriff sie. Das Neue hatte begonnen, das Grab war leer, das Leben hatte gewonnen, der Winter war vorbei. Dort, wo Erstarrung und Tod war, ist nun Leben, wo alles am Ende schien, gibt es einen neuen Anfang. Voller Freude sangen sie miteinander alle Osterlieder, die sie kannten. Sie lobten Gott für diesen Morgen. Und als sie jubelnd das Osterlied sangen „Christ ist erstanden ...", brach die Morgensonne durch die matten Fenster des Kirchenraums und erfüllte alles mit einem weichen, freundlichen Licht.

Die Begeisterung und tiefe Freude hielt an. Beim Frühstück waren alle richtig aufgekratzt. Auch den Pfarrer hatte man noch nie so ausgelassen gesehen. Er war ein guter und aufmerksamer Gastgeber. Als sie dann später im Ostergottesdienst ein paar Lieder sangen – wie sie es vorbereitet hatten –, klang der Jubel des frühen Morgens mit hindurch. Sie sangen nicht nur Lieder zur Erbauung der Gemeinde, sondern sie sangen ihre Freude zu Gott. Das steckte an, unbekümmert sang die Gemeinde mit, ein großer, schöner, vielstimmiger Lobpreis.

Dann kam der Ostermontag mit dem Gottesdienst im Grünen. Es war tatsächlich ein schöner, warmer Frühlingsmorgen, viele aus der Gemeinde zogen gern auf den Hügel, wo Werner schon alles aufgebaut hatte. Er hatte sogar ein großes Holzkreuz besorgt und in der Erde verankert, Klappbänke aufgestellt und die Verstärkeranlage installiert.

Es war der gleiche Hügel, auf dem Frieder vor etwa einem halben Jahr die Erstarrung seiner Kirche so schmerzhaft erlebt hatte. Nun war schon einiges anders geworden. Fröhliche Lieder tönten in die Umgebung, Kinder spielten im Gras, eine zuversichtliche und muntere Gemeinde lauschte der Predigt, die von der Speisung der Fünftausend handelte. Und wie in dieser biblischen Geschichte teilten im Anschluss daran die Secret Angels – immer noch in geheimer Mission – Selbstgebackenes in großen Körben aus. Susanne und Heike hatten den ganzen Sonntagnachmittag in der Küche gestanden. Und tatsächlich: Alle wurden satt und eine fröhliche Schar blieb nach dem Gottesdienst noch eine lange Zeit an diesem Platz im Gespräch miteinander, in der Freude an der Schöpfung und erbaut von dem weiten, klaren Blick in das Umland. Als sie am Nachmittag wieder alles abbauten, sagte der sonst eher stille Jochen zu Werner: „Heute hatte ich zum ersten Mal den Eindruck, dass wir eine Gemeinde sind."

7. Neue Perspektiven

Nach der Osterwoche kam der Pfarrer auf Frieder zu. Er hätte von Torsten gehört, dass sie sich im Hauskreis Veränderungen in der Gemeinde wünschten, das würde ihn sehr interessieren. Ob man sich nicht einmal zu einem ausführlichen Gespräch treffen könnte?

Zu diesem Gespräch erschienen Frieder und Helmut. Torsten hatte sich überlegt, ob er mitkommen sollte, aber dann entschieden, dass er den Kontakt zum Pfarrer lieber doch auf der inoffiziellen Schiene pflegen wollte.

Die Begegnung verlief von Anfang an in einer offenen und brüderlichen Atmosphäre. Der Pfarrer war begierig danach, die ganze Geschichte zu hören, und Frieder und Helmut erzählten ihm alles, sogar ihren Namen – Secret Angels – erwähnte er, was den Pfarrer zum Schmunzeln brachte.

Überhaupt war der Pfarrer sehr aufgeschlossen. Er schien froh zu sein, dass endlich etwas geschah, was ihm im Blick auf seine Gemeinde neue Hoffnung gab. Ganz offen erzählte er seinen Besuchern: „Ich war so frustriert, weil ich der Meinung war, dass in dieser Gemeinde kaum etwas möglich ist. Ich habe nur Ablehnung und Zurückweisung erlebt und mich entschlossen, meine Aufgaben nur noch auf Sparflamme zu kochen." Nun schien er erleichtert und wirkte auf ganz neue Weise lebendig. Es war von unerwarteter Seite frischer Wind in die Gemeinde gekommen. Er fühlte sich nicht mehr allein, er hatte Menschen, mit denen er reden konnte, ein gemeinsames Interesse an einer guten Entwicklung dieser Gemeinde schloss sie zusammen.

Aber was hieß eine „gute Entwicklung"? Frieder erklärte dem Pfarrer, was er darunter verstand: „Es muss Leben in unsere Gemeinde kommen, das geht nur, wenn jeder sich irgendwo beteiligt und mitarbeitet. Die Gottesdienste können fröhlicher werden, die Beziehungen untereinander stärker. Wir müssen uns mehr als Leib Jesu verstehen und klar erkennen, dass Jesus unsere Mitte ist!" Etwas nüchterner setzte Helmut hinzu: „Wir könnten miteinander in der Bibel lesen und darüber ins Gespräch kommen. Wir müssten einander mitteilen, was wir erleben, über unsere Sorgen und Zweifel reden und miteinander beten."

Der Pfarrer schüttelte nachdenklich den Kopf. Das war ja alles recht und gut, aber würde die Gemeinde, die er so träge erlebt hatte, mitmachen? Ließen sich die Gemeindemitglieder bewegen, über das normale Maß der bisherigen Tradition hinauszugehen?

Und vor allem, was würde sein Kirchengemeinderat dazu sagen? Dieses Gremium war bisher grundsätzlich gegen jede Neuerung eingestellt und hatte alle Veränderungen kategorisch abgelehnt. Diese Hürde müsste als Erstes überwunden werden!

Gemeinsam verabredeten sie, dass Frieder und Helmut ihre Wünsche im Kirchengemeinderat vortragen sollten. „Bitte seid vorsichtig, redet persönlich von euch in der Sitzung und stellt keine Forderungen, darauf würden die meisten sehr allergisch reagieren!", beschwor der Pfarrer die beiden schon im Voraus.

Mit zitternden Knien und einem mulmigen Gefühl in der Magengrube gingen Frieder und Helmut zehn Tage später in die Kirchengemeinderatsitzung. Es beruhigte sie, dass die anderen Secret Angels um ihre Situation wussten und für sie beteten. Sie hatten sich genau überlegt, was sie sagen wollten.

Sie redeten von dem, was Gott ihnen gezeigt hatte, sie sprachen von ihrer Sehnsucht nach einer lebendigen Gemeinde und wiesen deutlich darauf hin, dass sie und ihr Hauskreis – sie erwähnten nicht, dass sie sich Secret Angels nannten – natürlich bereit wären, selbst etwas für eine Veränderung zu tun. „Gott hat uns verändert, das wollen wir weitergeben", sagte Frieder etwas unvorsichtig und tatsächlich, sofort meldete sich Herr Seyber erregt zu Wort: „Das ist doch alles Gefühlsduselei! Überall sind in den Gemeinden solche Spinner am

Werk, denen das Bestehende nicht recht ist und die alles umkrempeln wollen. Die haben doch schon genug Unruhe gestiftet und Durcheinander verursacht. Das müssen Sie nicht bei uns. Wenn es Ihnen in unserer Gemeinde nicht behagt, gehen Sie doch in eine andere Gemeinde!"

„Nein, nein", widersprach ihm Herr Mahler, „ich habe den Eindruck, dass das echt ist, und ich habe am Gründonnerstag erlebt, dass Gott durch diese Gruppe handelt." Bei der Erwähnung der Fußwaschung machte Herr Seyber eine abfällige Bemerkung und tippte sich an die Stirn. „Für mich war dieses Osterfest zum ersten Mal so richtig fröhlich, das begeisterte Singen im Gottesdienst hat mir gut getan", meldete sich Frau Kunz zu Wort, die sich sonst kaum traute, in diesem Rahmen etwas zu sagen. Herr Fritz ergänzte: „Der Gottesdienst auf dem Berg ist sehr gut angekommen! Viele Gemeindemitglieder haben mir anschließend gesagt, dass wir das doch wiederholen sollten." „Und was denken Sie, Frau Mange?" Der Pfarrer wollte nun von jedem Mitglied des Gremiums eine Meinung hören.

„Ich denke auch, wir sollten hier weitermachen. Seit einiger Zeit spüre ich, dass sich das Klima in unserer Gemeinde verbessert hat. Die freundliche Begrüßung im Gottesdienst, das interessierte Nachfragen, die Mütter, die nun so unbeschwert am Gottesdienst teilnehmen können – all das spricht dafür, dass wir hier weiterdenken sollten. Wir müssen uns einmal überlegen, wie wir uns Gemeinde wünschen und was wir uns unter einer Kirchengemeinde vorstellen." „Dazu brauchen wir aber mehr Zeit, als wir es normalerweise in einer Sitzung haben. Wir haben immer genug zu tun mit Organisatorischem, dass wir zum Inhaltlichen gar nicht kommen. Wir müssten uns einmal extra treffen, um uns über das Grundsätzliche zu verständigen." Herr Fritz war Feuer und Flamme, das hatte er sich schon lange gewünscht und die langweiligen Sitzungen, in denen nur die Tagesordnungspunkte abgehakt wurden, hatten ihn schon immer angeödet.

Die Kirchengemeinderäte vereinbarten, dass sie sich am Nachmittag des Himmelfahrtstages zu einem „Perspektiven-Tag" treffen wollten und der Hauskreis von Helmut dazu eingeladen werden sollte. „Ohne mich!" Herr Seyber schnaubte nur verächtlich, packte seine Sachen und verließ den Raum.

Der Nachmittag des Himmelfahrtfestes erstrahlte unter einem sonnigen und blauen Himmel. „Zu schade, um jetzt im Raum zu sitzen", sagte Frau Kunz, und auch Frau Mange stöhnte leise, obwohl der Vorschlag eines solchen Treffens ja von ihr gekommen war.

Werner, der sich in so etwas auskannte, hatte Kärtchen besorgt und auch zwei große Pinnwände aufgetrieben und aufgebaut. Er übernahm in seiner einnehmend lockeren Art den Anfang und es gelang ihm schnell, die Teilnehmer dieses Perspektiven-Nachmittages vom schönen Wetter draußen abzulenken und an die Aufgabe zu führen. Er ließ alle, die gekommen waren – vom Kirchengemeinderat fehlte nur Herr Seyber, die Secret Angels waren vollzählig erschienen – auf die Kärtchen ihre Wünsche und Vorstellungen von Gemeinde schreiben. Viele Kärtchen mit ganz unterschiedlichen Aspekten kamen zusammen, die Werner mit Torstens Hilfe an die Wände pinnte und dabei gleich in die verschiedenen Bereiche der Gemeinde sortierte. Da gab es eine Reihe von Aussagen zu den Beziehungen in der Gemeinde, ein paar Kärtchen betrafen die Jugendarbeit und die Kleinkinder, einige beschäftigten sich mit dem Miteinander von Jung und Alt, ein paar Wünsche waren direkt an den Pfarrer gerichtet, aber die meisten Voten betrafen den Gottesdienst.

Eine große Fläche voller Wünsche, Erwartungen und Vorstellungen! Als sie die Wände betrachteten, war die Vielfalt fast erschlagend. Herr Fritz brachte auf den Punkt, was alle dachten: „Wenn man das mit der Wirklichkeit vergleicht, kann es einem direkt schlecht werden!" Was war zu tun, wo sollten sie ansetzen?

Nun griff der Pfarrer in das Geschehen ein. Er bat die Anwesenden zu überlegen, was an Gemeinsamem aus allen Wünschen herauszulesen sei. „Was muss grundsätzlich anders werden, damit diese vielen Veränderungen möglich sind?" Das war keine einfache Frage, die Köpfe rauchten, dann kamen zögernd einzelne Vorschläge: „Mehr Gemeinschaft" – „Wir müssen uns kennen lernen" – „Das gemeinsame Gespräch ist wichtig" – „Wir müssen Jesus besser kennen lernen" (das kam von Frieder!) – „Jesus soll die Mitte der Gemeinde sein" (das kam von Herrn Mahler!) – „Gemeinsam mit unserem Pfarrer die Gemeinde bauen" – „Wir brauchen mehr Mitarbeiter und Mitarbeiterinnen" – „Wir müssen alte Konflikte klären" (diesen Vorschlag brachte Torsten ein, an ihm entzündete sich eine kurze Diskussion, weil die Mehrheit der Kirchengemeinderäte der Meinung waren, man sollte das Alte ruhen lassen) – „Wir müssen fröhlicher miteinander feiern" – „Unsere Gottesdienste sollen lebendiger werden".

An dieser Stelle brach der Pfarrer den Austausch ab, „damit uns nicht wieder die Fülle der Gedanken erschlägt", wie er sagte. „Diese Liste mit grundsätzlichen Veränderungen sind unsere Ziele für die nächsten Monate", erklärte der Pfarrer, „Wir überlegen uns jetzt ganz konkrete Schritte, wie wir sie erreichen können." „Nein", protestierte Frau Mange, „nun machen wir zuerst eine Kaffeepause. Außerdem kennen wir noch gar nicht unsere Gäste. Das sollten wir jetzt nachholen." Es wurde eine vergnügte und ausgiebige Pause mit munteren Gesprächen und interessiertem Nachfragen. Werner konnte es sich nicht verkneifen, Herrn Mahler den Namen zu verraten, den sie sich gegeben hatten – Secret Angels – worauf Herr Mahler in schallendes Gelächter ausbrach und fragte, ob er auch in diesem Geheimbund Mitglied werden könnte.

Nach dieser erholsamen Atempause ging die Gruppe neu motiviert an die Arbeit. Torsten teilte drei rote Klebepunkte für jeden aus und forderte alle auf, diese Punkte an die Aussagen zu kleben, die nach der eigenen Meinung zuerst bearbeitet werden sollten. Die Auswertung zeigte: An erster Stelle stand der Gottesdienst, an zweiter die Förderung der Gemeinschaft und an dritter (und das erstaunte alle), dass Jesus die Mitte der Gemeinde sein sollte. In drei Untergruppen wurde nun für die drei Bereiche erarbeitet, was zu tun wäre, um dort weiterzukommen. Am Abend gab es für diese Anliegen ganz konkrete Vorschläge. Zum Beispiel hatte die Gottesdienstgruppe überlegt, dass Gemeindemitglieder an der Liturgie beteiligt werden sollten, ein kleiner Chor sollte gebildet werden, der vor dem Gottesdienst neue Lieder einübt, die dann auch mit der Gemeinde gesungen werden. Der Begrüßungsdienst, den Heike begonnen hatte, sollte auch von Kirchengemeinderäten übernommen werden.

Die Gruppe, die Vorschläge zu einer besseren Gemeinschaft erarbeitete, schlug unter anderem folgende Punkte vor: Regelmäßige Treffen nach dem Gottesdienst anbieten, immer wieder stellt sich ein anderer Teil der Gemeinde im Gottesdienst vor, Gemeindefeste und -ausflüge regelmäßig durchführen (Werner war in dieser Gruppe gewesen).

Die theologische Gruppe hatte es am schwersten, konkrete Vorschläge zu machen, obwohl der Pfarrer an ihr teilnahm. Ihre Ideen waren: Themenpredigten mit dem Schwerpunkt „Gemeinde als Leib Christi", im Winterhalbjahr Bibelstunden anbieten und die Gründung von geistlichen Zellen und Gebetsgruppen in der Gemeinde fördern. Vielleicht war es auch möglich, Menschen mit einer Begabung für die Seelsorge zu schulen, die ganz gezielt und konkret die Liebe Jesu zu Not leidenden Gemeindemitgliedern bringen und mit ihnen beten konnten.

Am Ende dieses Perspektiven-Nachmittags sagte Herr Mahler ganz bewegt: „Das war heute ein einmaliger Himmelfahrtstag. Wir haben wirklich ein Stück den Himmel offen gesehen und eine neue, weite Perspektive für unsere Gemeinde bekommen." Gemeinsam vereinbarten sie, die Gemeinde über diese Veränderungen im Gottesdienst am Pfingstfest zu informieren.

8. Das Pfingstfest

Frieder beschlich vor dem Gottesdienst am Pfingstfest ein ungutes Gefühl. „Es ist zu früh, gleich die Gemeinde zu informieren, das gibt bestimmt einen großen Knall und wir können uns unsere guten Vorschläge an den Hut stecken", meinte er besorgt. „Ach was", wehrte Werner ab, „du bist ein Schwarzmaler. Wahrscheinlich werden wir einen anderen Knall erleben, nämlich dass der Heilige Geist mit Feuerzungen durch die Gemeinde fährt und alles so verändert, dass wir gar nichts mehr tun müssen." Er lachte bei der Vorstellung, wie auf einmal alle Gemeindemitglieder durchgewirbelt würden, zu tanzen und zu lachen anfingen und in fremden Zungen sprechen würden. „Im Ernst, denkst du, dass das in unserer Gemeinde möglich ist?", Torsten zweifelte. „Na, mal abwarten", beruhigte ihn Helmut in seiner souveränen Art. Aber trotzdem gingen alle Secret Angels mit gemischten Gefühlen am Pfingstmorgen in den Gottesdienst.

Herr Mahler und Helmut berichteten von dem Perspektiven-Nachmittag und stellten die Ergebnisse vor. Sie erklärten ausführlich, was sie sich für die nächste Zeit vorgenommen hatten und wo sie etwas verändern wollten. Die Reaktion darauf war – Schweigen. Werner schaute sich erstaunt um, er suchte nach den Feuerflämmchen oder sonst einem Zeichen, dass das Gesagte bei den Zuhörern angekommen war. Aber die Gemeinde schwieg still, die meisten schauten wie abwesend vor sich hin, es gab keinerlei Anzeichen von Begeisterung oder Ablehnung. Und so blieb es. So als sei nichts geschehen, endete der Gottesdienst und die Gemeinde ging auseinander. Keine Bemerkung fiel, keine Nachfrage kam. Die Kirchengemeinderäte und die Secret Angels standen betroffen und wie benommen nach dem Gottesdienst zusammen. Damit hatten sie nicht gerechnet. Nur Herr Seyber, der von Anfang an gegen „dieses neumodische Zeug" gewettert hatte, ging mit erhobenem Kopf nach Hause zum Sonntagsbraten, so als wollte er sagen: „Das habe ich doch gleich gewusst!"

Erst in den Tagen nach diesem Gottesdienst verwandelte sich das undurchsichtige Schweigen. Langsam geriet einiges in Bewegungen. Man tuschelte und redete, tauschte Fragen aus, äußerte Befürchtungen, Gerüchte entstanden. Die Gemeinde wurde zu einem brodelnden Topf. Überall wurde diskutiert, es gab ein Für und ein Wider, Details wurden aufgebauscht, wichtige Aussagen abgeschwächt. Ein Riss zog sich durch die Gemeinde, der sich teilweise bis in die Familien hinein auswirkte. Die einen sprachen für diese Veränderungen und meinten, dass sie schon längst fällig seien, die anderen reagierten verstört und äußerten die Befürchtung, man wolle ihre Gemeinde kaputt machen. Ein großes Durcheinander veränderte die Gemeinde nun in negativer Weise. Der Pfarrer reagierte erschreckt und die Kirchengemeinderäte waren unsicher, ob es richtig gewesen war, was sie gemacht hatten. Nur Herr Seyber gab nun öffentlich kund, dass er das so habe kommen sehen!

Die Secret Angels waren selbst voller Zweifel, und als sie sich das nächste Mal trafen, machten sie sich große Vorwürfe: „Was haben wir jetzt in der Gemeinde angerichtet? Wir wollten eine Veränderungen für eine gute Zukunft und nun haben wir ein Chaos ausgelöst!" Susanne war richtig verzweifelt, sie hatte auch daheim in ihrer Familie heftige Auseinandersetzungen ertragen müssen. Helmut beruhigte die Gruppe: „Eigentlich war es klar, dass unsere Vorschläge so aufgenommen werden. Haben wir etwa erwartet, dass alle Hurra schreien und voll auf die Veränderungsvorschläge einsteigen? Es ist doch normal, dass es Unruhe gibt, wenn das Bewährte auf einmal nicht mehr so weitergeht wie immer. Wir sollten das nicht so tragisch nehmen, die Lage wird sich schon wieder beruhigen." Torsten nickte heftig und stimmte dem zu: „Diese Reaktionen auf Veränderungsvorschläge können wir doch überall erleben, das ist nicht nur in einer Kirchengemeinde so, obwohl sie hier vielleicht besonders heftig sind." Nun musste Frieder etwas sagen, er war die ganze Zeit schon unruhig gewesen, weil er einen wichtigen Gedanken loswerden wollte: „Jetzt verstehe ich einen Traum, den ich kurz vor dem Pfingstfest hatte. Ich habe Jesus gesehen, wie er als Auferstandener seinen Jüngern begegnet und sie aussendet. Das war ein sehr bewegender und ernster Vorgang, als er sagte: ‚Mir ist gegeben alle Macht, darum gehet hin, ich bin bei euch alle Tage.' Mir wurde klar: Die Sendung Jesu ist kein Spaziergang, er schickt uns mitten in das Chaos hinein, damit wir hier in seinem Auftrag arbeiten, unsere Gaben einsetzen, Frieden stiften und sein Reich bauen. Also, das heißt: Jetzt sind wir dran! Wir sollen uns jetzt nicht erschreckt zurückziehen, sondern wir sollen jetzt mutig in seinem Namen vorangehen. Klar?" „Gut gepredigt." Werner konnte sich diese Bemerkung nicht verkneifen. Aber alle fühlten sich ermutigt, jetzt nicht zu fliehen, sondern fröhlich weiterzugehen. Mit einer langen Gebetszeit um Klärung der Situation in der Gemeinde beschlossen die Secret Angels diesen Abend. Getröstet und zuversichtlich gingen sie nach Hause. Nur Torsten war es noch ein Anliegen, beim Pfarrer vorbeizuschauen.

Obwohl es schon sehr spät war, war beim Pfarrer noch Licht. Auch ihn quälten unruhige und zweifelnde Gedanken. Er stand nun im Schussfeld der Kritik. Er hatte einige empörte Anrufe erhalten, wie er nur unter den Einfluss von ein paar Spinnern geraten konnte. Bisher sei doch alles gut gewesen, nun sei wohl alles nicht mehr recht. Und ein Anrufer, der seinen Namen nicht nannte, machte dem Pfarrer unmissverständlich klar, dass er diese Stelle verlassen sollte, er habe hier nun schon lange genug sein Amt ausgeübt.

Torsten berichtete vom Abend bei den Secret Angels. Das gab auch dem Pfarrer neuen Mut, so dass er sich zu überlegen begann, wie er die Situation aktiv in die Hand nehmen könnte. Dazu war Torsten gerade der richtige Gesprächspartner. Erst lange nach Mitternacht trennten sich die beiden. Sie hatten überlegt, ob es gut wäre, die Situation in einer Gemeindeversammlung, zu der alle Gemeindemitglieder eingeladen waren, anzusprechen und zu klären. In dieser großen Runde wäre Möglichkeit, die unterschiedlichen Argumente offen zu diskutieren, Vorbehalte ernst zu nehmen und, wo es ging, auszuräumen sowie die Vorhaben noch einmal sachlich und ruhig zu erklären, um den kursierenden Gerüchten den Nährboden zu entziehen. Dann hatten sie ausführlich miteinander gebetet und die Gemeinde in die Hand Gottes gelegt.

9. Die Gemeindeversammlung

Auf den ersten Sonntag nach dem Dreieinigkeitssonntag wurde zu der Gemeindeversammlung eingeladen. Sie sollte am Abend im Gemeindehaus stattfinden, aber der Saal erwies sich als zu klein, so dass man in die Kirche umziehen musste. Das gab dieser Zusammenkunft den richtigen Rahmen. Ausführlich stellte der Pfarrer noch einmal die Pläne vor, es waren ja nicht alle an Pfingsten im Gottesdienst gewesen und manche hatten deshalb die geplanten Veränderungen nur aus zweiter Hand erfahren. Jetzt, direkt aus dem Munde des Pfarrers, hörte sich vieles ganz anders an. Mit eindringlichen Worten schloss er seine Ausführungen: „Ich weiß, dass es unter uns unterschiedliche Meinungen gibt. Das darf auch so sein, das gehört zu einer Gemeinde. Da Gott vielfältig ist, kann auch die Gemeinde vielfältig sein in ihren Ansichten und Stilen. Wir wollen uns mit unseren Unterschieden akzeptieren und stehen lassen, aber trotzdem eine Gemeinde sein. Das geht nur, wenn wir immer wieder zur Mitte der Gemeinde finden – und das ist Jesus. Er hat geboten, dass wir einander lieben und achten sollen und das wollen wir auch tun, wenn wir jetzt miteinander reden."

Die anschließende Diskussion war kontrovers, aber sachlich. Gemeindemitglieder konnten ihre Befürchtungen äußern, dass sich nun alles verändern würde und sie gezwungen werden sollten, bei etwas mitzumachen, was sie nicht wollten oder könnten. Der Pfarrer beruhigte sie: „Niemand wird zu etwas gezwungen, was er nicht möchte, jeder soll sich so in der Gemeinde einbringen können, wie es ihm entspricht! Wir lassen einander stehen und bewerten uns nicht gegenseitig, etwa dass wir zu den einen sagen, die sind besonders geistlich, weil sie in der Gemeinde aktiv mitarbeiten, und zu den anderen, die sind ungeistlich, weil sie andere Schwerpunkte setzen." Frieder war mit dieser Aussage des Pfarrers nicht recht einverstanden, aber er meldete sich nicht zu Wort, um nicht weitere Diskussionen auszulösen. Sein Anliegen war, dass alle Gemeindemitglieder eine neue Beziehung zu Jesus bekämen und zu eifrigen Mitarbeitern würden. Aber er verstand, dass das nur freiwillig und nicht gezwungenermaßen geschehen konnte.

Das Ergebnis dieser Gemeindeversammlung bestand aus einer Reihe von Kompromissen: Es wird sich nicht alles verändern, es wird weiterhin Bereiche geben, in denen die bisherigen Traditionen ihren Platz haben. Der Gottesdienst wird zunächst nur einmal im Monat in neuer Form gehalten. Die Winterbibelstunden werden durchgeführt – dafür plädierten die meisten – und wer Interesse an einer Haus- oder Gebetszelle hat, kann sich beim Pfarramt melden, damit man entsprechende Kreise zusammenstellen kann. Es wird aber von niemandem verlangt, dass er an einer solchen verbindlichen Gruppe teilnimmt. Ausdrücklich wurde von Herrn Mahler als dem Vertreter des Kirchengemeinderates betont, dass auch die Gemeindemitglieder, die nicht regelmäßig zum Gottesdienst gehen und keine Veränderung wünschen, sich natürlich weiterhin zur Gemeinde zählen dürfen.

Nach der Gemeindeversammlung war der Frieden wieder hergestellt. Aber hatten sie ihren Wunsch nach Erneuerung verraten? Die Secret Angels waren sich nicht schlüssig, ob die Kompromisse nicht einen gewaltigen Rückschritt in ihren Bemühungen um Veränderungen bedeuteten. War nicht wieder alles so wie vorher auch? Hatte man etwas glatt gebügelt, was nicht glatt sein durfte? Hatte man um des lieben Friedens willen faule Kompromisse geschlossen?

Wieder war es Frieder, der das erlösende Wort fand: „In wenigen Tagen ist Johannistag. An diesem Tag wird dem Täufer Johannes gedacht. Er hat auf Jesus hingewiesen und gesagt: ‚Er muss wachsen, ich aber muss abnehmen.' Das gilt auch für uns. Es geht nicht darum, dass wir uns mit unseren Ideen und Wünschen durchsetzen, sondern dass Jesus in unserer Gemeinde groß wird. Das geht nicht durch äußere Veränderungen, das geht nur durch die Veränderung der Herzen. Das hat bei uns angefangen und sich zum Teil bereits in der Gemeinde fortgesetzt. Wenn wir nun in diesen äußeren Dingen Rückschläge erleiden müssen, ist das nicht tragisch. Wir sollten aber alles tun, damit Jesus unter uns und in unserer Gemeinde wachsen kann. Wir wollen auf ihn hinweisen. Wenn die Menschen ihn verstanden haben, dann geschieht die Veränderung von innen und ganz von selbst. Also, das heißt, dass wir überall, wo es geht, von Jesus reden und für unsere Gemeinde beten. Und vor allem auch dafür eintreten, dass noch viele andere Menschen, die bisher nicht zu Jesus und zu unserer Gemeinde gehören, dazukommen. Dann wird sich unsere Gemeinde durch diese neuen, jungen und eifrigen Christen automatisch verändern." „So einfach ist das!", war Werners kurzer und etwas ironisch gemeinter Kommentar, den er sich nicht verkneifen konnte.

10. Grabenkämpfe

Dann folgten die langen Wochen der Sommerferien. Die meisten der Secret Angels waren irgendwo im Urlaub. In der Gemeinde ging es in dieser Zeit ruhig zu. Nur Frieder war sehr aktiv. Er bemühte sich um Kontakte zu Menschen, denen er von Jesus erzählen konnte. Er wollte Menschen zum Glauben und zur Gemeinde führen. „Wenn Menschen zu uns kommen, die ganz neu im Glauben stehen und von allen alten Formen unbelastet sind", so dachte er, „dann wird automatisch ein neuer Stil Einzug halten. Sie werden mit ihren Fragen und mit ihrer frischen Begeisterung die Gemeinde kräftig aufmischen ..."

Erstaunlicherweise unterstützte ihn Werner in diesem Bemühen. Sie trafen sich oft im Freibad, da Werner nicht verreisen konnte. Seine fröhliche und unkomplizierte Art, die Leute anzusprechen und in ein Gespräch zu verwickeln, kam Frieder, der eher etwas hölzern wirkte, sehr zur Hilfe. So arbeiteten die beiden unterschiedlichen Secret Angels Hand in Hand und freuten sich jedes Mal, wenn ihnen ein Gespräch über den Glauben gelang.

Aber auch noch jemand anderes war nicht untätig. Herr Seyber konnte sich mit den vereinbarten Kompromissen nicht abfinden. So schürte er den Konflikt im Verborgenen weiter. Er hatte sich gemerkt, wer gegen die Erneuerungen in der Gemeinde Stellung bezogen hatte. Nun besuchte er jeden Einzelnen, um den Widerstand zu verstärken. In glühenden Farben redete er davon, wie es mit der Gemeinde bergab ginge, wenn sich die Neuerer durchsetzten. Und die Kompromisse, die vereinbart worden waren, würden bestimmt nicht lange halten, bei der nächsten Gelegenheit wären die Pläne einer totalen Veränderung auf dem Tisch, polterte Herr Seyber. Er stieß nicht überall auf offene Ohren, aber dort, wo man ihn anhörte, fiel seine Saat auf fruchtbaren Boden. Der Widerstand formierte sich leise, aber stetig. Der Pfarrer und die Kirchengemeinderäte merkten davon nichts.

Erst Mitte September, als die Gemeinde wieder vollzählig und der Alltag nach den Ferien eingekehrt war, kam es zum großen Eklat. Es fand ein Gottesdienst nach der neuen Form statt, fröhliche, moderne Lieder wurden gesungen, die Begrüßung und den Eingangsteil der Liturgie übernahm Helmut, der die Gemeinde mit warmherzigen Worten willkommen hieß (statt die liturgische Grußformel zu benutzen). Zur Schriftlesung trat Heike an den Altar, den sie extra schön mit bunten Herbstblumen geschmückt hatte. Dann sollte vor der Predigt ein kurzer persönlicher Teil kommen, in dem Frieder von seinen Sommererfahrungen berichten sollte. Er wollte seine guten Erlebnisse bei evangelistischen Gesprächen weitergeben und die Gemeindemitglieder dazu auffordern, ebenfalls offensiver von ihrem Glauben zu erzählen. Kaum war er mit seinem eindringlichen Appell fertig, da stand Herr Seyber zornbebend und mit rotem Kopf auf und sagte betont: „Wir lassen uns so etwas nicht länger bieten! Wir werden hier ja richtig aus der Kirche hinausgeekelt. Das wird Folgen haben." Demonstrativ verließ er mit einem kleinen Grüppchen seiner Anhänger den Gottesdienst. Die schwere Kirchentür fiel krachend hinter ihnen ins Schloss. Dem Pfarrer fiel es danach schwer, sich auf seine Predigt zu konzentrieren, ihn und die Gemeinde ergriff eine bedrückte Stimmung. Wie sollte es nun weitergehen? Kommen die Dinge wieder ins Lot? Was geschieht, wenn nun die Kirchenleitung in Aktion tritt, eingreift und die Seite der Bewahrer unterstützt? Würde der Pfarrer den Ort verlassen müssen? Bekämen sie als Gemeinde einen Verweis? Und – was noch schwerer wog – war es nun mit dem Frieden im Ort vorbei? Würden nun alle, ob gläubig oder nicht, erleben müssen, wie die Christen sich stritten?

Die Bedrückung war noch nicht gewichen, als sich die Secret Angels das nächste Mal trafen. „Sicher hast du heute wieder einen Hinweis auf einen besonderen Tag im Kirchenjahr", witzelte Werner provozierend zu Frieder, er wollte die belastende Stimmung nicht hinnehmen.

„Du wirst lachen, das habe ich!", antwortete Frieder prompt und alle wandten sich ihm aufmerksam zu. „Heute ist im Kirchenjahr der Michaelstag. An diesem Tag wird daran gedacht, wie der Erzengel Michael den bösen Drachen, den großen Gegenspieler Gottes besiegt hat. Da wir uns Secret Angels nennen, könnten wir eigentlich in diesem Engel ein wichtiges Vorbild für uns sehen. Wir stehen jetzt in Auseinandersetzungen und haben nicht nur mit Fleisch und Blut zu kämpfen. Der Teufel ist es, der die Erneuerung verhindern will."

„Nanana, jetzt gehst du aber zu weit!" Im Augenblick war eher Werner der Gegenspieler von Frieder. Susanne fragte erschreckt: „Dann haben wir also keine Chance?" Aber da hatte der zurückhaltende Jochen gleich einen Bibelvers parat: „Gott wird für uns streiten und wir können stille sein!" Jochen war einfach kein großer Kämpfer, er blieb lieber im Hintergrund. „Nein", sagte Frieder, „wir haben die Möglichkeit, im Gebet gegen diese Mächte anzugehen, und wir können gegen Widerstand im Namen Jesu angehen. Dazu haben wir von Jesus die Vollmacht bekommen, als er uns ausgesandt hat, erinnert ihr euch noch?" Natürlich erinnerten sie sich. Aber trotzdem war ihnen nicht so wohl bei diesem Gedanken, nun in eine geistliche Auseinandersetzung eintreten zu müssen. „Wir müssen doch erst einmal sehen, wer unsere Gegner sind und was sie überhaupt wollen, bevor wir einfach in die Luft ballern und kämpfen", warf Torsten ein, „wir müssen unsere Gegner argumentativ überwinden".

Was sollten sie tun: Im Gebet kämpfen oder argumentieren? Waren sie als Secret Angels nun auch gespalten und uneins? „Wir machen beides", entschied Helmut. Es tat doch gut, einen Leiter zu haben, der ein Machtwort sprechen konnte und die Gruppe zusammenhielt, wenn sie auseinander zu fallen drohte.

Die Secret Angels verabredeten sich gleich für die nächste Woche wieder. Sie wollten an den Fragen, die noch offen waren, weiterkommen. Torsten hatte sich diesmal vorbereitet. Er wollte aufzeigen, welche menschlichen Gründe hinter den Widerständen stecken könnten. Auf große Plakaten hatte er Bilder gemalt und im Raum aufgehängt. Es sah aus wie in einem Zoo. „Hier habe ich eine Darstellung von verschiedenen Reaktionsweisen auf Veränderung", begann Torsten seinen Vortrag. „Damit es noch plastischer wird, was ich meine, vergleiche ich jeden Typ mit einem Tier, deshalb habe ich auch die Bilder aufgehängt. Da ist zum einen die Schnecke, sie symbolisiert die Leute, die sich bei Veränderungen in ihr Schneckenhaus zurückziehen. Sie bleiben passiv, treten den Rückzug an und verweigern sich. Dann gibt es solche, die prinzipiell zunächst ihre Stacheln stellen und gegen alles sind. Das sind die Igel. Wenn sie sich an etwas gewöhnt haben, sind sie gut zu haben und sehr zutraulich. Dann gibt es die Mitläufer, das ist wohl die größte Gruppe. Wie die Kaninchen hocken sie gern zusammen und bewegen sich gemeinsam vorwärts, wenn eines pfeift, verschwinden alle im Loch." Das war ein treffendes Bild, die Secret Angels lachten schallend und merkten dabei: Wenn der Gegner ein Gesicht bekommt, kann man besser mit ihm umgehen. Torsten fuhr fort: „Dann gibt es die Ignorierer. Sie sind der Meinung, dass immer alles so bleiben kann, wie es ist, sie verschließen ihre Augen vor der Wirklichkeit. Sie wollen das Bestehende bewahren und stecken ihren Kopf in den Sand, so wie dieser Vogel Strauß hier. Daneben gibt es noch zwei Tierarten, die wirklich gefährlich sind. Das eine sind die Löwen. Sie sind Kämpfer, die gerne angreifen und Blut sehen wollen. Sie möchten die Oberhand behalten, die stärksten sein und können es nicht ertragen, wenn jemand anderes die gleichen Rechte wie sie beansprucht. Das sind unsere eigentlichen Gegner. Vor ihnen müssen wir uns in Acht nehmen. Dann gibt es zuletzt noch die Geier. Die stürzen sich auf das, was schon halbtot ist, und aus Lust am Töten den letzten Stoß geben. Von ihnen steht schon in der Bibel: ‚Wo das Aas ist, da sind die Geier' (Matthäus 24,28)." „Igitt!" Susanne war fast übel geworden. Aber Torsten, nun richtig in Fahrt, ließ sich nicht beirren. „Wir müssen verstehen, warum jemand so ist, wie er ist. Versucht, euch nun einmal zu jedem Typ eine konkrete Person aus unserer Gemeinde vorzustellen, gelingt euch das?" Die anderen nickten nachdenklich. „Überlegt euch auch einmal, was hinter ihren Einwänden eigentlich steckt, wenn sie sagen: ‚Die Veränderung ist zu schwierig', ‚Das sind unrealistische, gesponnene Ideen', ‚Es handelt sich bei den Vorschlägen nur um Trenderscheinungen', ‚In anderen Gemeinden mag das funktionieren, aber in unserer Gemeinde nicht' und ‚So schlimm ist es bei uns ja doch nicht!'" Torsten hatte nebenbei diese Aussagen auf einen großen Bogen Papier geschrieben. „Hinter diesen Aussagen steckt doch die Angst, die nackte Angst! Angst vor Machtverlust." Diese Punkte notierte Torsten auf dem Papierbogen mit einer anderen Farbe. „Die Angst vor dem Chaos und dem Durcheinander, dass man nicht mehr Herr der Lage ist, die Angst, seine eigene Trägheit überwinden zu müssen. Und vielleicht auch die Angst vor Gott, vor allem dann, wenn man der Meinung ist, Gott sei der Hüter der Traditionen und wenn wir die Traditionen angreifen, stellen wir uns gegen Gott. Fallen euch weitere Ängste ein?"

„Die Angst, eine klare Meinung zu vertreten und dadurch einsam zu werden", ergänzte Heike. „Die Angst, ausgelacht zu werden", überlegte Werner und Jochen trug bei: „Die eigene Unsicherheit, selbst nicht zu wissen, was man will." Torsten notierte auch diese Punkte und fügte noch an: „Die Angst, zum Außenseiter zu werden." Dann fuhr er fort: „Es bringt nun nichts, dieser Angst mit Druck und Angriff zu beggenen, dadurch wird sie nur verstärkt und der Rückzug, die Verweigerung oder das Angriffsverhalten meines Gegenübers wird noch stärker. Wir müssen dieser Angst mit Verständnis begegnen, um Vertrauen werben und die Menschen für uns gewinnen. Sie nicht bekämpfen oder zu etwas zwingen. Wir müssen mit viel Geduld informieren und ganz ehrlich und offen die Gründe für unser Verhalten darlegen und erklären, warum wir etwas tun. Das heißt, dass wir mit offenen Händen immer wieder auf unsere Gegner zugehen und ihnen das Gespräch anbieten. So, das waren meine Gedanken." Torsten sah zufrieden aus. „Gut gebrüllt, Löwe", feixte Werner mit einem Hinweis auf das entsprechende Plakat. Alle lachten.

„Also, das heißt", fasste Helmut zusammen, „dass wir uns vor allem um die Schnecken, die Igel und die Hasen in unserer Gemeinde kümmern und ihnen klar machen, dass wir für sie keine Bedrohung darstellen. Bei den Straußen können wir nichts machen, denen muss Gott eine neue Sicht schenken." „Und die Löwen und Geier sind Gebetsanliegen, nicht wahr?" Frieder war sofort zur Stelle. „Über den Teufel steht in der Bibel, dass er umhergeht wie ein brüllender Löwe, suchend, wen er verschlingen kann, dem sollen wir im Gebet widerstehen. Im Gebet stellen wir uns gegen die angreifenden Löwen, bil-

den eine geistliche Mauer, die sie nicht überwinden können. Den Geiern gebieten wir, dass sie sich nicht über das Alte und Vergangene hermachen können, weil auch das in der Hand Gottes ist."
„Gut." Helmut war zufrieden. „Dann haben wir unser Programm für die nächste Zeit. Die einen kümmern sich um die Schnecken, die Igel und die Hasen und die anderen kämpfen im Gebet gegen die Löwen und die Geier." Zur letzten Gruppe gesellten sich neben Frieder auch Helmut, der sich als Leiter der Gruppe verantwortlich fühlte, Werner, der gern zur Stelle war, wenn es Auseinandersetzungen gab, und Sina, die Jüngste, die einmal gern ihre geistlichen Kräfte einsetzen wollte, um – wie sie sagte – dem Teufel zu widerstehen, wie es „Jünglingen geziemt" (1. Johannes 2,13).

11. Der Kreis schließt sich

Über die nächste Zeit ist wenig zu berichten, weil sich das meiste im Verborgenen abspielte und aus mühevoller Kleinarbeit bestand. Es gab viele Gespräche, Begegnungen und Klärungen. Die eine Gruppe warb um die Gegner „wie ein Bräutigam um seine Braut" (wie Werner sich lustig machte). Der Pfarrer wurde auf seine vorgesetzte Dienststelle zitiert, was Anlass für eine intensive Gebetsoffensive von Frieder war. Aber dieses Gespräch endete mit der sanften Ermahnung, dass der Pfarrer seinem Amtsgelöbnis treu bleiben, die Ordnung in der Gemeinde wahren und der Unordnung wehren sollte. Die vielen und unterschiedlichen Kontakte zu den „Schnecken, Hasen und Igeln" zeigten Früchte. Ein zunehmender Teil der Gemeindemitglieder war der Meinung: „Die sind ja gar nicht so schlimm, im Gegenteil, die sind richtig nett!" Immer mehr Leute verstanden das Anliegen der Erneuerung, und wenn sie nicht dafür waren, so waren sie wenigstens nicht mehr dagegen. „Was wollen wir mehr?", fragte Torsten.

Herrn Seyber ging immer mehr die Luft aus, sein Gepolter und Geschimpfe wurde auch einigen seiner Unterstützer zu viel. Es wurde offenbar, dass er maßlos übertrieb. Zuletzt war er nur noch wie ein Löwe, der brüllt, aber nicht mehr ernst genommen wurde. Die, die gehofft hatten, die ganze Gemeinde würde zusammenbrechen, verloren das Interesse an dieser Sache.

So erfüllte sich beides: das kämpfende Gebet der einen Gruppe und die Bemühung um Versöhnung der anderen. Die Secret Angels erlebten, wie beide Teile zusammengehörten. Immer wenn sie sich trafen, tauschten sie sich aus und berichteten von ihren Erfolgen und

Misserfolgen. Auch die Punkte wurden angesprochen, wo Gespräche eine falsche Richtung nahmen, wo es zu neuen Verletzungen kam, wo Fehler gemacht wurden und wo man aneinander schuldig geworden war.

12. Ende und neuer Anfang

Inzwischen gingen die ersten Herbststürme übers Land, die Bäume zeigten bereits ihr blätterloses Gesicht und die Natur machte sich wieder bereit für den Winterschlaf. Frieder erinnerte sich daran, dass es nun schon ein Jahr her war, wie mit seinem Eindruck des erstarrten und toten Landes alles begonnen hatte. Seither war etliches geschehen, es hatte sich in diesem einen Jahr bereits viel verändert. Aber es war auch noch einiges zu tun. Die Gemeinde war zwar in Bewegung gekommen, aber der große Durchbruch war noch nicht erfolgt, so wie er es sich gewünscht hatte. Woran lag es? Waren sie selbst vielleicht die Hindernisse für das Wirken Gottes, standen sie selbst Gott im Weg? Manchmal hatte Frieder den Eindruck, dass Gott sein Werk besser ohne die Secret Angels hätte vollbringen können. Manchmal aber staunte er auch, wie Gott sie brauchte, um etwas anzustoßen. Es war Frieder ganz feierlich zumute, als er diese Gedanken im Kreis der Secret Angels vortrug, um darauf hinzuweisen, wie alles vor einem Jahr begonnen hatte.

„Nun habe ich das Bedürfnis und den Eindruck, dass es richtig ist, wenn wir am Buß- und Bettag einen Bußgottesdienst durchführen." „Typisch Frieder", dachte Werner laut, „er hat zwar Recht, aber er braucht sich doch nicht so künstlich auszudrücken." „Dort können wir das vergangene Jahr Gott zurückgeben und um all das um Vergebung bitten, was uns misslungen ist."

Als der Pfarrer von dieser Idee erfuhr, war er gleich dafür, dass dieser Gottesdienst öffentlich in der Kirche stattfinden sollte. Die Secret Angels schluckten, sollten sie in aller Öffentlichkeit, vor der ganzen Gemeinde Buße tun? „Wir haben uns dazu entschlossen, ehrlich und offen zu sein und nichts Heimliches mehr zu unternehmen – also, da gehört ein solcher Gottesdienst doch auch dazu", motivierte Helmut die Gruppe zu diesem Schritt.

Es war ein bewegender Gottesdienst am Abend des Buß- und Bettages. Da es ein normaler Werktag war, waren nur wenige gekommen. Man konnte sich in den vorderen Bankreihen zusammensetzen, dadurch wurde es ein persönlicher, ja familiärer Gottesdienst. Jeder konnte aussprechen, was ihm auf dem Herzen lag. Ganz ohne feste Liturgie beteten und sangen sie abwechselnd oder lasen Abschnitte aus der Bibel vor, wie es ihnen gerade zumute war. Es war kein Durcheinander, sondern alle waren konzentriert bei der Sache – auch die Teilnehmer, die eine solche Art von Gottesdienst noch nie erlebt hatten. Man konnte sogar voreinander in aller Öffentlichkeit Schuld aussprechen und sich gegenseitig Vergebung gewähren. Torsten sagte zum Pfarrer, dass es ihm Leid tat, dass er früher so wenig von ihm gehalten habe. Frieder entschuldigte sich bei Herrn Mahler und dem ganzen Kirchengemeinderat, dass er immer wieder gedacht hatte, dieses Gremium sei nicht geistlich genug. Werner entschuldigte sich bei Frieder für seine oberflächlichen und verletzenden Äußerungen. So kam manches an diesem Abend in der Geborgenheit des Kirchenraums vor Gott und vor den Ohren einer wachen Gemeinschaft zur Sprache. Dabei war es, als würde Gott einen weiteren Brunnen öffnen und aus den Schleusen des Himmels frisches Wasser fließen. Alle gingen gestärkt und beschwingt nach Hause, die Bedrückung der Vergangenheit war gewichen, der Weg nach vorn war weiter frei geworden. Sie waren als Gemeinschaft dichter zusammengerückt und durch die heilende Gegenwart Jesu, der ihre Schuld auf sich genommen hatte, tiefer zusammengewachsen.

Nach dem Gottesdienst stand noch ein kleines Grüppchen zusammen. Herr Mahler fragte Helmut, ob er denn nicht auch zu den Secret Angels gehören dürfte. Daraufhin bekundeten noch andere ihr Interesse daran. Es waren Gemeindemitglieder, die mehr wollten und Interesse an Erneuerung und Veränderung hatten. Dazu gehörten auch ein paar, die vorher entschiedene Gegner aller Veränderungen gewesen waren.

Aber Helmut zögerte und bat sich Bedenkzeit aus. Er wollte zunächst mit dem Pfarrer darüber reden. War die Zeit der Secret Angels nicht vorbei? Das Geheime ihrer Aktion, die Verborgenheit, gehörte zum Anfang der Veränderung. Nun hatte dieser Anfang Kreise gezogen und es sollte weitergehen, über ihre Gruppe hinaus. War es sinnvoll, diesen weiteren Kreis in den Anfang zu integrieren, oder war es nicht besser, wenn sich nun dieser erste Kreis in den zweiten hinein verlor? Irgendwie schien es Helmut nicht richtig, wenn sich die Secret Angels etablierten und einen festen Kern in der Gemeinde bildeten. Sie wollten doch in die Gemeinde hinein sterben.

Aus diesen Überlegungen heraus und im Gespräch mit dem Pfarrer und Frieder entstand folgender Gedanke: Die Secret Angels bestehen weiter, nehmen aber keine weiteren Gemeindemitglieder auf. Sie sind eine Hauszelle und eine Gebetsgruppe wie andere in der Gemeinde auch. Darüber hinaus wird es aber eine „Brückengruppe" geben – eine offene Gemeinschaft all derer, die eine geistliche Erneuerung der Gemeinde wünschen. Die Brückengruppe trifft sich monatlich zu Gebet, Austausch, Gespräch und Singen. Jeder kann teilnehmen, sei er Kirchengemeinderat oder Gemeindemitglied, Mitglied einer Hauszelle oder nicht. Brückengruppe nennt sich dieser Kreis, weil er einen Brückenkopf bilden möchte zwischen Altem und Neuem, zwischen Bestehendem und Zukünftigem. Dieser Kreis soll eine Gemeinschaft sein, in der nach den Wegen Gottes für die Gemeinde gefragt wird, Veränderungen angestoßen und Neuerungen durchgeführt und begleitet werden. Schwerpunkt der Brückengruppe ist das Hören auf Gott und das Hören aufeinander, die Beziehung zu Jesus und die Beziehungen zueinander.

Im Gottesdienst am 1. Advent zu Beginn des neuen Kirchenjahres soll die Gemeinde über dieses neue Angebot informiert und alle herzlich dazu eingeladen werden, Schritte der Veränderung gemeinsam zu gehen.

So endete die Geschichte des Wirkens der Secret Angels und so begann ein neues Kapitel in der Geschichte der Kirchengemeinde in …

III. Anhang

Literaturtipps

Hans Apel, Volkskirche ohne Volk?, Brunnen Verlag, Gießen, 2004

Günter Breitenbach, Gemeinde leiten. Eine praktisch-theologische Kybernetik, Kohlhammer Verlag, Stuttgart, 1994

Klaus Douglass, Gottes Liebe feiern – Aufbruch zum neuen Gottesdienst, C&P Verlagsgesellschaft, Emmelsbüll, 1999

Ulrich Eggers (Hrsg.), Kirche neu verstehen, Hänssler-Verlag, Holzgerlingen, 2005

Klaus Eickhoff, Gemeinde entwickeln für die Volkskirche der Zukunft, Vandenhoeck & Ruprecht, Göttingen, 1992

Romano Guardini, Das Ende der Neuzeit, Matthias-Grünewald-Verlag, Mainz, 4. Auflage, 2001

Peter Hahne, Schluss mit lustig, Johannis Verlag, Lahr, 2004

Gertrud Höhler, Herzschlag der Sieger. Die EQ-Revolution, Ullstein Heyne List Verlag, München, 2004

Wolfgang Huber, Die Kirche in der Zeitenwende, Gütersloher Verlagshaus, Gütersloh, 1999

Jean-Marcel Kobi, Management des Wandels. Die weichen und harten Bausteine erfolgreicher Veränderung, Haupt Verlag, Bern, 1996

Martin L. Landmesser (Hrsg.), Was morgen zählt, Hänssler-Verlag, Holzgerlingen, 1997

Gerhard Lohfink, Braucht Gott die Kirche?, Herder Verlag, Freiburg, 1998

Elisabeth Noelle-Neumann, Die Schweigespirale, Theorie der öffentlichen Meinung, Langen Müller Herbig Buchverlage, München, 2001

Michael Noss, Aufbrechen, Verändern, Gestalten, Oncken Verlag, Wuppertal und Kassel 1999

Christian Nürnberger, Kirche wo bis du?, Deutscher Taschenbuch Verlag, München, 2000

Hans-Diether Reimer, Für eine Erneuerung der Kirche, Brunnen Verlag, Gießen, 1996

Friedemann Schulz von Thun, Miteinander reden, Band 3, Das innere Team, Rowohlt, Reinbek bei Hamburg, 1998

Andrea Schwarz, Wenn Chaos Ordnung ist, Herder Verlag, Freiburg, 2003

Christian A. Schwarz und Christoph Schalk, Die Praxis der natürlichen Gemeindeentwicklung, C&P-Verlagsgesellschaft, Emmelsbühl 1997

Gerhard Schwarz, Konfliktmanagement, Verlag Dr. Th. Gabler, Wiesbaden, 6. Auflage, 2003

Wolfgang Simson, Häuser, die die Welt verändern, C&P Verlagsgesellschaft, Emmelsbüll, 1999

Johannes Stockmayer, Mit dem Feuer der Liebe. Gesunde Gemeinden durch starke Beziehungen, Oncken Verlag, Kassel, 2005

Johannes Stockmayer, Nur keinen Streit vermeiden – Ein Konflikttraining für Christen, C&P Verlagsgesellschaft, Emmelsbüll, 1999

Johannes Stockmayer, Selig sind die Friedensstifter, Konflikttraining für christliche Führungskräfte, Verlag für Kultur und Wissenschaft, Bonn 2004

Johannes Stockmayer, Zwischen Traum und Wirklichkeit. Wenn eine Vision zerbricht, Exodus Verlag, Lüdenscheid 2003

Rick Warren, Kirche mit Vision, Gerth Medien, Aßlar, 2003

Rick Warren, Leben mit Vision, Gerth Medien, Aßlar, 2002

Matthias zur Bonsen, Führen mit Vision. Der Weg zum ganzheitlichen Management, Verlag Dr. Th. Gabler, Wiesbaden, 1994

Bibelstellen zum Nachlesen

Unruhe, Verleugnung, Schock, Erstarrung in Ägypten: 2. Mose 1

Unruhe und Leidensdruck nehmen zu: 2. Mose 5,23

Mose motiviert zum Aufbruch: 2. Mose 6,6-8

„Point of no return": 2. Mose 14,19–31

Sehnsucht nach den Fleischtöpfen Ägyptens: 2. Mose 14,10–12

Trauerprozess: 2. Mose 16, 3; 2. Mose 17,3; 4. Mose 11,1–9

Leitungsstrukturen bilden sich: 2. Mose 18,13–27; 4. Mose 11,11–30; 5. Mose 31,1–13

Berg des Weitblicks, Ziele: 2. Mose 19,5–6

Verheißung für das Neue: 2. Mose 23,20–33

Beschluss und Vereinbarung: 2. Mose 24,1–11

Planungsphase, Bedingungen zum Erreichen des Ziels, die Gebote: 2. Mose 20–23

Wildnis der Orientierungslosigkeit: 4. Mose 13,1–33

Arbeit und Lernen: 5. Mose 8,5

Gipfel des Erfolgs: Josua 4

Festigen und Sichern: Josua 24

Bibelstellenverzeichnis

1. Mose 1,27	86
1. Mose 12,1	12
2. Mose 1	194
2. Mose 5,23	194
2. Mose 6,6-8	194
2. Mose 6,8	12
2. Mose 14,10–12	194
2. Mose 14,19–31	194
2. Mose 16, 3	194
2. Mose 17,3	194
2. Mose 18,13–27	194
2. Mose 19,5–6	194
2. Mose 20–23	194
2. Mose 23,20–33	194
2. Mose 24, 1–11	194
4. Mose 11,1–9	194
4. Mose 11,11–30	194
4. Mose 13	104
4. Mose 13,1–33	194
4. Mose 13,30	109
4. Mose 14	104
4. Mose 14,5-9	109
5. Mose 8,5	194
5. Mose 31,1–13	194
Josua 4	138, 194
Josua 24	194
Psalm 27,5	39
Jesaja 50,4-5	86
Jesaja 53	172
Jesaja 53,4-5	172
Matthäus 5,14	118
Matthäus 18,6	122
Matthäus 18,17	77

Matthäus 18,22	124
Matthäus 24,28	186
Matthäus 26,39	94
Matthäus 28	173
Lukas 6,48	105
Lukas 24,5	109
Johannes 10,27	86
Johannes 12,24	90, 158
Apostelgeschichte 1,8	105
Apostelgeschichte 6	79
Apostelgeschichte 6,2-5	77
Apostelgeschichte 11,22	77
Apostelgeschichte 15,2.12.22.30.31	77
Römer 12	64
1. Korinther 3,16-17	105
1. Korinther 5,4-5	77
1. Korinther 12	64
Epheser 1	64
Epheser 1,22	105
Epheser 2,19	66
Epheser 4,16	64
Epheser 5,14	163
Epheser 6,10-17	129
1. Thessalonicher 5,19-21	77
1. Thessalonicher 5,21	125
1. Timotheus 5,20	77
1. Petrus 2,5	105
1. Petrus 2,9	105
1. Johannes 2,13	188
Offenbarung 2,2	77
Offenbarung 19,7-8	105

Zum Thema Gemeindeberatung sind im Oncken Verlag, Kassel folgende Bücher erschienen:

Johannes Stockmayer

Mit dem Feuer der Liebe

Gesunde Gemeinden durch starke Beziehungen
2005, 224 Seiten, ISBN 3-87939-701-5

Dieses Buch ermutigt Mitarbeiter, starke Beziehungen in Gemeinden zu schaffen, damit Gemeinden lebendiger werden. Johannes Stockmayer lässt in diesem Taschenbuch viel aus seiner praktischen Erfahrung einfließen, unter anderem berät er in einem fiktiven Briefwechsel eine Gemeinde in ihrem Veränderungsprozess.

Olaf Kormannshaus

Einander Wegbegleiter sein

Aspekte der Gemeindeseelsorge
2004, 80 Seiten, ISBN 3-87939-702-3

Wer an einem fruchtbaren Dialog zwischen biblischen Einsichten und psychologischen Erkenntnissen interessiert ist, der findet in dem Buch von Olaf Kormannshaus vielfältige Anregungen. Sie sind aus der Praxis der Gemeindearbeit sowie der Ausbildung von Pastoren und Laien entstanden. Sie helfen, das eigene Leben und das Miteinander in der Gemeinde aus neuen Blickwinkeln zu betrachten. Die Beiträge wenden sich nicht in erster Linie an Fachleute, auch wenn gerade sie hier lesen können, wie man den Dialog zwischen Bibel und Therapie gemeinverständlich führen kann. Die Artikel werben darum, selbst weiterzudenken, und machen neugierig, eigenständig Neues zu entdecken. Der Autor, Pastor und Diplompsychologe, ist Leiter des Instituts für Seelsorge und Psychotherapie sowie Dozent am Theologischen Seminar (Fachhochschule) des Bundes Evangelisch-Freikirchlicher Gemeinden in Elstal.

Bettina Lohaus

Beten überwindet

Die Bedeutung des Gebets im Erneuerungsprozess
2004, 159 Seiten, ISBN 3-87939-801-1

Erneuerung beginnt im Herzen des Einzelnen und in enger Beziehung zu Jesus. Bettina Lohaus beschreibt in diesem Buch, wie die Gemeinde Jesu diese Beziehung zu Gott wieder intensiver leben kann. Sie zeigt in einzelnen Schritten, wie eine Gebetsinitiative in einer Gemeinde aufgebaut werden kann und wie Widerstände und Gefahren überwunden werden können. In Praxisteilen spricht die Autorin die Leser selbst an, sich Gedanken zu machen und das Gelesene im Gebet praktisch umzusetzen.